尽善尽美 弗求弗迪

U0451238

白手起家开公司

胡华成◎著

电子工业出版社
Publishing House of Electronics Industry
北京·BEIJING

内容简介

在当今创业大潮的推动下,越来越多的人想自己开公司当老板,但是开公司并非一件容易的事情,尤其对于白手起家的创业者来说更加困难。没有经验、没有资金、没有资源,缺乏有效的指导,往往会让这类创业者感到焦头烂额。所以,基于白手起家的创业者的特点和痛点以及最新的《公司法》等相关规定,本书对开公司所涉及的基础性内容及进阶版内容进行了详细的解读,读者一定能从中找到开公司期间所遇到的各种各样的问题的答案。无论你是白手起家的创业者,还是中小型企业的管理者,本书都是一本实用型的工具书。

未经许可,不得以任何方式复制或抄袭本书之部分或全部内容。
版权所有,侵权必究。

图书在版编目(CIP)数据

白手起家开公司 / 胡华成著. —北京:电子工业出版社,2019.7
ISBN 978-7-121-36295-8

Ⅰ. ①白… Ⅱ. ①胡… Ⅲ. ①公司 – 企业管理 – 通俗读物 Ⅳ. ①F276.6-49

中国版本图书馆 CIP 数据核字(2019)第 068318 号

责任编辑:王小聪
印　　刷:三河市鑫金马印装有限公司
装　　订:三河市鑫金马印装有限公司
出版发行:电子工业出版社
　　　　　北京市海淀区万寿路 173 信箱　邮编:100036
开　　本:720×1000　1/16　印张:16.5　字数:298 千字
版　　次:2019 年 7 月第 1 版
印　　次:2023 年 4 月第 7 次印刷
定　　价:55.00 元

凡所购买电子工业出版社图书有缺损问题,请向购买书店调换。若书店售缺,请与本社发行部联系,联系及邮购电话:(010)88254888,88258888。
质量投诉请发邮件至 zlts@phei.com.cn,盗版侵权举报请发邮件至 dbqq@phei.com.cn。
本书咨询联系方式:(010)57565890,meidipub@phei.com.cn。

前 言
PREFACE

　　自从李克强总理提出"大众创业、万众创新"的口号之后，在全国范围内掀起了一股"大众创业""草根创业"的风潮，各种类型的公司如雨后春笋般涌现出来。然而在如此庞大的创业者队伍中，有经验、有资金、有资源的创业者少之又少，大多数人都是白手起家的创业者，他们在几乎一无所有的情况下，开启了自己的创业之路。

　　当下是创业的好时代，虽然从中央到地方政府都陆续出台了一系列优惠政策支持大家创新、创业，但是对于白手起家的创业者来说，他们对开公司所涉及的各方面内容可以说是一窍不通，而且他们大多数人手中可能只有几万元的现金，有些还是刚出校门没有任何资源的"小白"……

　　创业维艰，特别是对那些无经验、无资金、无资源的"三无"创业者来说，因为不了解开公司所涉及的方方面面的内容，比如，公司注册、会计知识、股份分配、合伙人选择、公司制度、薪酬体系建设、人员招聘、培训考核、离职处理、业务谈判、审核合同、资源整合、品牌塑造、现金流、利润率等，所以很多时候都无从下手，使创业陷入一片混乱之中。

　　基于白手起家的创业者的这些痛点，本书先从注册公司开始讲解，接着介绍了开公司过程中会遇到的财务常识，之后又对公司所涉及的一些管理制度进行了详细分析，然后又对后期的合作谈判、合同签订等方面的内容进行了具体介绍，最后又讲解了一些如何才能更好地帮助白手起家的创业者进行资源整合、品牌塑造、扩充现金流、提升利润率等内容。通过对以上内容的学习，可以让白手起家的创业者学会如何开一家公司。

　　为了给白手起家的创业者提供实质性的指导，本书对开公司所涉及的各项内容逐个进行了详细的讲解。例如，关于公司注册的流程，本书从对公司类型的确定、公司名称的确定、填写注册资料、提交注册资料、领证、刻章、办理公司组织机构代码证、办理税务登记证、开立基本账户、办理税务报到、申请领购发票这些方面进行了详细的介绍。

而且,本书中所介绍的关于公司注册等方面的内容,都是按照最新的《公司法》编写的。除此之外,本书还选用了一些最新的案例以及最有效的管理方法,为大家生动地分析在公司管理中出现的各种问题,并给出了很多切实可行的解决办法。

试想如果创业者不清楚公司注册的流程,不了解有效的公司管理方法,不懂如何进行资源整合、如何塑造品牌、如何扩充现金流、如何提升利润率等方面的内容,即使创业者有再好的想法,有再多的资金、资源,也难以让自己的公司在业界拥有一定的知名度。其最终的结果,只能导致创业失败。

本书就是为了解决创业者在开公司期间的各种困惑而编写的,书中提供了大量的案例和方法供大家学习。希望不论你是创业新手,还是拥有一定管理经验的运营者,都能从本书中学到真正有用的知识。

在本书的创作过程中,有多位专家参与了撰写,其中包括叶小荣、廖胜泽、庄威、宋程程等,在此一并表示感谢。由于时间仓促,不足之处在所难免,望批评指正。

本书读者对象

- 创业者、企业家、中小型公司的管理人员
- 人力资源部门的管理人员
- 财务管理部门人员
- 企业管理等专业的本科生和研究生

目 录
CONTENTS

第一篇　注册登记

第1章　注册常识：创业者必学的知识点 /3
1.1　认缴制与实缴制 /3
1.2　公司破产后的债务该如何处理 /5
1.3　股份有限公司的注册门槛 /8
1.4　注册资本越多，要承担的风险也越多吗 /11
1.5　所有权与经营权分离，谁有所有权，谁有经营权 /12
1.6　公司章程与经营范围如何写 /13
1.7　母公司、子公司、分公司、控股公司的区别 /17
1.8　自然人、法人、董事的区别 /18
1.9　注册地址与办公地址的区别 /20
1.10　如何区分空壳公司 /21

第2章　注册费用：省钱就是赚钱，如何节省费用 /23
2.1　注册费用的7个组成部分 /23
2.2　如何确定办公地址能不能注册 /25
2.3　如何选择办公地址 /27
2.4　验资时需要准备什么资料 /28
2.5　注册公司名称的同时，要不要注册商标 /29
2.6　商标注册的流程与费用 /30
2.7　省心的代理注册公司才是好伙伴 /32
2.8　分批支付与一次性付清，哪个更划算 /34

第 3 章 注册流程：有步骤、有逻辑地完成公司注册 /36

3.1 如何选择公司类型 /36

3.2 如何给公司取名 /37

3.3 如何填写注册资料 /39

3.4 如何提交注册资料 /40

3.5 领证、刻章流程 /41

3.6 如何办理组织机构代码证 /42

3.7 如何办理税务登记证 /43

3.8 如何开立基本账户 /45

3.9 如何办理税务报到 /47

3.10 如何申请领购发票 /48

第二篇 财务税务

第 4 章 财务要点：公司负责人必看 /53

4.1 权责发生制 /53

4.2 应付账款 /54

4.3 应收账款 /54

4.4 应付账款周转天数 /54

4.5 应收账款周转天数 /55

4.6 资产周转率 /55

4.7 账面价值 /56

4.8 预算编制 /56

4.9 资本支出 /57

4.10 销售毛利 /57

4.11 成本 /58

4.12 成本收益分析 /58

4.13 流动资产 /58

4.14 流动比率 /59

4.15 资产负债率 /60

4.16 直接成本与间接成本 /60

4.17 固定成本 /61

4.18 经济增加值 /61

4.19 财务杠杆 /62

4.20 固定资产 /62

4.21 资本成本 /63

4.22 投资资本 /64

4.23 实缴股本 /64

4.24 资产回报率 /64

4.25 投资回报率 /65

4.26 销售回报率 /65

4.27 财务报表 /66

4.28 资产负债表 /66

4.29 现金流量表 /67

4.30 损益表 /69

第5章 合理避税：15种常用的节税方法 /70

5.1 技术入股 /70

5.2 开展电子商务 /71

5.3 租赁办公场所 /71

5.4 不发过节费，发年底双薪 /72

5.5 重设流程 /73

5.6 先分后卖 /73

5.7 合同不可轻易作废 /74

5.8 公益性捐赠 /75

5.9 意外损失 /77

5.10 适用税率看进项 /77

5.11 坏账可纳入支出成本 /78

5.12 增加进项，索要发票 /79

5.13 赠送礼品有技巧 /80

5.14 即使财务人员离职，也应按时报税 /80

5.15 事前多准备，事后多沟通 /81

第三篇　合伙机制

第 6 章　启动资金：快速找到钱的 5 种方法 /85

6.1 工作积攒与赠予 /85

6.2 变卖物品 /86

6.3 向朋友筹资 /86

6.4 寻找投资者 /89

6.5 上众筹平台 /92

第 7 章　股份分配：股权与经营权 /95

7.1 根据出资、技术等情况分配 /95

7.2 一股两分：资本股与运营股分开计算 /97

7.3 股权与经营权分离 /99

7.4 设立员工股权池 /101

7.5 责任分工 /104

第 8 章　退出机制：直面争议，条款尽可能详尽 /105

8.1 盈利良好时的退出方案 /105

8.2 严重亏损时的退出方案 /108

8.3 如何处理撤全资退出 /110

8.4 如何处理另起炉灶 /111

8.5 如何处理异议 /112

8.6　合伙协议模板 /113

第四篇　人力管理

第 9 章　公司制度：制度框架化，管理人性化 /119

9.1　入职手续与必填表格 /119

9.2　请假制度 /121

9.3　加班制度 /124

9.4　上下班打卡制度 /126

9.5　内部协作制度 /129

第 10 章　薪酬激励：提高效率，加强竞争 /131

10.1　薪酬结构 /131

10.2　薪酬级差 /133

10.3　激励机制 /135

10.4　货币化奖励 /137

10.5　涨薪幅度设置 /137

10.6　如何对待特殊人才 /138

10.7　薪酬争议处理 /141

第 11 章　人员招聘：招聘渠道与面试 /143

11.1　网络招聘 /143

11.2　校园招聘 /145

11.3　初试、复试流程 /147

11.4　筛选面试者 /150

11.5　关于求职者期望值过高的处理办法 /151

11.6　签订《入职协议书》/152

11.7　劳动合同模板 /153

第12章　培训考核：提升复制力，考核数据化 /158

12.1　知识性培训 /158

12.2　快速熟悉工作流程 /159

12.3　淘汰机制 /161

12.4　行为锚定等级评价法 /163

12.5　目标管理法 /165

12.6　360°考核法 /167

12.7　如何运用科莱斯平衡计分卡 /169

第13章　员工离职：规避风险，减少冲突 /171

13.1　员工离职的5个主要原因 /171

13.2　员工离职流程 /173

13.3　员工复职通道 /175

13.4　员工离职要"三不"：不批评、不指责、不计较 /176

13.5　员工离职，应至少提前30日提出 /177

13.6　如何管理已批准离职的员工 /178

13.7　匆忙批准离职的5种风险 /179

13.8　对跳槽型离职员工的处理办法 /181

13.9　对事假型离职员工的处理办法 /182

13.10　对创业型离职员工的处理办法 /182

13.11　对不辞而别的员工的处理办法 /183

13.12　对带业务离职的员工的处理办法 /184

第五篇　商业谈判

第14章　谈判策略：设置底线，趋向双赢 /189

14.1　出价策略 /189

14.2　遛马策略 /190

14.3 折中策略 /191

14.4 钳子策略 /192

14.5 蚕食策略 /193

14.6 信息施压策略 /194

14.7 底线施压策略 /194

第 15 章 谈判技巧：谋定而后动，接受战略性亏损 /196

15.1 自身缺少现金流：提高预付金，压缩账期 /196

15.2 自身缺少订单：设置较高的订单返点 /197

15.3 自身接单量少：提高单价，保证优质优价 /198

15.4 账期组合法：长账期与短账期按比例接单 /199

15.5 订单组合法：大订单与小订单按比例接单 /200

15.6 急慢组合法：加急订单与普通订单按比例接单 /201

第 16 章 签订合同：权利义务与风险把控 /202

16.1 主体资格要审核 /202

16.2 合作双方的义务要明确 /203

16.3 合同条款要详细 /204

16.4 违约责任条款要注明 /205

16.5 合作保密条款要设置 /205

16.6 签约主体没有签约资格酿苦果 /206

16.7 违约责任没有约定或约定不明确 /207

16.8 没有明确的验收标准，任由违约方违约 /208

第六篇 企业进化

第 17 章 资源整合：快速打通上下游产业链 /213

17.1 整合资源，补充缺少的能力与智慧 /213

17.2 打通产业链，发现资源 /214

17.3 资源整合的 4 个阶段与 6 个步骤 /216

17.4 你来我往，相互成就 /219

第 18 章　品牌塑造：品牌是产品溢价的开始 /221

18.1 官方网站：信任 + 专业 + 保障 /221

18.2 让媒体为品牌背书：权威性 + 多元化 /223

18.3 找行业大咖为品牌背书：增强可信度 /225

18.4 创始人站台：提高品牌辨识度 /225

第 19 章　现金流：生存线与死亡线 /228

19.1 180 天生存线 /228

19.2 90 天死亡线 /229

19.3 每天都与自己算账 /230

19.4 加强企业的现金流管理 /232

第 20 章　利润率：寻找成功之道 /234

20.1 创业新手也可实现高利润率 /234

20.2 将成本分解，并砍掉 30% 的成本 /236

20.3 跨界融合性学习，寻找成本压缩点 /238

20.4 延伸产业链上下游，挖掘利润蓝海 /239

第 21 章　进化：每一位优秀的创业者都需要进化 /241

21.1 拥有大格局，看得见未来 /241

21.2 回归商业本质，用产品制胜 /243

21.3 不断学习，升级思维 /244

21.4 战略进化，善于做减法 /246

21.5 在人工智能时代顺势而为 /247

第一篇

注册登记

第 1 章　注册常识：创业者必学的知识点

新公司在注册过程中会涉及一系列问题，比如，注册资本是认缴制还是实缴制；公司类型是有限责任公司还是股份有限公司；股份有限公司注册有哪些门槛；注册资本的额度是否越高越好；所有权与经营权是否需要分离；注册时需要制定哪些章程；各类公司有哪些区别；自然人、法人、董事的权利和义务有哪些区别；注册地址和办公地址是否可以分离；什么是空壳公司；等等。

以上内容都属于有关公司注册的常识，创业者在注册新公司前必须对这些常识有所了解，免得让自己多走很多弯路。本章将从这 10 个常识入手，为大家讲述公司注册前的准备工作。

1.1　认缴制与实缴制

2018 年 10 月 26 日，第十三届全国人民代表大会常务委员会第六次会议决定对《中华人民共和国公司法》（以下简称《公司法》）的部分内容进行修改。其中，关于公司注册门槛的相关规定，依然沿袭 2013 年 12 月 28 日修订的新《公司法》内容。

与原《公司法》的具体内容相比，2013 年新《公司法》的最大特点就是降低了公司的注册门槛和成本。尤其是将公司的注册资本实缴登记制（简称实缴制）改为认缴登记制（简称认缴制），极大地降低了公司注册的难度。接下来，我就为大家分别介绍一下这两种制度。

实缴制属于原《公司法》的内容范畴，它是指公司验资账户上的实际金额必须与营业执照上注册资本的额数相等。公司注册时，创业者需要向市场监督管理局[①]出具验资证明文件，否则无法完成公司注册。简单来说，就是指创业者前期的经济实力决定了公司的规模，如果创业者只有 10 万元的现金，那么公司的注

[①] 因国务院机构改革，自 2018 年 3 月起，不再保留国家工商行政管理总局、国家质量监督检验检疫总局、国家食品药品监督管理总局，而组建国家市场监督管理总局。因此，本书将原稿中的"工商行政管理局"统一改为"市场监督管理局"。

册资本只能是 10 万元，而这种规模的公司会对后期开展业务有很大的限制。而且由于实缴制占用了公司的大部分资金，这也会在一定程度上限制公司的发展。

而认缴制则属于新《公司法》的内容范畴，它对公司验资账户上的实际金额要求没有实缴制高，在市场监督管理局登记的注册资本总额，不需要登记实收资本，也不再收取验资证明文件。同时，认缴制不需要占用公司资金，可以有效提高公司的资本运营效率，降低运营成本。公司股东或发起人可以根据公司经营的实际情况在公司章程中自主约定认缴的出资额、出资方式以及出资期限。这样就能大大降低公司由于实缴注册资本所带来的不利影响，为公司的发展提供更多的机会和更广阔的空间。

新《公司法》中将实缴注册资本改为认缴注册资本，其正式实行是从 2014 年 3 月 1 日开始的，此项条款的正式实施为开公司的群体，特别是白手起家开公司的人带来了很大的福利。

张明宇是北京某互联网公司一名资深的 IT 工程师。在这家公司工作 3 年之后，他积累了丰富的实战操作经验。再加上他的理论知识过硬，又有很多新想法。于是，他准备从该公司辞职，自己开一家 IT 公司。

在完成公司注册的准备工作之后，张明宇来到北京市海淀区市场监督管理局为自己的公司进行了登记注册。尽管张明宇当时只有 200 万元的启动资金，但他却把公司的注册资本金额填写为 500 万元。

即使张明宇新注册公司的注册资本是 500 万元，但他对此没有丝毫压力，因为实行了认缴制后，张明宇不必在公司注册时就准备好 500 万元的实缴资本，而是可以在公司有足够的资金实力之后实缴即可。可见，认缴制让张明宇在资金方面省去了很多麻烦。

当然，张明宇仍需要将 500 万元的注册资本足额存到公司银行账户中，不过，他可以选择 3 年存满，也可以选择 5 年存满，甚至是 10 年、20 年等。显然，新政策极大地减轻了创业者的资金压力。

但是，如果将时间倒回到 2014 年 3 月 1 日之前，也就是在新《公司法》实施前，张明宇的这种做法是不可能得到批准的。

认缴制的优点是大家有目共睹的，那它是不是就没有缺点呢？是不是意味着所有创业者在注册公司时，都应该选择认缴制呢？答案是否定的。认缴制虽然能减轻创业者的资金压力，但是这种方法不利于创业者寻找合作伙伴。因为凡是在市场监督管理局注册登记过的公司，其信息都能在当地市场监督管理局官网中找到，包括公司的注册资本以及实收资本。

而实收资本则在一定程度上代表了公司的实际实力。所以，当合伙人发现你公司的实收资本过低时，自然会慎重对待彼此的合作关系。

为了向合作方展示公司的实力，创业者在资金充裕的情况下，最好还是选择实缴部分注册资本。因为这既能彰显一个公司的实力，也能吸引更多优质的合作伙伴，从而推动公司的发展。毕竟画饼充饥是不现实的事情。但是，如果创业者的资金确实紧张，也可以量力而行，等待资金充裕时再实缴注册资本。

不过，这里需要注意的是，新《公司法》的认缴制只在一部分行业中有效，也就是说，它有明确的适用范围。根据现行的《中华人民共和国保险法》《中华人民共和国商业银行法》《中华人民共和国外资银行管理条例》等法律、行政法规以及国务院的明确规定，目前有27类行业继续实行注册资本实缴登记制。

27类不被允许实行认缴登记制的行业，如表1-1所示。

表1-1　27类不被允许实行认缴登记制的行业

序号	行业名称	序号	行业名称	序号	行业名称
1	采取募集方式设立的股份有限公司	10	货币经纪公司	19	保险专业代理机构
2	商业银行	11	村镇银行	20	外资保险公司
3	外资银行	12	贷款公司	21	直销公司
4	金融资产管理公司	13	农村信用合作联社	22	对外劳务合作公司
5	信托公司	14	农村资金互助社	23	融资性担保公司
6	财务公司	15	证券公司	24	劳务派遣公司
7	金融租赁公司	16	期货公司	25	典当行
8	汽车金融公司	17	基金管理公司	26	保险资产管理公司
9	消费金融公司	18	保险公司	27	小额贷款公司

1.2　公司破产后的债务该如何处理

张晓敏自2014年大学毕业之后就开始从事美容行业，目前，她已经是一名专业的美容师。2016年，微商行业异常火爆，很多刚毕业的大学生、全职妈妈，都纷纷加入了微商行业。张晓敏看到周围的很多朋友、同事都利用业余时间做微商来赚取可观的收益。

面对如此火爆的微商市场，张晓敏也表示非常看好这个市场，再加上自己多年的美容工作经验，让她掌握了多种功效的面膜的调制方法。于是，张晓敏打算创立一个属于自己的品牌，最后她决定与一位同行好友合伙注册一家化妆品生产有限责任公司。

张晓敏做事向来都是雷厉风行，她很快就完成了公司注册、设备购置、原材料采购以及员工招聘等前期准备工作，紧接着，她又马上投入产品生产。不久，张晓敏的新产品就被生产出来了。这一切都似乎进行得非常顺利。然而，没过多久，张晓敏新开的公司却面临着破产的局面。原来，张晓敏在创业过程中，忽略了最重要的环节——产品营销。

在市场中，质量再好的产品，如果没有好的营销渠道，产品也会卖不出去。后来，由于产品积压严重，资金链掉断，张晓敏的公司被迫破产。

公司宣告破产之后，问题也随之而来，这时关于公司破产的损失，张晓敏应该如何进行理赔呢？

要想弄清楚以上问题，创业者要先明确有限责任公司的概念。《公司法》对有限责任公司的解释是，在中国境内设立，并根据《中华人民共和国公司登记管理条例》的规定进行了登记注册。公司的股东人数不得超过 50 人，每个股东都按照出资额为限对公司承担责任，公司只是以其全部资产对公司债务承担全部责任。这里所谓的"公司"是公司法人，有独立的法人财产，享有法人财产权。

这个定义中涉及了一个"法人"的概念。其实，在公司制中，还有 2 个与之相近的名称，即法人代表和法定代表人，如图 1-1 所示。

图 1-1　与公司责任人相关的 3 个概念

1. 法人

根据《中华人民共和国民法通则》（以下简称《民法通则》）的规定，法人是指具有民事权利能力和民事行为能力，依法独立享有民事权利和承担民事义务的组织。由这个定义可知,法人是一个组织,它行使像人一样的权利,而非一个具体的人。

2．法人代表

法人代表是指依据法人组织的规定,或者由法定代表人进行指派,对外依法行使民事权利和承担民事义务的人。由于法人代表是从法人中产生的,所以其数量并不是唯一的,可以由一个人担任法人代表,也可以由多个人同时担任法人代表。但是,不管法人代表是由一个人组成,还是由多个人组成,其行使权利的时候,都要严格按照法人的规定进行。

3．法定代表人

法定代表人是指依据法律或法人章程规定代表法人行使职权的负责人。按照我国法律的规定,法定代表人只有唯一的一个。以公司为例,其法定代表人则是公司的董事长或者执行董事或者经理。以证券交易所为例,其法定代表人则是总经理。根据《民法通则》第四十三条规定,企业法人对它的法定代表人和其他工作人员的经营活动,承担民事责任。

了解了法人、法人代表、法定代表人这些概念之后,关于张晓敏公司破产理赔的问题,也就有了清晰的答案。股东以其出资额为限对公司承担债务责任,而公司债务的总担保是由公司的全部资产构成的。这一点就说明当出现债务危机或者涉及理赔问题时,公司的全部资产都应该用于清偿债务,这其中也包括公司股东认缴的资金。

如果公司总资产少于总债务,公司就应宣告破产。在这种情况下,公司债权人不得要求股东用个人财产来清偿公司的债务。也就是说,股东所承担的责任仅仅与其所认缴的资金有关,而与个人财产无关。

例如,你注册公司时的注册资本是100万元,假如后期由于经营不善,导致公司破产,但是你还亏欠某公司300万元,这时你只须偿还该公司100万元即可,且受法律保护。

但是,如果股东被查出有虚假出资或者出资不足的情况,那么所有的股东对资金不足部分要承担连带保证责任。

总而言之,法人是承担责任的主体。对外,法人以公司资产为限承担责任,并独立承担民事、刑事责任;对内,股东则负有承担公司亏损、资金抵债等有限责任。但是,股东的责任则以其实际认缴额为限。

1.3 股份有限公司的注册门槛

通常情况下，大多数公司都是有限责任公司，也有一部分是股份有限公司。有限责任公司和股份有限公司共同构成了完整的公司制度。所谓股份有限公司，就是指以资本为股份组成的公司，其股东以认购的股份对公司承担责任。另外，股份有限公司对其股东人数有明确的要求，即股东人数不得少于2人，而且要求全体股东中有半数以上的人在中国境内有住所。

股份有限公司与有限责任公司最大的区别就是，前者可以公开向社会募集资金，而后者则不能。但前提是，股份有限公司的实缴注册资本与股东的实际认缴资本相等。而且，任何人认缴了股份公司发行的股票后，都是股份公司的股东，需要对公司负责。当然，一般情况下由于社会人士认缴的资本极为有限，因此，这类人群对公司的责任几乎可以忽略不计。总体来说，股份有限公司具有以下6个特征，如图1-2所示。

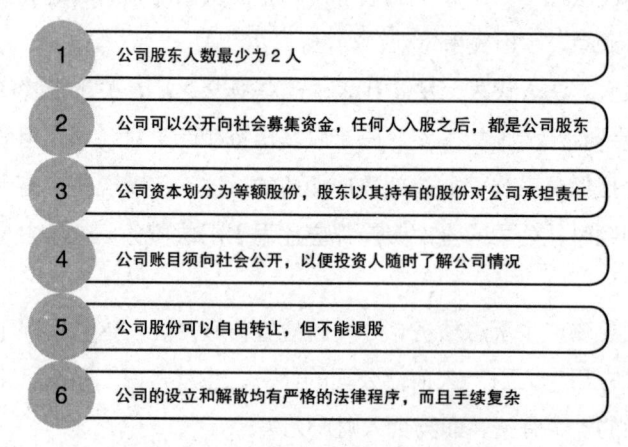

序号	特征
1	公司股东人数最少为2人
2	公司可以公开向社会募集资金，任何人入股之后，都是公司股东
3	公司资本划分为等额股份，股东以其持有的股份对公司承担责任
4	公司账目须向社会公开，以便投资人随时了解公司情况
5	公司股份可以自由转让，但不能退股
6	公司的设立和解散均有严格的法律程序，而且手续复杂

图1-2 股份有限公司的6个特征

股份有限公司的设立流程比有限责任公司复杂得多，下面通过一则案例进行说明。

微印象是一家婚纱摄影公司，属于股份有限公司，其注册资本为3000万元。实际上，该公司的股东只认缴了2000万元。在这种情况下，公司决定公开向社会募集资金。之后，该公司拟定了相关的入股合伙协议，并交由有关部门审核，最终得到了批准。

收到批准消息后，这家公司的发起人开始向社会公开募集资金的活动。公司发起人首先按入股合伙协议制定章程，认购部分股份；然后起草招股说明书，签订股票承销协议、代收股款协议，最后由国务院证券监督管理机构批准，向社会公开募股。

由于大家对婚纱摄影行业的发展前景非常看好，因此，这家公司很快就募集到了大量资金。随着股份募集的顺利进行，发行股份的股款也缴足了，经约定的验资机构也完成了验资证明。至此，公司发起人认为任务已经完成，所以迟迟没有召开公司创立大会。

后来，在股民的强烈要求下，公司发起人才在次年的 2 月召开公司创立大会。在此次创立大会上，发起人为了省事，只通知了代表股份总数的 1/3 以上的认股人出席，并在会议上决定了一些法定事项。

其实，从《公司法》的角度来看，这家公司的做法存在着许多漏洞。如果有关部门要对其进行查处，该发起人的做法将会受到法律的惩处。

首先，从股份有限公司的股东人数要求来看，至少为 2 人，而这家股份有限公司并未注明股东人数。

其次，《公司法》规定，验资环节结束后，发起人应在 30 日内召开公司创立大会。并且，创立大会的与会人员要满足不低于法定比例的 1/2，且这些人认购的股份占总数的 1/2 以上。

股份有限公司的注册要求和流程比有限责任公司复杂得多，而且规模也大得多。具体来说，股份有限公司与有限责任公司的区别主要体现在以下 7 个方面，如图 1-3 所示。

1	股东数量不同
2	股本划分方式不同
3	发起人筹集资金方式不同
4	财务状况公开程度不同
5	组织机构权限不同
6	股权转让条件限制不同
7	股权证明形式不同

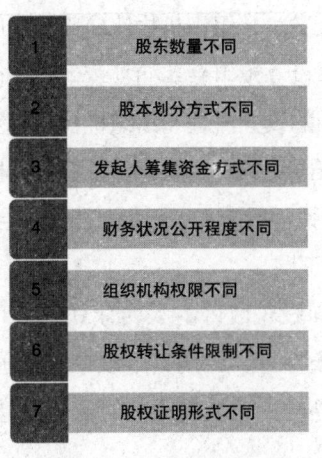

图 1-3　股份有限公司和有限责任公司的区别

1．股东数量不同

《公司法》规定，有限责任公司由 50 人以下的股东出资设立。而股份有限公司的股东人数只要不少于 2 人即可，而且上限没有数量限制，有些大公司的股东人数可达几十万人，甚至上百万人。

2．股本划分方式不同

有限责任公司的全部资本不划分为等额股份，即每一股份在金额上不相等，其资本按股东各自所认缴的出资额划分。而股份有限公司的全部资本划分为等额股份，其股本的划分数额较小，且每一股金额相等。

3．发起人筹集资金方式不同

有限责任公司的资金只能由发起人筹集，公司既不能发行股票筹集资金，也不能公开募集资金，其股票也不可以公开发行，更不可能上市交易。而股份有限公司可以通过发起设立或募集设立的方式向社会筹集资金，其股票可以公开发行并上市交易。

4．财务状况公开程度不同

有限责任公司的财务状况无须公开，只须按照公司章程规定的期限定期交由各股东即可，此类公司的财务状况相对来说保密性较强。而股份有限公司由于其设立流程复杂，需要定期向社会公开披露财务、生产、经营管理等信息。与有限责任公司相比较，股份有限公司的财务状况要难以操作和难以保密。

5．组织机构权限不同

有限责任公司的股东人数少，组织机构比较简单，所以，公司不一定非设立股东大会或监事会不可，可只设立董事会；而且董事会往往由股东个人兼任，机动性权限较大。而股份有限公司的设立流程和组织机构比较复杂，股东人数较多且相对分散，因此，股东大会的权限受到一定限制，董事会的权限较集中。与有限责任公司不同，股份有限公司必须设立股东大会，而且股东大会是公司的最高权力机构。

6．股权转让条件限制不同

有限责任公司的股东向股东以外的人转让其出资时，必须经过 1/2 以上的股东同意才行，而且在同等条件下，公司其他股东对该出资有优先购买权。而股份有限公司的股东向股东以外的人转让股份的时候没有任何限制，可以进行自由转让，但不能退股。

7．股权证明形式不同

有限责任公司的股权证明是公司签发的出资证明书；而股份有限公司的股权

证明是公司签发的股票。

虽然股份有限公司在规模、机构等方面较为复杂，但股份有限公司也有其优越性，比如在资金募集方面更加容易。

总而言之，有限责任公司和股份有限公司这两种公司制度各有其优势。因此，创业者究竟应该选择注册哪一种公司类型，还需要根据自己的实际情况来决定。

1.4　注册资本越多，要承担的风险也越多吗

在注册公司时，一定会涉及公司注册方面的一个专业术语——注册资本。注册资本究竟意味着什么？它是否与公司需要承担的风险成正比呢？它是否有额度的限制呢？相信创业者在注册公司的时候，肯定会在这些方面有很多顾虑。

自2014年3月1日新《公司法》正式实行以来，公司注册已经不存在注册资本额度的限制问题了。这就意味着国家放宽了公司注册的要求，鼓励创业者开公司，自主创业。虽然新《公司法》降低了设立公司的门槛，但同时也为创业者的公司注册工作带来了疑惑。因为创业者不知道究竟填写多少注册资本才是最合适的。

目前，创业者既能以1元为注册资本注册公司，也能以1亿元为注册资本注册公司，所以，就产生了一种不良现象。有一些并非出于创业的目的的人，也纷纷注册成立了自己的公司，而且其中有不少是骗子公司。换句话说，新《公司法》在为创业者提供便利的创业环境的同时，也让骗子公司有了生存发展的土壤。

那么，究竟公司的注册资本额度意味着什么呢？虽然在新《公司法》中，将注册资本实缴制改为认缴制，放宽了注册资本登记条件，取消了最低注册资本的限制，但并不是说注册公司就没有任何条件、不用花钱，那种"1元公司"的说法只是一个形象的比喻，因为注册资本只是设立公司需要具备的基本条件之一。从另一个角度来讲，维持公司的基本运营也需要一定的资本，完全不花钱开公司实际上是不可能的。

而且公司的注册资本额度在一定程度上反映了一个公司的实力。显然，注册资本额度越高，也就表示该公司的经济实力越雄厚。但注册资本与公司实力之间并不完全呈正相关关系。因为在公司注册的过程中，既有注册资本，也有实收资本。虽然新《公司法》对注册资本没有限制，但实收资本是真实的。所以说，那

些妄想用高额注册资本夸大公司实力的做法，是不可能实现的。

从总体来看，公司的注册资本额度并非越高越好。至于创业者应该填写多少注册资本，则要根据创业者所从事的行业特点、行业的发展趋势以及业务范围这些因素来确定。

1.5　所有权与经营权分离，谁有所有权，谁有经营权

对于任何一个公司来说，都会涉及两种权利，即所有权与经营权。所有权是针对股东而言的。也就是说，公司是属于股东的，股东对公司拥有所有权。而经营权则是针对法人与公司管理者而言的，这些人对公司的管理和运营情况负责，拥有公司的经营权。

在我国，企业包括私有企业和国有企业，企业的性质不同，其经营权的范围也有所区别。私有企业的经营权是指董事会及经理人员代表公司法人经营业务的权利。而国有企业的经营权是指企业对国家授予其经营管理的财产享有占有、使用和依法处置的权利。

概括来说，公司的经营权是指经营者掌握对公司法人财产的占有、使用和依法处置的权利。所以公司必须在拥有公司法人财产的经营权之后，才能根据市场的需要独立做出经营决策，自主地开展生产经营活动，及时适应市场的变化。

经营权与所有权相比，少了一个收益的权利，而且一般拥有公司所有权的人一定也同时拥有公司的经营权。然而，拥有公司经营权的人则不一定同时拥有公司的所有权。

在现代公司制度中，尤其是在股份有限公司中，为了确保公司的运营效果，大多数公司基本上都实行所有权与经营权分离的运营模式。那么，在这两种权利分离的情况下，究竟谁拥有公司的所有权？又由谁来行使公司的经营权呢？这两种权利怎样分配才最合理？其实，不管在什么情况下，出资方，也就是公司的股东，永远拥有着公司的所有权。

虽然股东拥有雄厚的财力，负责公司的资金来源，但事实上，股东并不一定拥有较专业的公司运营管理知识和经验。而在现代公司运营管理的过程中，对经营管理者的专业水平要求非常高。而且很多高等教育机构开设了企业运营管理专业课程，培养了大量的专业人才，为公司提供了运营管理的合适人选。正是在这种情况下，公司的所有权与经营权分离成为可能。

从另一个角度来看，大型股份有限公司的股东往往较多。如果让每一个股东同时拥有公司的经营权，显然会造成权力过于分散的局面，最终导致公司运营管理效率低下，而这对公司的长期发展是有百害而无一利的。相反，让公司的股东组成董事会，然后聘请专业的管理人员管理公司的运营，这样就能保证公司的运营效率，促进公司的长足发展。

刘同在广州经营一家电器公司，这家公司属于家族企业，最初是由刘同的曾祖父创办的，之后又交到他祖父、父亲手中，现在则由刘同打理。对于家族企业来说，刘同既是公司的所有者，也是公司的管理经营者。换句话说，刘同同时拥有这家电器公司的所有权和经营权。

在所有权和经营权同属于一个人的情况下，公司的大小事情自然都由刘同一个人说了算。

有一次，刘同本来与北京的一位大客户约好洽谈代理公司产品的事，但由于他去外地出差遇到了大雾，耽误了行程，没能及时回到公司跟这位大客户见面。而公司里又没人有权行使决策权，最终导致这单大生意让同行钻了空子，给公司带来了重大的经济损失。

其实，像刘同这种所有权和经营权同属于一个人的公司有很多，但这类公司通常都是"富不过三代"，出现这种后果，通常是由于公司所有权与经营权过于集中造成的。

不可否认的是，当所有权和经营权分离的时候，可能会出现公司管理经营者以权谋私的现象。但这毕竟是小概率事件，因为专业的管理者都是受过高等教育的，他们知道这是一种违法犯罪行为。总体而言，所有权与经营权的分离可以使公司资源与管理者达到最优的组合，实现公司资产的增值目标。

1.6 公司章程与经营范围如何写

俗话说："没有规矩，不成方圆。"公司经营也是如此。为了便于日后经营，公司在成立之初就要制定一套行之有效的公司章程，这也是公司注册的前提要素之一。

公司章程是指公司依法制定的规定公司名称、住所、经营范围、经营管理制度等重大事项的基本文件，也是公司必备的规定公司组织及活动基本规则的书面文件。公司章程是股东共同一致意见的体现，载明了公司组织和活动的基本准则,是公司的宪章。因此,公司章程具有如下4个基本特征,如图1-4所示。

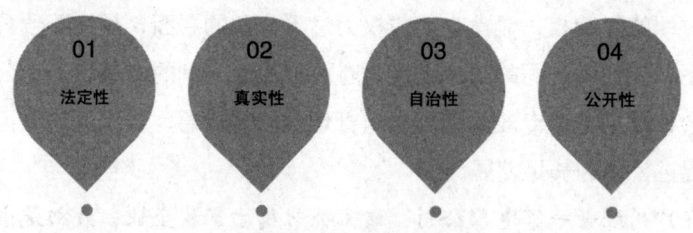

| 01 法定性 | 02 真实性 | 03 自治性 | 04 公开性 |

图 1-4　公司章程的 4 个基本特征

公司章程与《公司法》一样,共同肩负着调整公司活动的责任。

首先,公司章程是一个公司进行经营管理等各项活动的依据。有了这个依据,公司的各项活动就能有效避免因人为因素而导致的不公平现象的出现。可以说,这是一个公司取得长足发展的基本前提。而且,市场监督管理局等管理部门也需要对这份章程进行审阅。因此,在新公司注册之前,创业者需要将公司章程制定出来。

其次,公司章程的制定并非随意而为之,它需要遵守《公司法》等国家相关法律、法规的规定。对于股份有限公司来说,它还需要经过公司股东或董事会的审议,在得到股东或董事会的一致同意后,才能正式被确定实施。这样一来,就能保证公司的各项制度和活动是在法律允许的范围内进行的。

最后,从小的方面来说,公司章程是公司成立的基础;从大的方面来说,公司章程则是公司生存和发展的灵魂。

由此,公司章程的重要性和必要性也就体现出来了。为了确保公司章程能切实发挥其作用,创业者在制定公司章程时需要考虑以下4个方面的内容,如图1-5所示。

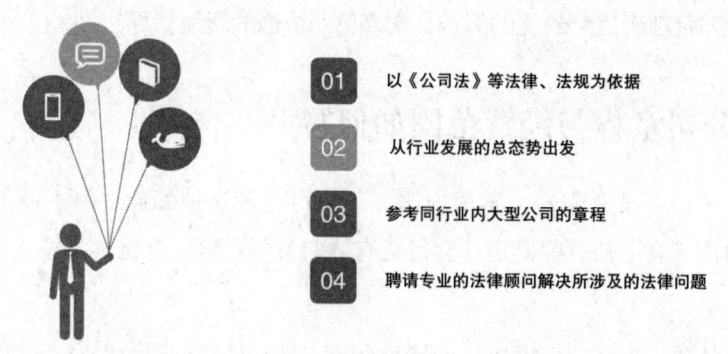

01	以《公司法》等法律、法规为依据
02	从行业发展的总态势出发
03	参考同行业内大型公司的章程
04	聘请专业的法律顾问解决所涉及的法律问题

图 1-5　制定公司章程时需要考虑的 4 个方面的内容

以上就是在制定公司章程时需要考虑的内容。如果创业者从图1-5的4个方面出发，基本上就能够制定出有效的公司章程，进而推动公司的发展。

本节介绍了什么是公司章程、如何制定公司章程、公司章程的范围是什么等内容。总之，作为公司组织与行为的基本准则，公司章程对公司的成立及运营具有十分重要的意义，它既是公司成立的基础，也是公司赖以生存的灵魂。公司章程模板，如表 1-2 所示。

表 1-2 公司章程模板

公司章程
第一章 总 则
第一条 依据《中华人民共和国公司法》（以下简称《公司法》）及有关法律、法规的规定，由 ＿＿＿＿＿＿＿ 出资，设立 ＿＿＿＿＿＿＿（以下简称公司），特制定本章程。
第二条 本章程中的各项条款与法律、法规、规章不符的，以法律、法规、规章的规定为准。
第二章 公司名称和住所
第三条 公司名称：＿＿＿＿＿＿＿＿＿＿＿＿＿＿＿＿＿＿＿＿＿＿＿＿＿＿
第四条 住所：＿＿＿＿＿＿＿＿＿＿＿＿＿＿＿＿＿＿＿＿＿＿＿＿＿＿＿＿
第三章 公司经营范围
第五条 公司经营范围： ＿＿＿＿＿＿＿＿＿＿＿＿＿＿＿＿＿＿＿＿＿＿＿＿＿＿＿＿＿＿＿＿＿＿＿＿＿
第四章 公司注册资本及股东的姓名（名称）、出资方式、出资额、出资时间
第六条 公司注册资本：＿＿＿＿＿＿＿万元人民币。
第七条 股东姓名（名称）、证件号码、出资方式、出资额、出资时间如下：

股东姓名（名称）	证件号码	出资方式	出资额（万元）	出资时间
合计				

第五章 公司的机构及其产生办法、职权、议事规则

第八条 公司不设股东会，公司高级管理人员由执行董事、监事、经理组成。公司股东行使下列职权：

（一）决定公司的经营方针和投资计划。

续表

（二）任命执行董事、监事，决定有关执行董事、监事的报酬事项。

（三）审议批准执行董事的报告。

（四）审议批准监事的报告。

（五）审议批准公司的年度财务预算方案、决算方案。

（六）审议批准公司的利润分配方案和弥补亏损方案。

（七）对公司增加或者减少注册资本做出决议。

（八）对发行公司债券做出决议。

（九）对公司合并、分立、解散、清算或者变更公司形式做出决议。

（十）修改公司章程。

（十一）聘任或解聘公司经理。

第九条　公司不设董事会，设执行董事一人，执行董事为公司法定代表人，对公司负责。执行董事任期三年，任期届满，可连选连任。

第十条　执行董事行使下列职权：

（一）决定公司的经营计划和投资方案。

（二）制定公司的年度财务预算方案、决算方案。

（三）制定公司的利润分配方案和弥补亏损方案。

（四）制定公司增加或者减少注册资本以及发行公司债券的方案。

（五）制定公司合并、分立、解散或者变更公司形式的方案。

（六）决定公司内部管理机构的设置。

（七）提名公司经理人选，根据经理的提名，聘任或者解聘公司副经理、财务负责人，并决定其报酬事项。

（八）制定公司的基本管理制度。

第十一条　公司设经理，由股东聘任或解聘。经理对公司股东负责，行使下列职权：

（一）主持公司的生产经营管理工作，组织实施股东会决议。

（二）组织实施公司的年度经营计划和投资方案。

（三）拟订公司内部管理机构设置方案。

（四）拟订公司的基本管理制度。

（五）制定公司的具体规章。

（六）提请聘任或者解聘公司副经理、财务负责人。

（七）决定聘任或者解聘除应由执行董事决定聘任或者解聘以外的负责人或管理人员。

第十二条　公司设监事一人，由公司股东任命产生。监事对公司股东负责，监事任期每届三年，任期届满，可连选连任。监事行使下列职权：

（一）检查公司财务。

（二）对执行董事、高级管理人员执行公司职务的行为进行监督，对违反法律、行政法规、公司章程或者股东会决议的执行董事、高级管理人员提出罢免的建议。

（三）当执行董事、高级管理人员的行为损害公司的利益时，要求执行董事、高级管理人员予以纠正。

续表

> （四）提议召开临时股东会会议，在执行董事不履行《公司法》规定的召集和主持股东会会议职责时召集和主持股东会会议。
> （五）向股东会会议提出提案。
> （六）依照《公司法》第一百五十二条的规定，对执行董事、高级管理人员提起诉讼。
> 　　　　　　第六章　公司的法定代表人
> 第十三条　公司不设董事会，设执行董事一人，执行董事为公司法定代表人，对公司股东负责，由股东任命产生。执行董事任期三年，任期届满，可连选连任。执行董事在任期届满前，股东不得无故解除其职务，本公司法定代表人为_____。
> 　　　　　　第七章　股东会会议认为需要规定的其他事项
> 第十四条　公司登记事项以公司登记机关核定的为准。
> 第十五条　本章程自公司设立之日起生效。
> 第十六条　本章程一式三份，股东留存一份，公司留存一份，并报公司登记机关备案一份。
> 第十七条　公司的营业期限为____年，自营业执照签发之日起计算。
> 股东签字、盖章：
>
> 　　　　　　　　　　　　　　　　　　　　　　年　月　日

1.7　母公司、子公司、分公司、控股公司的区别

对于创业者来说，在注册新公司之前，还需要了解一组关于公司的概念：母公司、子公司、分公司和控股公司。这几种类型的公司分别是什么呢？它们之间又有何区别呢？

1. 母公司

母公司是指持有某个公司一定比例以上的股份，或者根据协议能够控制、支配其他公司的公司。简单来说，母公司就像一位母亲一样，在公司系统中处于上游位置，对其下属公司有着支配、管理的权力。

2. 子公司

子公司则是与母公司相对应的一个概念。它是指一个公司的全部股份或者大部分股份被另一个公司控制，或者是根据协议而被另一个公司实际控制的公司。对母公司而言，子公司则处于被支配、被管理的地位。但是，子公司与母公司都具有法人资格。从本质上来说，二者是股东与公司的关系。母公司对子公司承担有限责任，子公司具有法人资格，依法独立承担民事责任。

3. 分公司

分公司则是与总公司相对应而言的。总公司也称为本公司，是指一个大型公司的全部组织的总机构。简单来说，也叫公司总部。所以，它的权力通常较大，具有独立法人的资格，能够以自己的名义直接从事各项经营活动。《企业名称登记管理规定》中明确表示，"在公司名称中使用'总'字的，必须下设三个以上分支机构"，而这些公司总部下设的分支机构，就是分公司。

按照相关规定，分公司的所在地需要与总公司的所在地分开，但分公司依然属于总公司的组成部分，依然要以总公司的公司章程作为活动的指导准则。在从事对外活动的时候，分公司需要以总公司的名义进行。分公司不具有法人资格，因此，总公司要承担分公司的民事责任。

4. 控股公司

控股公司是指由于对某个公司持有一定数量的股份，因此对其具有控制权。根据控股的具体方式，可将控股公司分为纯粹控股公司和混合控股公司。纯粹控股公司不直接从事生产经营活动，只是凭借持有其他公司的股份进行资本运营。混合控股公司除通过控股进行资本运营外，也从事一些生产经营活动。

总体来说，母公司与子公司是一组相对的概念，母公司管理、支配子公司，子公司受控于母公司。分公司是相对于总公司而言的，对于一个总公司来说，其下至少设置三个分公司，并承担分公司的民事责任。控股公司则是针对股份有限公司而言的，控股人对所控股的公司拥有经营权。

1.8 自然人、法人、董事的区别

自然人、法人、董事这几个概念也是创业者需要了解的内容，而且在公司的运营过程中，也会经常涉及这几个概念。如果创业者对其不够了解，那么在公司的注册及运营过程中就可能会遇到一些阻碍。为了帮助创业者顺利完成公司注册工作，以及降低在公司运营过程中遇到障碍的可能性，本节将对这几个概念进行详细讲述。

1. 自然人

顾名思义，自然人就是指在自然条件下诞生的人。也就是说，生活在这个世界上的所有人，都称为自然人。因此，自然人也是民事主体，享有一定的权利，同时需要履行一定的义务。从范围来看，自然人包括法人和董事，他们之间是一种从属关系。

2. 法人

关于法人的概念，在前面小节中我们已经提到过了。法人并不是指具体的人，而是指具有民事权利能力和民事行为能力，依法独立享有民事权利和承担民事义务的社会组织。这是一个世界范围内的概念。设定这个概念的目的在于规范世界各国的经济秩序。这也就意味着，这是一个为经济秩序的有效运行保驾护航的概念。其对于创业者的重要性也就不言而喻了。

3. 董事

董事也叫执行董事，这是一个针对公司运营管理而产生的概念。因为董事是由公司股东会选举产生的具有实际权力和权威的公司事务管理人员。它不是一个具体的人，而是公司内部所有管理人员的总称。他们有两个方面的职责，即对内负责管理公司事务，对外代表公司进行经济活动。

还有一个与董事概念相近的概念，就是独立董事。它不属于公司股东，且不在公司内部任职，也不会与公司或公司经营管理人员有业务关系，但是它能对公司事务做出独立判断。因此，这个角色在公司的重大决策中往往能发挥重要作用。所以，创业者有必要了解这个概念。

对于股份有限公司来说，其董事由股东大会选举产生。但是董事的具体人员可以是公司股东，也可以是非股东。关于董事的任期，则由公司章程决定。一般来说，它分为定期和不定期两种。不管是何种任期制，董事的实际任期都有可能发生改变。其原因包括违反股东大会的决议、股份转让、主动辞职、公司破产等。

根据《公司法》第一百四十六条的规定，有下列情形之一的，不得担任公司的董事、监事、高级管理人员：

（1）无民事行为能力或限制民事行为能力。

（2）因贪污、贿赂、侵占财产、挪用财产或者破坏社会主义市场经济秩序，被判处刑罚，执行期满未逾五年，或者因犯罪被剥夺政治权利，执行期满未逾五年。

（3）担任破产清算的公司、企业的董事或厂长、经理，并对该公司、企业的破产负有个人责任的，自该公司、企业破产清算完结之日起未逾三年。

（4）担任因违法被吊销营业执照、责令关闭的公司、企业的法定代表人，并负有个人责任的，自该公司、企业被吊销营业执照之日起未逾三年。

（5）个人所负数额较大的债务到期未清偿。

《公司法》是创业者在公司注册与运营过程中的基本行为准则。因此，创业者应该熟悉《公司法》的具体内容，做到知法、懂法、守法。这样才能避免在公司注册及运营过程中偏离正确的轨道。

1.9 注册地址与办公地址的区别

在公司注册及实际运营过程中，可能会遇到注册地址与办公地址分离的情况。其原因可能是公司规模的扩张，也可能是原地址拆迁等。不管原因如何，创业者关心的是这样做是否符合法律、法规的要求。如果确实有迫不得已的原因，必须实行注册地址与办公地址分离，又该如何处理？本节将针对这个问题做出具体解释。

《公司法》规定公司应以其主要办事机构所在地为住所。也就是说，公司的营业执照经营地址就是办公地址。市场监督管理局对公司进行检查时，就是以营业执照上的经营地址为依据进行审核的。除此之外，《中华人民共和国公司登记管理条例》（以下简称《公司登记管理条例》）明确要求经公司登记机关登记的公司住所只能有一个。由此看来，公司的注册地址不能与办公地址分离。

但是，在实际经营过程中，很多公司因为经营成本或者税收政策等因素，导致公司的注册地址和实际经营地址往往不一致。例如，根据国家相关规定，公司注册在开发区或者工业园区内，开发区管委会可以为其提供公司注册、年检、税务申报缴纳等全套服务，类似这样的优惠政策能够让新成立的公司省去很多日常开支。但是，很多享受这类政策的公司，由于其公司业务类型根本不适合在园区内经营，所以之后它们就会选择在其他地方从事经营活动，从而导致公司注册地址与办公地址分离的情况。公司的这种安排虽然解决了公司经营与政府管理上的问题，但却隐藏着很大的法律风险。

为了避免法律风险，公司经营者应该事先了解一下相关的法律、法规。在国家市场监督管理总局（原国家工商行政管理总局）《对企业在住所外设点从事经营活动有关问题的答复》中，有如此规定：

（1）经市场监督管理机关登记注册的企业法人的住所只能有一个，企业在其住所以外地域用其自有或租、借的固定场所设点从事经营活动，应当根据其企业类型，办理相关的登记注册。

(2) 依照《公司法》和《公司登记管理条例》设立的公司在住所以外的场所从事经营活动，应当向该场所所在地公司登记机关申请办理设立分公司登记。对未经核准登记注册，擅自设点从事经营活动的，应按《公司登记管理若干问题的规定》进行查处。

关于将公司注册地址与办公地址分离且没有依法登记的处罚办法，如图1-6所示。

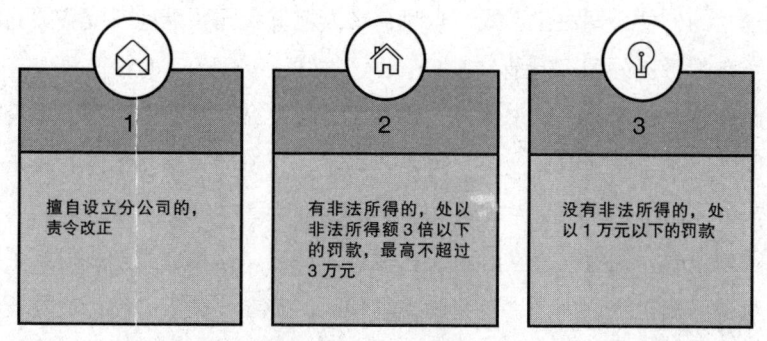

1	2	3
擅自设立分公司的，责令改正	有非法所得的，处以非法所得额3倍以下的罚款，最高不超过3万元	没有非法所得的，处以1万元以下的罚款

图 1-6　关于将公司注册地址与办公地址分离且没有依法登记的处罚办法

但是，如果公司确实有迫不得已的原因，必须实行注册地址与办公地址分离，那么公司应该如何做才能避免出现法律风险呢？

事实上，《公司登记管理条例》对公司的经营场所并没有数量上的限制。因此，如果出现了公司注册地址必须与办公地址分离的情况，那么公司负责人应及时按照《公司法》和《公司登记管理条例》依法对新的办公地址进行登记注册。

具体来说，公司负责人有两个可供选择的途径：第一，变更登记信息，将公司的注册地址变更为经营所在地的地址；第二，在经营所在地设立分公司。

因此，当创业者在登记注册公司后，又发现了更合适的公司经营地址时，创业者可以放心地将公司迁移到新的办公地址。但是，在这个过程中，创业者应按照有关法律、法规及时完成新地址的登记注册工作。

1.10　如何区分空壳公司

白手起家的创业者在进行公司注册时，还需要了解一个概念，那就是"空壳公司"。空壳公司还有一个别称，即"现成公司"。从这个名称来看，它是指没有实际运营团队，也没有实际运营业务，但是依法登记注册过的公司。很多人可能会认为"空壳公司"就是骗子公司，其实不然，这类公司存在的意义是供人购买，以应对比较紧急的情况。

从前面小节的介绍中可以看出，新公司登记注册并非一蹴而就的，相反，它需要经历一段较长的准备时间和注册时间。所以，当创业者遇到较好的业务或项目，需要紧急成立公司时，就可以去专门的机构购买空壳公司。这样，创业者就不用担心因等待公司注册而错过较好的业务交接时机。

关于空壳公司的历史，我们可以追溯到19世纪的英国，而且这是依据英国公司法确立的一种公司法律形式。当时，有人根据我国香港地区或英国的法律成立了一个有限责任公司。但是，在这个公司中既没有董事，也没有投资者认购股票。因此，这个公司只是一个形式上的存在，既没有开展经营活动，也没有出现债权及债务问题。一旦有了业务，需要公司时，投资者只须将董事和股东交给公司秘书，由他制作相关的文件，就可以在极短的时间内办理好相关事宜。

正因为空壳公司有其存在的意义和优点，所以，这种公司形式得到了推广，而且一直被沿用至今。如今，在我国香港地区、英国、美国、新加坡及开曼群岛等地，空壳公司普遍存在。而且，它的存在在推动当地经济发展，以及为创业者提供便利等方面发挥了很大的作用。

一般来说，空壳公司会具备以下3个特点：

第一，按照相关的法律、法规进行过登记注册，已经做好了公章、招股说明书等法律所要求的文件。

第二，从来没有委任过任何董事。

第三，从来没有从事过实际经营活动。

也正是因为空壳公司拥有以上这些特点，所以，购买者不用担心其隐蔽的风险，可以放心购买。

如果创业者遇到紧急情况需要成立公司，不妨选择购买空壳公司。不过，创业者在购买空壳公司时，需要认真查验以下证件：公司注册证书、商业登记证书、公司章程、公司钢印、公司签名章、公司公章、公司招股说明书、法定记录簿、首任董事委任通知书、同意出任董事通知书、注册地址通知书及会计师核实文件。

对于具备以上证件的空壳公司，创业者可以放心购买。签订购买合同后，也就意味着以上证件要交由创业者保管、使用。这样，创业者的公司就可以在极短的时间内得以成立。此后，创业者要对这家公司全权负责。

第2章　注册费用：省钱就是赚钱，如何节省费用

在公司注册的过程中，一般会涉及8个关键点。如果创业者能够把握好这8个关键点，并且能在这些关键点中选出最优的注册方案，那么，毫无疑问，公司注册工作将会变得事半功倍；反之，则会让创业者在公司注册的过程中费时、费力，走弯路。本章将针对公司注册的8个关键点做一个详细的讲述。其目的在于帮助创业者在公司注册的过程中提高效率，少做无用功。

2.1　注册费用的7个组成部分

在公司注册过程中会涉及各种各样的费用。注册费用是公司注册过程中的第一个关键点。那么，注册费用究竟是由哪几个部分构成的呢？本节将进行详细的解答。公司注册费用的7个组成部分，如图2-1所示。

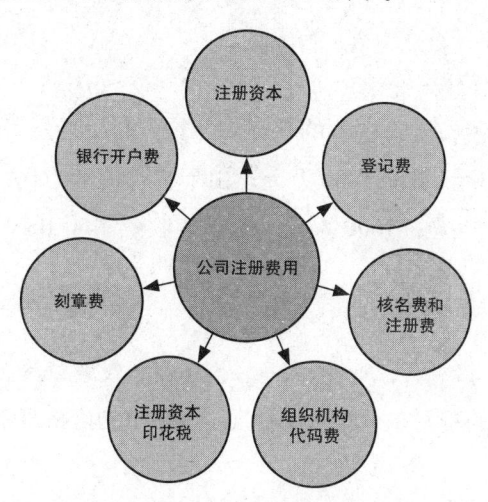

图2-1　公司注册费用的7个组成部分

1. 注册资本

根据第一章提到的有关内容，注册资本有两种缴纳形式，即实缴制和认缴制。如果选择实缴制，就需要根据自己的财力情况而定。如果选择认缴制，则无

须考虑太多其他因素，只要注册金额不高得离谱，而且有利于公司的发展就行。

2．登记费

根据《中华人民共和国企业法人登记管理条例》的有关规定，公司的登记费用标准如下：

（1）企业法人（包括具备法人条件的私营企业，不包括外商投资企业）开业注册登记费用为，注册资本在1000万元（含1000万元）以下，按注册资本的1‰收取；注册资本超过1000万元的，超过的部分按0.5‰收取；注册资本超过1亿元的，超过的部分不再收取费用。并且，开业注册登记收费最低额度为50元。

（2）不具备法人条件的企业（包括不具备法人条件的私营企业），企业法人设立不能独立承担民事责任的分支机构，其开业注册登记费用为300元。

（3）筹建企业登记注册费用为50元。

3．核名费和注册费

核名费为30元或50元，注册费按注册资本的0.8‰计算（部分城市或不同的城区根据相关的政策而定，如北京地区的核名费和注册费都是0元）。

4．组织机构代码费

组织机构代码费在68~148元不等（不同城市的收费标准不一，请以当地的收费标准为准）。

5．注册资本印花税

注册资本印花税按实收资本的0.25‰计算。假如某公司的注册资本是1000万元，如果公司属于认缴的1000万元，由于实收资本为0，则不需要缴纳印花税；如果公司属于实缴的1000万元，由于实收资本为1000万元，则需要按照0.25‰缴纳印花税。

6．刻章费

一个公司必须有公司公章、法人章、财务章、发票章等。如果交由刻章公司制作，则一套公章的费用在500元左右（不同城市的价格也略有差异，请以当地的收费标准为准）。

7．银行开户费

银行开临时户与基本户的费用是200~800元，创业者可以根据实际需求自行选择。

以上就是关于公司注册时所需费用的构成明细。创业者了解了这些内容后，就不至于出现被某些不良代理注册公司蒙骗的情况。

2.2 如何确定办公地址能不能注册

办公地址是公司运营的基础，也是公司注册中所涉及的第二个关键点。在介绍如何选择办公地址之前，我们还需要知道哪些房屋可以作为办公地址。

《公司法》对公司办公地址的注册进行了明确的规定，要求注册地址要作为公司经营的主要场所，其注册地址应该是具体的、真实的。而且，注册者要么拥有注册地址的房屋产权，要么与注册地址的房屋所有者签署一年以上的租赁合同。

另外，很多地方在注册公司时，市场监督管理局要求填写的办公地址的性质必须是商业性质，例如，写字楼、商铺，或者住改商性质的，不能是居民住宅。而且，注册公司营业执照须提供符合商用住址的房地产产权或使用权证明文件，例如，你名下的商用房产的产权证明，或者经公证处公证过的商用房产的租赁合同。

住宅用房不能作为公司注册的地址，它是否可以用于办公呢？因为现在有一些小型公司，由于经济条件的限制，租不起写字楼或者商铺，于是，它们退而求其次，选择在租金相对便宜一点的居民区办公，这样的做法是合法的吗？

我们看一下国家市场监督管理部门的有关规定：公司注册时，办公地址的房产必须是在土地部门规划的商业用地区域内的建筑，房产证上注明的产权必须是经营性商业建筑，并接受利用居住性产权的建筑来注册公司（作为注册地址）的请求。

可见，在上述规定中并没有要求公司的实际办公地址必须为商用建筑，所以，在民宅中办公是可以的，而且也可以用于注册个体工商户经营执照。

在注册公司时，对于那些由于各方面的原因无法使用商业性质的房子作为办公地址的创业者，可以考虑租赁具有商务独立产权的小面积的商务办公室，用于注册，也可以在租房时花一定的费用购买房主的地址注册权。如果家里其他人名下有符合商务注册的房地产，也需要提交直系亲属证明材料或经公证的租借证明文件。但需要注意一点：一个办公地址，只允许同姓名的申请人重复提交公司注册申请，故租赁前要问清楚该建筑是否曾经注册过公司，如果注册过，就不能再用于注册公司。

了解了什么样的房屋可以进行公司注册之后，再介绍一下注册者在市场监督管理局进行注册登记的时候，需要出示哪些相关材料，才能证明该注册地址符合法律、法规的要求。

一般来说，可以作为公司注册地址证明材料的有以下 11 种：

(1)《房屋所有权证》复印件。

(2) 国有土地《土地使用权证》复印件。

(3) 房屋管理部门颁发的《房屋租赁许可证》复印件。

(4) 土地管理部门颁发的《土地使用权租赁许可证》复印件。

(5) 属于国有土地上新建的房屋，尚未领取《房屋所有权证》或《土地使用权证》的，则提供建设部门颁发的《建筑施工许可证》复印件。

(6) 属于新购买的房屋，尚未领取《房屋所有权证》或《土地使用权证》的，则提供购房合同、发票、商品房预售证复印件。

(7) 属于公房，未取得《房屋所有权证》和《土地使用权证》的，则提供由房屋管理部门出具的有关产权证明。

(8) 属于集体土地上建造的房屋，暂时无法提供产权证的，如产权属于乡、镇政府所有，可由乡、镇政府出具同意使用场地的证明；如产权属于农民或村委会所有，可由房屋所在区国土资源部门或房屋管理部门出具同意使用场地的证明。

(9) 如果注册地址是宾馆、饭店、招待所等，则提供拥有"住宿"经营范围或"房屋出租"经营范围的公司营业执照复印件。

(10) 如果房屋性质属于军产，则提供所在军区后勤部颁发的《军队房产租赁许可证》复印件。

(11) 如果注册地址在市场里，则提供《市场名称登记证》复印件。

如果公司注册地址是租借的，那么注册者不仅要提交以上产权证明，还要提交一份使用证明。它可以是以下材料中的任何一种：

(1) 如果办公地址是租赁的，则提供房屋租赁协议（出租方应是房屋所有者，承租方应是正在申请开办的公司）。

(2) 如果办公地址属于转租的情况，则提供转租协议（出租方为原承租方），以及房屋所有权人出具的同意转租的证明或在转租协议上盖章确认。

(3) 如果办公地址是由母公司无偿提供的，则提供由母公司出具的无偿使用证明。

(4) 如果房屋产权属于股东所有，由股东无偿提供给所投资的公司使用的，则提供由股东出具的无偿使用证明。

如果创业者有以上类型的证明材料，就可以提交给市场监督管理局申请公司注册。

2.3 如何选择办公地址

了解了什么性质的房屋可以作为办公地址之后，下面具体介绍一下如何选择办公地址。办公地址的地理位置对公司的运营情况无疑有着重大的影响，办公地址的面积也会给公司形象带来一定的影响。而办公地址的地理位置及其面积都与资金紧密相关。那么，究竟如何选择才能使这三者达到一个平衡呢？

首先来看办公地址的选择。显然，交通便利、周围的配套设施齐全、环境优良且租金合理的办公地址是最理想的选择。因此，关于办公地址的选择，创业者要考虑如下 4 个因素，如图 2-2 所示。

1	2	3	4
交通	周围的配套设施	办公环境	租金

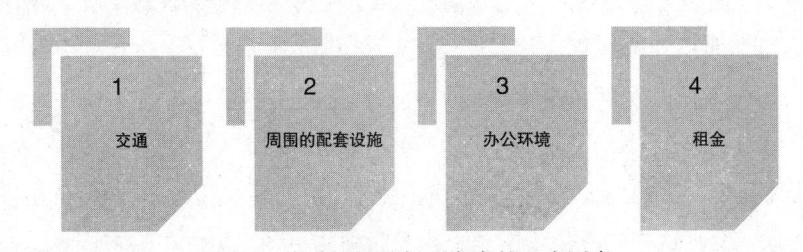

图 2-2 办公地址选择要考虑的 4 个因素

1．交通

办公地址是否处于交通干线附近？办公地址附近是否有公交车站或地铁站？这些都是创业者在选择办公地址时需要着重考虑的问题，因为这既关系到员工上下班的便利，也关系到员工的留存率问题。如果公司的办公地址偏僻，不利于寻找，或者办公地址附近交通不便利等，都有可能导致员工经常迟到、离职率高等情况。长此以往，这不仅会影响到公司的形象，而且会影响到公司的发展。

2．周围的配套设施

办公地址周围的配套设施包括停车场、监控设施及办公楼所在的物业管理情况等。停车场对于大型公司而言尤为重要，因为这些公司的员工较多，开车上班的员工比例也会随之增加。另外，监控设施的情况直接与公司的安全相关；物业管理属于软性条件，完善且高质量的物业管理，是公司顺利运营的坚实后盾。

3．办公环境

办公环境既包括园林绿化、空气质量、噪声情况等自然指标，也包括工作氛围等人文指标。绿化面积大、空气质量高、没有噪声的办公地址，更有利于员工集中注意力，提高工作效率。工作氛围好的办公环境，更利于员工进入工作状态，从而提高工作效率。所以，办公地址的环境也是一个很关键的因素。

4．租金

租金涉及公司运营成本的问题，因此，这也是创业者在选择办公地址时不可忽视的一个因素。对于一个新公司来说，资金往往是一个较为重大的限制因素。为了确保公司顺利运行，创业者有必要慎重考虑这个问题。而且，办公场所的租金还会涉及停车费、物业管理费、清洁费、保险费等一系列费用。如果创业者对这些费用考虑得不够周到，可能很快就会让自己陷入资金链断裂的境地。

至于办公地址面积的选择，就需要根据自己公司的业务类型、财力和规模来确定。如果你的公司只是一个小型的创业公司，员工数量在 10 人以内，显然没必要租一个大型的办公场所，况且创业者在创业初期资金会比较紧张，所以，对于办公地址面积的选择更应该量力而行，最好选择一个大小适宜的办公场所。等到后期公司得以发展、规模得以扩大、资金充裕后，再考虑更换更大的办公场所。

毋庸置疑，公司办公场所所处的地段越繁华、面积越大，越能给公司带来较好的形象，而且这样的办公场所也更容易吸引到更多、更优秀的求职者。但是，这一切都建立在资金充裕的前提条件下。如果创业者的资金充足，自然可以选择面积更大的办公场所；反之，创业者则需要根据自己的实际情况，量力而行。当然，除了优质的办公场所，公司所拥有的核心技术、业务能力强、信誉度高等优势，也都可以为公司的良好形象加分。

2.4　验资时需要准备什么资料

尽管 2013 年修订的《公司法》增设了注册资本认缴制，注册者可以随意申报注册资本金额。但是，注册者在提交公司注册申请的时候，还必须出具一份验资报告。这也是对公司实际资金情况的一个证明材料。具体来说，验资报告就是指公司注册者向银行开户行存入一笔资金，然后请专业的会计师事务所对所存入的资金情况进行检查，会计师事务所会根据银行账户中的实际资金情况出具证明报告。

在进行验资时，注册者需要准备以下材料，并提交给会计师事务所。

(1) 公司名称核准通知书复印件。
(2) 公司章程复印件。
(3) 投资人身份证或营业执照。
(4) 银行的进账单、对账单。
(5) 公司住所证明材料。
(6) 股东会决议及股东印章。
(7) 其他所需的材料。

对于不同地区，可能对其所要求提交的材料有细微的差别，但总体上就是以上材料。

除此以外，在验资时还要注意两个方面：一方面是关于货币资金出资的注意事项；另一方面则是关于实物出资的注意事项。前者包括3个方面的具体内容：第一，在银行账户中投入资金时，需要在银行单据"用途"一栏中注明"投资款"；第二，如果有多个投资方同时向银行账户投入资金，那么分别提供银行出资单据，包括银行的进账单与对账单；第三，实际出资人应与公司章程中所规定的投资人一致。

如果注册者选择实物出资的方式，第一，要保证投资人对用于投资的实物拥有所有权；第二，确保用于投资的实物经过了专业化评估，并拥有评估报告；第三，投资后须办理实物所有权转移手续。

注册者准备好以上材料后，就可以进行验资工作了。验资报告生成后，注册者就可以带着验资报告进行公司登记了。

2.5 注册公司名称的同时，要不要注册商标

通常情况下，公司不仅会有自己的名称，还会有属于自己的商标。这两者既是一个公司身份的象征，也是一个公司区别于其他公司的标志。那么，在注册公司名称的同时，创业者需不需要同时注册商标呢？答案是肯定的，因为这样可以避免出现自己的好创意为他人所用的尴尬局面。

如果公司使用的商标没有经过注册，也就意味着该商标不受法律的保护，那么其他人也可以同时使用这个商标。而这就给了那些假冒伪劣产品可乘之机。当大量假冒伪劣产品印着你公司的商标出现的时候，你公司的信誉也会受到影响，这显然对公司的长足发展是不利的，而且还会存在各种隐患。

曾经家喻户晓的凉茶品牌王老吉，一夜之间便宣布更名为加多宝，其原因就是商标存在纠纷。王老吉是广药集团旗下注册的品牌，广药集团以租赁的方式将王老吉这个品牌租给了现在的加多宝公司，但王老吉品牌的所有权仍然掌握在广药集团的手中。

在租赁合同到期之后，广药集团想收回王老吉的经营权。然而，在这个过程中，广药集团与加多宝之间并未达成一致协议，最终这件事被闹上了法庭。但由于广药集团在法律上对王老吉这个品牌拥有所有权，因此，法院判处的结果就是，广药集团如期收回王老吉的品牌经营权，加多宝赔付给广药集团一定的费用。而这也就促使了现在加多宝品牌的诞生。

注册过的商标就如申请过专利的技术一样，注册者对其拥有所有权。其他人若想使用该商标，除非经过注册者的授权，否则就属于侵权行为，将会受到法律的制裁。但如果商标的创意者或使用者没有对商标进行注册，最后被别人注册了，那么即使是商标的原创意者使用该商标，也属于侵权行为。所以，商标注册是商标使用者取得商标专用权的前提和保障，并且经过注册的商标受法律的保护。

2.6 商标注册的流程与费用

既然商标注册如此重要，那么应该如何进行商标注册呢？它的注册流程是怎样的？它又需要多少注册费用呢？商标注册需要以国家有关法律、法规的规定为依据进行。其具体步骤是：首先，准备相关的材料，向商标局提出注册申请；然后，等待商标局的审核；最后，从商标局获得准许注册的许可证明。至此，商标注册工作也就完成了，注册者从此将享有商标专用权。商标注册的基本流程，如图2-3所示。

① 商标查询 → ② 能否注册 → ③ 准备资料 → ④ 提交申请 → ⑤ 等待通知书 → ⑥ 实质审查 → ⑦ 准许注册 → ⑧ 进入公示期 → ⑨ 公示期无异议 → ⑩ 接收注册证书

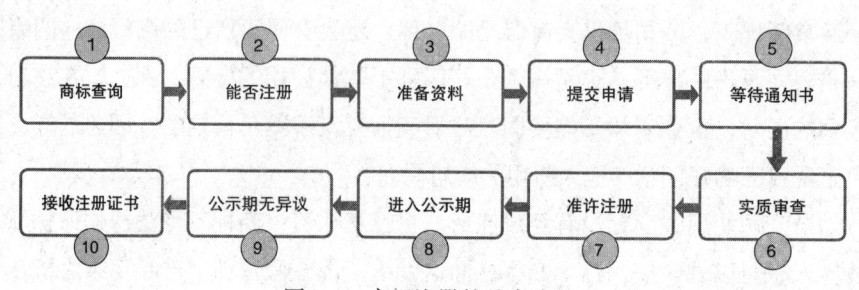

图2-3 商标注册的基本流程

1．商标查询

为了确保自己即将注册的商标是独一无二的，注册者需要提前查询是否已经有相同或相似的商标被注册了。如何查询商标是否被注册了呢？注册者只需要进入国家商标查询系统官方入口即可进行查询。诸如"周住牌"和"雕牌"这样的商标名称，就属于相似的范畴。注册商标前先进行查询工作的意义在于，降低审核失败的可能性，提高注册商标的通过率。

2．能否注册

一旦发现有相同或相似的商标存在，注册者就要放弃这项注册工作，或者重新策划一个商标。如果自己心存侥幸，硬着头皮非要申请商标注册，那么后期在注册审查中依然会被否决。像以上提到的"周住牌"，在商标注册过程中势必会遭到商标局的拒绝，而且这种行为也属于侵权行为。

另外，根据有关法律、法规的规定，商标注册者必须是：依法成立的企业、事业单位、社会团体、个体工商户、个人合伙，以及（与中国签订协议或共同参加国际条约或按对等原则办理的）外国人或者外国企业。因此，注册者还须判断自己是否具有商标注册资格。

3．准备资料

在申请注册商标之前，注册者需要准备以下资料：

（1）如果是自然人申请，需要出示个人身份证及递交个体工商户、个人合伙等经营主体的营业执照复印件。如果是公司申请，需要出示公司营业执照副本以及提供经发证机关盖章的营业执照复印件。

（2）盖有单位公章及个人签字的填写完整的商标注册申请书。

（3）商标图样10张（指定颜色的彩色商标，应交着色图样10张，黑白墨稿1张），而且提供的商标图样必须清晰，便于粘贴，用光洁耐用纸张或照片代替，长度不大于10厘米，宽度不小于5厘米。商标图样方向不清的，应用箭头标明上下方。当然，商标注册者也可以准备电子格式的文件作为申请材料。

4．提交申请

按照以上要求准备好申请材料后，注册者则可以将材料递交给商标注册局，并提出注册申请。注册者应该按照《类似商标和服务分类表》的分类确定使用商标的商品或服务类别。

5．等待通知书

申请提交以后，注册者需要耐心等待审核通知。一般情况下，提交申请后的

3~5个工作日便可以收到纸质《受理通知书》。而且,每一个商标申请的受理回函上都有唯一的受理申请号,审查必须按顺序进行,在任何情况下都不能提前受理。

6．实质审查

实质审查则包括商标的相似性、重复性及意义性审查。因此,这个过程较慢,通常需要6~8个月才能得出审查结果。

7．准许注册

如果申请注册的商标通过了实质审查,那也就意味着得到了商标局的注册许可。之后,也就进入了商标公示期。

8．进入公示期

公示公告由商标注册局发出,公示时间为3个月。

9．公示期无异议

如果申请注册的商标在3个月的公示期内没有收到反对意见,商标局则会向注册者发放证书。

10．接收注册证书

这时,注册者只须等候接收《商标注册证》即可。至此,商标注册工作也就圆满完成了。

关于商标注册费用,在2016年1月1日之前,每注册一个商标,需要支付800元的注册费用;在2016年1月1日之后,商标注册费用降低为600元(限定本类10个商品,10个以上的商品,则每个商品加收60元)。

2.7　省心的代理注册公司才是好伙伴

注册公司是一件非常烦琐的事情。它在注册过程中涉及多个部门和多种材料,需要注册者一次次地往市场监督管理局、银行、会计师事务所跑。尤其是对于经验不足的新手来说,可能多次去市场监督管理局、银行、会计师事务所,也没能顺利完成注册工作。原因就是新手们不熟悉注册流程,常常会因材料准备不充分而反复折腾。

其实,公司注册工作并非一定要亲力亲为,有时候,将这些工作交由专门的代理注册公司来操作,反而省时、省力、省钱。如今市面上出现了很多代理注册公司,费用大概需要一两千元。当然,如果注册公司的规模大,可能需要更多的费用，而且代理费用全国各地也有所不同。

代理注册公司这样的机构为新手注册公司提供了极大的方便。但是，目前市场上代理注册公司的质量良莠不齐，如何挑选一个可靠的代理注册公司呢？

通过对新闻报道和网络曝光的假代理注册公司的特征，以及现实中出现的实际情况进行总结，我们归纳出了以下 10 种辨识代理注册公司的方法，如图 2-4 所示。注册者可以根据图 2-4 中的方法判断代理注册公司的真实情况，从而做出选择与否的决策。

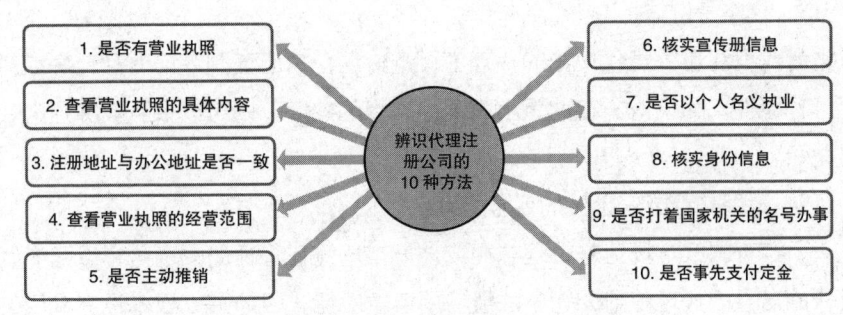

图 2-4　辨识代理注册公司的 10 种方法

（1）是否有营业执照

查看其营业执照。如果这个代理注册公司没有营业执照，那一定是假冒公司，可以直接否决。

（2）查看营业执照的具体内容

查看营业执照的具体内容。凡是名称为"×××咨询中心""×××咨询有限公司""×××顾问有限公司""×××投资有限公司""×××财务有限公司"，而不是"×××登记注册代理事务所"的代理注册公司，就可以直接否决。

（3）注册地址与办公地址是否一致

查看其营业执照的注册地址与实际办公地址。如果二者不一致，注册者就需要格外小心，仔细判断其是否为假冒公司。

（4）查看营业执照的经营范围

查看营业执照的经营范围。如果没有注明"公司登记注册"的，就可以直接否决。

（5）是否主动推销

凡是在市场监督管理局门口主动推荐的且没有固定电话的代理注册公司，通常是不可靠的。

（6）核实宣传册信息

对于宣传广告上的代理注册公司，则要核实其实际办公地址是否与宣传地址一致。如果不一致，则很可能是"黑代理"。

（7）是否以个人名义执业

对于以个人名义承揽业务的代理注册公司，注册者要谨慎对待。《企业登记代理执业注册管理办法》规定，代理人员不得以个人名义执业，不得同时在两个（含）以上的代理机构执业。代理人员离开代理机构，《注册证》无效。

（8）核实身份信息

查看代理注册公司代理员的代理证、身份证、学历证明等，而且最好让对方出示证件原件。如果对方在此事上表现出犹豫的态度，则可以果断放弃这家代理注册公司。

（9）是否打着国家机关的名号办事

对于打着国家市场监督管理总局或地方市场监督管理局的名号，以及专利代理机构的名号的代理注册公司，注册者要慎重对待。因为国家根本没有专门的机构，也没有委任任何机构做代理注册公司这件事情，这种打着国家机关的名号的代理注册公司肯定是违法的。

（10）是否事先支付定金

如果代理注册公司提出事先收取定金，那么可以果断放弃这类代理注册公司。

注册者在选择代理注册公司时，可以去网上搜索口碑较好、规模较大的代理公司，在确定合作之前要全方位地对其进行了解，避免让自己遇到"黑代理"，否则你很可能花了大价钱却没办成事，也可能拖拖拉拉地一直办不下来，这样反而耽误时间。

总之，大家千万不要贪图便宜，而选择收费低、规模小、无证执业的代理注册公司，这样做的结果很可能是竹篮打水一场空。

2.8　分批支付与一次性付清，哪个更划算

上一节中已经提到在注册公司时，创业者可以亲力亲为，也可以寻找代理注册公司代劳。当然，如果让代理注册公司去做，就会涉及服务费用的问题。那么，这笔费用的支付方式该如何选择呢？是选择分批支付，还是选择一次性付清

呢？这两种支付方式有什么区别呢？

所谓分批支付，是指创业者将所要支付的代理服务费用分成多次支付。一次性付清指的是一次性付完所有的代理服务费用，或者在注册工作开始之前，或者在注册工作完成之后支付。

对于代理注册公司来说，自然是一次性付清较好。对于创业者来说，为了避免代理注册公司不负责任，则需要通过分批支付的形式让代理注册公司更好地为自己服务，同时也为了防止遇到假冒的代理注册公司。对于骗子公司来说，如果创业者选择一次性付清费用，无疑正中它们的下怀。一般情况下，骗子公司一旦收到钱，你就很难再联系到它们。换句话说，一旦把钱付了，也就不可能再要回来了。

所以，对于创业者来说，分批支付是一种比较保险的做法，即使很不幸地遇到了骗子公司，也不会有太大的损失。如果遇到不同意分批支付的代理注册公司，创业者最好果断地放弃与它们合作。尤其对于缺乏经验的创业者来说，更应该选择分批支付代理注册费用。

第 3 章 注册流程：有步骤、有逻辑地完成公司注册

前两章介绍了与公司注册相关的常识和要点，那么，公司注册的流程究竟是怎样的呢？的确，这也是让创业者感到头疼的事情。明确了公司注册的流程，即使是新手去注册公司，也可以轻松自如地应对。本章将对公司注册的流程进行详细讲述。

3.1 如何选择公司类型

无论是新手还是有多年公司管理经验的人，在注册一个新公司之前，都要先确定公司的类型，这也是公司注册工作的第一个步骤。

《公司法》规定，我国的公司类型主要有两种，即有限责任公司和股份有限公司。这两种公司类型除了名称上的区别，在经营范围、发起人数、所承担的责任、资金筹集的方式、股份划分的方式以及股权转让条件方面，也存在着不同之处，如图 3-1 所示。

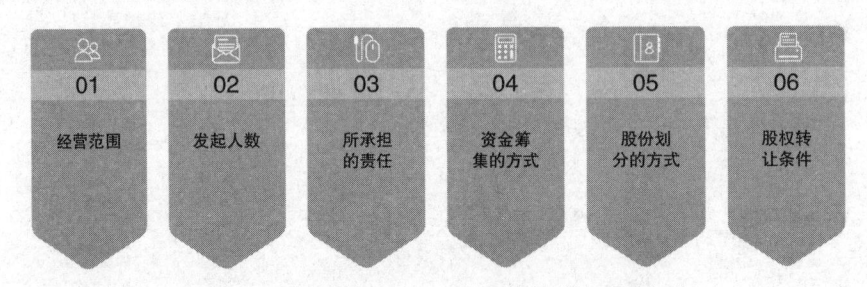

图 3-1 有限责任公司和股份有限公司的不同之处

1. 经营范围

有限责任公司的经营范围一般小于股份有限公司的经营范围。

2. 发起人数

在发起人数方面，有限责任公司的发起人同时也是出资人，且出资人的数量在 50 人以下。股份有限公司的出资人是公司的股东，但不一定是发起人，其发起人的数量应不少于 2 人。而且，要求发起人中有半数以上在中国境内有住所。

3．所承担的责任

有限责任公司与股份有限公司的出资人都称为公司的股东。但这两种不同类型的公司的股东，对公司所承担的责任的标准有所不同。前者以其认缴的出资额为依据对公司承担有限责任，而后者则以其认购的股份为依据。这就意味着出资额或股份越多，其所承担的责任也就越大。

4．筹集资金的方式

在资金的筹集方式上，股份有限公司可以通过公开发行股票、公开募集资金的方式来筹集资金，而有限责任公司则只能通过股东发行债券或银行贷款的方式来筹集资金。

5．股份划分的方式

关于股份划分的方式，股份有限公司是将公司的全部资本等额划分成股份，而有限责任公司则是将公司的股份按照出资人的出资额进行划分。

6．股权转让条件

在股权转让方面，股份有限公司没有限制，股东可以自由转让。而有限责任公司的股东之间可以相互转让其全部或者部分股权，但股东要向股东以外的人转让股权，则需要公司半数以上的股东同意方可。

确定好公司的类型，有助于创业者后期开展资金筹集工作以及股权转让工作。而且，确定了公司的类型之后，创业者在市场监督管理局进行注册时，不至于填写、递交不符合规范的资料。

3.2　如何给公司取名

确定公司的类型之后，创业者接下来应该为公司取一个名称。公司的名称是公司的身份象征，是与其他公司相区别的标志。一个合适、合法的名称，既能彰显公司的特点，也能帮助公司在以后的业务洽谈中更加顺利。所以，这一步骤很重要。

《企业名称登记管理规定》第七条规定，企业名称应当由以下部分依次组成：字号（或者商号）、行业或者经营特点、组织形式。企业名称应当冠以企业所在地省（包括自治区、直辖市）或者市（包括自治州）或者县（包括市辖区）的行政区划名称。

根据这条规定，公司的名称一般由公司所在地的行政区划名称、字号（或者商号)、行业或者经营特点、组织形式 4 个部分组成。例如,北京百度网讯科技有限公司,其中,"北京"是其所在地的行政区划名称,"百度"则是它的商号,"网讯科技"是它的行业特点,"有限公司"则是它的组织形式。在为公司取名时最关键的就是取一个合适的商号,商号是公司与其他公司相区别的最重要的标志。

另外,由于公司名称是与其他公司相区别的标志,所以,在进行公司注册的时候,公司的名称与商标一样,是不能重复的。因此,在确定了公司的名称之后,还应对其进行查询,确保名称具有识别性。

公司名称是外界了解公司的首要途径,可以说,它起着门户的作用。因此,为了让公司名称能在公司经营中发挥更大的促进作用,创业者在为公司取名的时候,要遵循以下 4 个原则,如图 3-2 所示。

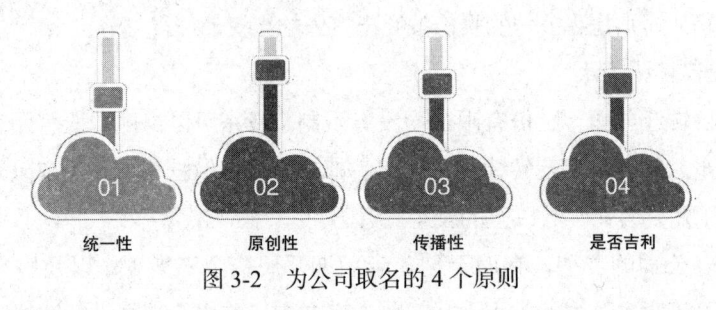

图 3-2 为公司取名的 4 个原则

01 统一性　02 原创性　03 传播性　04 是否吉利

1. 统一性

一个公司要想得到长足发展,需要具有较强的竞争力。竞争力从何而来呢?答案是具有品牌效应的产品。为了凸显公司的产品,增强公司的品牌效应,创业者可以考虑将公司的名称与产品品牌及产品商标统一起来。这样,当其他人看到公司的名称时,就会想起公司的产品,有利于提高公司的竞争力。

2. 原创性

小米手机风靡全国之后,有人模仿小米创立了小辣椒。但是,这个公司并没有得到长足发展,而是很快退出了市场。其原因就在于这个公司不论是从产品,还是从公司的名称来看,都是在模仿别人,缺乏原创性,很难有竞争力。可见,具有原创性的公司名称才是最重要的。

3. 传播性

公司要想发展壮大,就要有更多、更广的用户。所以,公司名称的传播性也是非常重要的一个方面。为了增强公司名称的传播性,就需要保证公司名称简单明了、易读易记，如"立白""老干妈"等，这些公司的名称既形象又通俗易懂，很容易让人记住。

4．是否吉利

生意人都想图个吉利，很多人在洽谈业务，寻找合作伙伴时，也会关注公司的名称是否吉利。因此，创业者在为公司取名时，也要将这个因素考虑进去。一个大吉大利的名字，更容易吸引更多的合作伙伴。

在不同地区，市场监督管理局对公司名称的规定可能也略有差别。所以，为了确保公司名称万无一失，创业者可以提前去当地市场监督管理局的官网，或者直接去市场监督管理局查询有关规定，再结合以上原则，从而确保能为公司取一个合法、合适的好名称。

3.3 如何填写注册资料

确定好公司的类型和名称之后，创业者就可以去市场监督管理局的申请注册了。在这个过程中，创业者要先填写好注册资料。公司类型不同，要填写的注册资料也有所不同，这就是为何创业者要先确定公司类型的意义所在。下面分别介绍股份有限公司及有限责任公司在注册时应填写哪些资料。

1．股份有限公司

股份有限公司在注册时应填写的资料，如图3-3所示。

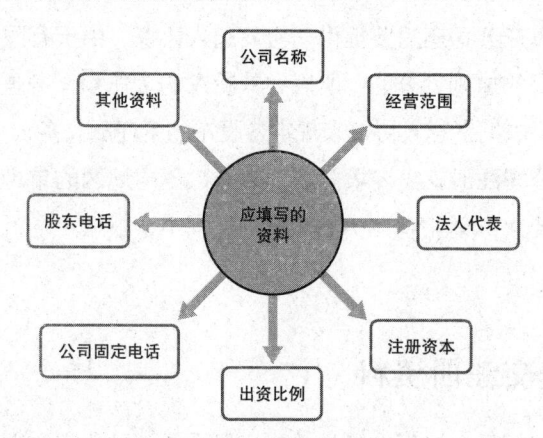

图3-3　股份有限公司在注册时应填写的资料

（1）公司名称

如果创业者拟定的公司名称已经经过了核查，就可以直接使用这个名称进行注册。如果没有经过核查，最好多准备几个备用名称，避免因重复或违规而导致公司名称不能注册。

(2) 经营范围

公司的经营范围要如实填写。因为公司注册之后，市场监督管理局会不定期地对其进行检查，如果出现经营范围不一致的情况，公司则会面临被处罚的风险。而且，不同的经营范围，其所需要的许可证件也是不一样的。

(3) 法人代表

法人代表是负责对外行使公司权力，并对此负有民事责任的人。所以，这是一个很重要的角色，在填写注册资料的时候，其相关信息必须填写清楚。

(4) 其他信息

凡是在市场监督管理局注册过的公司，其信息都会公示在当地市场监督管理局官网的"信用查询"系统中。这既是对公司的监督，也是扩大公司知名度的一种方法。所以，为了扩大公司的知名度，也为了取得合作伙伴的信任，创业者有必要将注册资本、出资比例、公司固定电话、股东电话等信息填写完整。

另外，公司注册地址的房产证以及房主身份证复印件（单位房需要在房产证复印件及房屋租赁合同上加盖产权单位的公章；居民住宅需要提供房产证原件）也是需要提交的资料。

2. 有限责任公司

有限责任公司在注册时，所要填写的资料基本与股份有限公司的类似。唯一不同的是，有限责任公司还需要提供一份发起人协议。由于有限责任公司的股份不是按照等额分配的原则划分的，所以，其股东的责任和义务是不明确的。在这种情况下，就需要依据发起人协议来规定各股东的责任和义务。

大致来说，公司注册就需要填写以上资料。不同地区的市场监督管理局可能还会有更细微的要求。创业者在实际注册的过程中，根据市场监督管理局工作人员的引导来操作即可。

3.4　如何提交注册资料

填写好注册资料后，接下来就是提交注册资料。注册者在向市场监督管理局申请注册公司的时候，市场监督管理局会发放各种登记表格，如注册申请表、公司股东（发起人）名单、法定代表人登记表、指定代表或委托代理人登记表以及董事、经理、监理情况等。注册者需要按照要求，将这些表格填写好。

在向市场监督管理局提交注册资料的时候，一方面需要提交以上提到的各种表格；另一方面还需要提交公司章程、核名通知书、租房合同、房产证复印件等市场监督管理局指定的资料。

当然，提交了这些资料之后，并不意味着注册工作已经完成，市场监督管理局还需要对这些资料进行审核。等待市场监督管理局审核通过之后，才可以进行下一个步骤。

3.5 领证、刻章流程

一般来说，市场监督管理局会在提交注册资料后的 15 个工作日给出审核结果。如果审核通过了，市场监督管理局会在审核结果出来之后，按照注册者预留的联系方式，向注册者寄送发放《准许设立通知书》。通知书的内容包括领取营业执照的日期，以及办理营业执照所需缴纳的费用。注册者只须按照规定的时间去市场监督管理局缴费领取证件即可。领取了营业执照，也就意味着新公司得到了法律的许可，公司就可以正式开业了。

注册者在领取营业执照之后，还要为公司刻制各种章，公司的印章包括公司公章、财务专用章、合同专用章、法人私章、发票专用章、其他股东私章、报关章、部门章等。其中，前面 6 种印章是任何一个公司都必不可少的，而后面 2 种则可以依据公司的实际需要刻制。

这里需要注意的是，企业在刻制公司公章、财务专用章、发票专用章之前，需要向公安局备案。在收到公安局发送的刻章密码后，方可刻制这 3 种印章。这 3 种印章是公司的象征，代表着公司的权力，其中又以公司公章的效力为最大。公司的税务登记、行政文书的签发、开具的证明，都要盖上公司公章后才具有法律效力。

几乎每个公司都会与银行有业务上的往来。这时，财务专用章就发挥作用了。公司在银行开具的凭据、支票、汇款单，都需要盖上财务专用章方可生效。合同专用章则是在签订业务合同时需要使用的。对于创业者来说，为了减少印章遗失、滥用的风险，在创业初期也可以直接把公司公章当作合同章使用。

在公安局备案过的公司印章，对处理公司内外事务都是具有法律效力的，其重要性是不言而喻的。因此，公司管理者切不可乱用、滥用公司印章。最好将公司印章交由专门的部门保管，将公司印章与公司管理者分离，并且明确印章管理者的职责。当需要用到公司印章的时候，应遵循先签字后盖章的原则。

另外，公司印章也不是随意刻制的，因为私自刻章是违法的。即使公司印章不小心丢失了，也不能随意找人重新刻制，需要提前做好备案。

1. 登报公示

公章丢失须在省、市级报纸上刊登遗失声明，刊登遗失声明是需要一定刊登费用的，根据地区不同，费用一般为100～300元不等。而且公章在公安机关是有备案的，所以公司印章一旦丢失，则需要携带以下资料到派出所报案。

（1）法人代表身份证原件及复印件。

（2）营业执照正副本原件及复印件。

（3）法定代表人拟写并签名的丢失公章说明材料。

（4）已生效的登报声明文件。

最后，由派出所出具公章遗失证明（报警回执）。

2. 重新刻章

办理好新刻印章登记后就可以在公安局治安科的指导下重新刻制印章了，新刻的印章需要与之前丢失的印章有所不同。

可见，公司印章丢失后补办起来还是很麻烦的，除了补刻手续烦琐，还有一定的危险性，如果被一些不法分子利用，后果将不堪设想。所以，公司印章一定要保管好，以免遗失。

3.6　如何办理组织机构代码证

企业是社会经济的组成部分，这也就意味着企业需要参与到社会经济活动当中。那么，企业究竟该如何参与到社会经济活动中去呢？正如人参与社会活动需要一个身份证明一样，企业参与社会经济活动也需要一个身份证明，而这个证明就是组织机构代码证，简称"代码"。

"代码"是对中国境内依法注册、依法登记的机关、企业、事业单位、社会团体和民办非企业单位颁发的一个在全国范围内唯一的、始终不变的代码标识。换句话说，这就是一个企业在社会经济活动中的通行证。那么，这个"代码"应该如何办理呢？组织机构代码证的办理流程通常分为4步，如图3-4所示。

① 申领基本信息登记表
② 填写信息登记表
③ 上交信息登记表
④ 验证并打印代码证

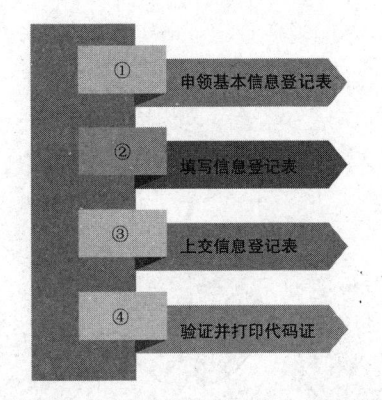

图 3-4 组织机构代码证的办理流程

1．申领基本信息登记表

企业应向企业所在地的质量技术监督局申请办理组织机构代码证。申请人应首先向当地的质量技术监督局提出申请，并领取信息登记表。

2．填写信息登记表

申请人需要按照规定填写好信息登记表。需要注意的是，申请人需要确保信息真实可靠，同时在信息登记表的表头盖上公司公章。

3．上交信息登记表

按要求填写好表格后，申请人就可以向质量技术监督局的工作人员上交信息登记表以及营业执照原件（交验）复印件、法人代表身份证原件（交验）复印件。工作人员会将这些材料进行审核，并给出答复。

4．验证并打印代码证

待工作人员完成审核后，申请人就可以验证并打印代码证了。至此，公司的组织机构代码证办理工作也就圆满结束了。

为了确保申请工作能一步到位，申请人最好提前将各种证件复印两份，以备不时之需，并且确保复印件是用 A4 规格纸，做到清晰、明确。

另外，在表格填写的过程中申请人一定要谨慎对待，如遇到不确定的项目，则可以及时与质量技术监督局的工作人员沟通，然后进行填写，以免出现错误。

3.7 如何办理税务登记证

公司一旦开始运营，就会涉及缴税、纳税等问题。所以，接下来就是税务登记证的办理环节了。税务登记证包括国税和地税两种，而新注册的公司需要同时办理这两种税务登记证。办理税务登记证所需要的材料，如图 3-5 所示。

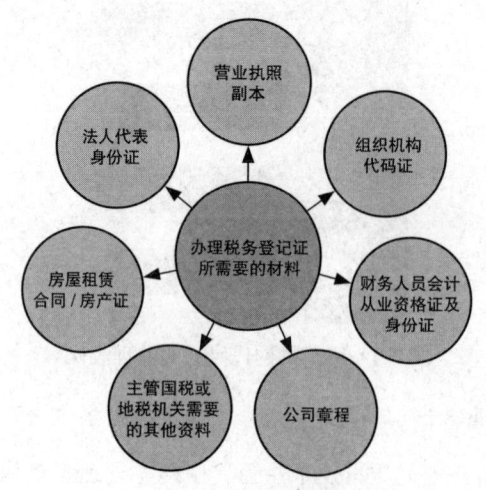

图 3-5　办理税务登记证所需要的材料

（图中内容：办理税务登记证所需要的材料——营业执照副本、组织机构代码证、财务人员会计从业资格证及身份证、公司章程、主管国税或地税机关需要的其他资料、房屋租赁合同/房产证、法人代表身份证）

准备好图 3-5 中的这些材料之后，就可以去税务局办理税务登记证了。有些地方的国税登记和地税登记是一起的，只须办理一次即可，但有些地方是分开办理的。所以，申请人在申请办理之前，需要问清楚具体情况。如果是分开办理，申请人则需要分别带着以上材料到国税局和地税局进行办理。如今，国家已经开通了税务服务热线，申请人如有不明白的地方，可以拨打 12366 进行咨询。

一般来说，税务登记证的办理流程分为 3 步，如图 3-6 所示。

1. 申请办理
2. 填写申请资料
3. 领取税务登记证

图 3-6　税务登记证的办理流程

1．申请办理

申请人携带以上材料到税务局申请办理税务登记证。

2．填写申请资料

到税务局之后，工作人员会发放一份申请表，申请人应按照表格填写要求，认真、真实地填写信息。填完表格后，税务局工作人员会根据申请人填写的经营范围收取相应的工本费。目前已有一部分地方实行免费原则了。具体缴费情况，以当地的政策为准。

3．领取税务登记证

申请人需要等待材料的审核结果。如果审核通过，就可以在规定时间内领取税务登记证了。

需要注意的是，纳税人在领取营业执照之日起 30 日（含 30 日）内，应向税务机关申报办理税务登记，逾期办理的会被罚款。税法规定，逾期办理者将被处以 2000 元以下罚款，情节严重者将被处以 2000 元以上、10000 元以下的罚款。

另外，公司在办理税务登记证时，必须有一个会计，因为税务局要求申请人提交的资料中有一项是会计从业资格证及身份证。如果你注册的是小公司，为了降低运营成本，可以先聘请一个兼职会计或者选择一家代理记账机构帮助自己处理会计事务，这样做既符合税务登记证的办理要求，也能减轻公司的资金负担。

3.8 如何开立基本账户

对于一个新注册的公司来说，它还需要开立一个基本存款账户，简称基本账户，是公司办理转账结算和现金收付的主办账户。公司经营活动的日常资金收付以及工资、奖金和现金的支取均可通过该账户办理。而且，开立其他银行的结算账户也需要以这一基本账户为前提。按照规定，一家公司可以以一位法人代表的名义选择一家银行开立一个基本存款账户。

开立基本账户没有门槛限制，但申请开户时需要准备好相应的材料。它所需要的材料有以下 8 种：

（1）营业执照正本原件及 2 份复印件。

（2）组织机构代码证正本原件及 2 份复印件。

（3）税务登记证正本原件及 2 份复印件。

（4）股东身份证原件及 4 份复印件。

（5）法人代表身份证原件及 4 份复印件。

（6）公司公章、财务专用章、法人代表私章。

（7）租房协议（个人产权房需要房产证复印件，单位产权房需要在租房协议上加盖公章）。

（8）经办人身份证原件及 4 份复印件。

准备好以上材料后，经办人就可以携带材料去银行办理开立基本账户事宜了。开立基本账户的流程，如图3-7所示。

① 提交证明
② 填写申请书
③ 填写印鉴卡片

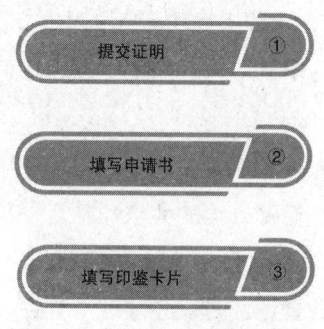

图3-7 开立基本账户的流程

1．提交证明

对于不同性质的单位，银行要求出具的具体证明也不一样。全民所有制企业和集体所有制企业，必须向银行提交其主管部门的证明以及市场监督管理局发放的营业执照；个体工商户则需要向银行提交市场监督管理局发放的营业执照。

2．填写申请书

申请人按照规定认真填写申请书，填写完成之后盖上公司公章，然后交由银行工作人员审查。审查通过之后，银行就会发放基本账户开立申请书。

3．填写印鉴卡片

印鉴卡片是单位与银行事先约定的一种付款的法律依据。所以，申请人在填写印鉴卡片的时候，要加盖公司的公章和财务经办人员的私章。此后，银行为该公司办理结算业务的时候，会对印鉴卡片上的内容进行比对。如果出现付款凭证上加盖的印章与印鉴卡片上预留的不一致的情况，银行就会拒绝办理付款结算业务，以免给不法分子留下可乘之机，以便切实保护公司的财产安全。

当然，如果公司出现人事变动，可以去银行申请注销原有的预留印鉴，启用新的预留印鉴。不过，这些工作需要向银行申请办理，切不可私自处理。

另外，自2005年下半年起，大多数银行开始使用密码器生成密码。所以，银行可能会要求申请人购买一个密码器，其价格在280元左右，为了公司的资金安全，这笔钱是不能省的。

3.9 如何办理税务报到

公司注册成功之后，会获得市场监督管理局发放的营业执照。之后，相关负责人需要拿着这份营业执照以及其他相关材料办理诸如组织机构代码证、税务登记证等证件。而办理好的税务登记证上会规定一个到税务局报到的时间。创业者需要指派专门人员在规定时间内，携带相关资料去税务局办理税务报到手续。

由于税务分为国税和地税，所以，税务报到同样分为两种手续，即国税报到和地税报到，它们的具体报到时间通常也不一样。国税的报到时间是公司成立后的当月，地税的报到时间可以放宽至公司成立后的次月。如果在规定时间内未去报到，公司将要缴纳罚金。而且，办理税务报到的人员必须是有会计从业资格证的专门人员。所以，创业者一定要按照规定指派专门人员办理各项事务。税务报到的流程，如图 3-8 所示。

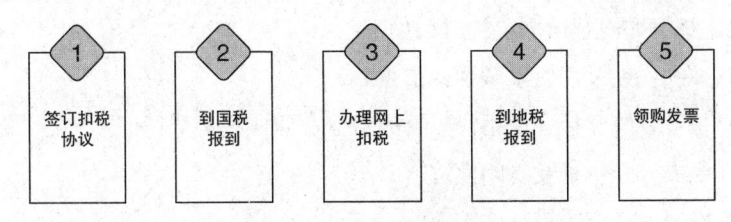

图 3-8　税务报到的流程

1．签订扣税协议

经办人先到开户行（带上相关文件）签订扣税协议。

2．到国税报到

经办人再到国税报到，填写公司基本信息。一般情况下，到国税报到需要携带公司公章、税务登记证原件及复印件。

3．办理网上扣税

经办人到国税报到后，拿着扣税协议找税务专管员办理网上扣税，其流程主要是核定缴纳何种税种。之后，税务专管员会给公司一个用户名和密码。

4．到地税报到

经办人到地税报到，按要求填写《财务会计制度及核算软件备案报告》。

5．领购发票

地税报到完成后，还要领购发票。如果要缴纳国税，则在国税、地税都要领购；如果不用缴纳国税，只在地税领购。

在办理税务报到之后，税务局则会核定公司缴纳税金的种类、税率、申报税金的时间。之后，公司将按照这一核定的标准进行税金缴纳工作。

3.10 如何申请领购发票

公司在运营过程中，有些业务合作需要开发票，也需要缴税、纳税，所以，公司在办理税务报到之后，还需要申请领购发票。

领购发票的种类会随着公司具体业务的不同而有所不同。具体来说，如果公司的性质属于销售类，那么应该去国税局申领发票；如果公司的性质属于服务类，则需要去地税局申领发票。但不论哪种类型的发票，只有加盖公司的发票专用章之后才能生效。

申请人在领购发票的时候，同样需要准备相关材料。而且，初次领购发票与第二次及以后领购发票所需的材料是不同的。

初次申请领购发票所需要的材料如下：

（1）《纳税人领用发票票种核定表》2份。

（2）加载"统一社会信用代码"的营业执照或税务登记证。

（3）经办人身份证及复印件。

（4）发票专用章印模。

对于公司来说，第一次领购发票时，申请人携带以上4种材料，去办税服务厅办理发票领购手续即可。如果是外省、自治区、直辖市来本辖区从事临时经营活动的单位和个人申请领购普通发票的，须提供保证人信息或者根据所领购发票的票面限额及数量交纳不超过1万元的保证金，并限期缴销发票。申请领购发票的流程，如图3-9所示。

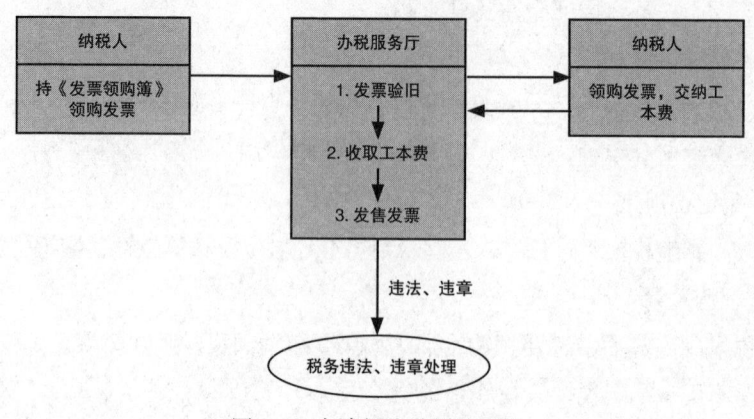

图3-9 申请领购发票的流程

发票的制作同样需要成本，所以，申请人在领购发票时，需要按规定交纳发票工本费。一旦发现有人违法、违章使用发票，主管税务机关将按税务违法、违章工作程序进行违法、违章处理。

除了要了解申请领购发票需要准备的资料及流程，我们还要了解一些其他的知识，比如，领购发票的种类、小规模纳税人领购发票的种类、小规模纳税人是否可以领用增值税专用发票、增值税专用发票与普通发票的区别，等等。

至此，公司注册所涉及的流程我们已经详细讲述完毕。以上内容是按照注册流程的先后顺序排列的，因此，开公司的新手按照以上步骤开展公司注册工作即可。

第二篇

财务税务

第4章　财务要点：公司负责人必看

创业者要想熟练应对公司财务管理的问题，必须熟知30个财务要点。这一章讲述的是财务管理工作的基础知识，既包括公司日常收支方面的内容，也包括公司资本引进方面的内容，还包括公司资产收益方面的内容。总之，这30个财务要点涵盖了公司财务管理的方方面面。接下来，我们将对其进行一一解释、分析。

4.1　权责发生制

权责发生制属于会计要素确认计量方面的范畴，它主要针对收入和费用的确认问题。这个原则要求收入和费用的确认应当以实际发生的为准，因此，它又叫应收应付制。

在权责发生制原则下，本期内已经收到的和已经发生的或应当负担的一切费用，不论其款项是否收到或支付，都将作为本期的收入和费用；反之，如果收到了不属于本期的收入和费用的款项，也不能将它作为本期的收入和费用。

目前，在我国商业银行的财务核算中，权责发生制已经运用到几乎所有的收支项目中。而这种做法有它的法律依据，即依据我国现行的《企业财务通则》。以下9个方面的内容，是《企业财务通则》中规定的应以权责发生制对待的财务项目，具体如下：

(1) 逾期半年以内的贷款利息收入。

(2) 金融机构往来收入。

(3) 投资收益。

(4) 定期存款利息支出。

(5) 金融机构往来支出。

(6) 固定资产修理、租赁、低值易耗品购置、安全防卫等大宗费用支出。

(7) 无形资产摊销。

(8) 固定资产折旧。

(9) 各种税金。

了解了权责发生制之后，还需要知道权责发生额的概念。权责发生额是指在权责发生制基础上，实际收到的款项数额；也可以指会计在法律、法规允许的范围内利用权责发生制获利的资金金额。

4.2 应付账款

应付账款属于会计学的知识，它是指公司应当支付但是还未支付的手续费和佣金，主要用于核算公司因购买材料、商品和接受劳务供应等经营活动应支付的款项。

也可以说，应付账款是一个公司产生的债务，其原因是买卖双方在购销活动中采取了先取得物资后支付货款的形式。简单来说，就是购买和支付款项这两种活动并非同时发生。

4.3 应收账款

应收账款是指公司因销售商品、提供劳务等经营活动，应向购货单位或接受劳务的单位收取的款项。一般情况下，应收账款按照实际发生的交易价格入账，主要包括发票销售价格、增值税和代垫运杂费等。

一般来说，为了保证应收账款能及时到账，应收方和应付方会约定一个还款日期。而应付方应在约定的时间内确认付款，应收方则需要在同一时间内对款项进行明细核算，然后确认收款。

可以说，应收账款是购买方占用销售方资金的一种形式，而一个公司的发展离不开资金这一前提。所以，为了保证公司的正常经营及持续发展，销售方也应及时收回应收账款。若遇到购买方拖欠账款的情况，可采取合法措施进行催收。若遇到应收账款无法收回的情况，可依据相关证据按规定程序报批，做坏账损失处理。

4.4 应付账款周转天数

应付账款周转天数又叫平均付现期，是指公司需要多长时间付清供应商的欠款。这个概念属于公司经营能力分析的范畴。一般来说，应付账款周转天数越长越好，因为这能在短期内为公司提供充足的运营成本。

应付账款周转天数的计算公式如下：

$$应付账款周转天数 = \frac{360}{应付账款周转率}$$

另外，应付账款周转天数在一定程度上还反映了公司的信誉情况及经营情况。显然，公司在行业内的信誉度越高，经营状况越好，越有可能获得更长时间的应付账款周转天数。

4.5 应收账款周转天数

应收账款周转天数是一个与应付账款周转天数相对应的概念，它是指公司从取得应收账款的权利，到收回款项、转换为现金这一过程所需要的实际时间。显然，应收账款周转天数越短，说明流动资金的使用率越高。对于公司来说，其应收账款周转天数越短，则表示公司的竞争力越强。

应收账款周转天数的计算公式如下：

$$应收账款周转天数 = \frac{360}{应收账款周转率}$$

事实上，目前很多行业都存在着信用销售的情况，因此，也就不可避免地形成了大量的应收账款。公司要想得到更好的发展，有效地将应收账款变为实际资金是非常关键的一步。

4.6 资产周转率

资产周转率是指销售收入的总营业额和总资产值之比，它是衡量公司资产管理效率的重要财务比率，因此，资产周转率在财务分析体系指标中占有重要地位。

资产周转率的计算公式如下：

$$资产周转率 = \frac{总营业额}{总资产值} \times 100\%$$

在考察公司资产运营效率时，资产周转率是一个很重要的指标。因为它能够体现公司经营期间全部资产从投入到产出的流转速度，能够反映公司全部资产的管理质量和利用效率。

对于一个公司来说，通过分析资产周转率，可以发现该公司与同类公司在资产利用上的差距，从而能够促进公司提高资产管理质量，提高资产利用效率，最终促进公司的长足发展。从这一点来看，资产周转率在公司的发展中具有非常重要的意义。

4.7 账面价值

账面价值通常指的是资产类科目的账面余额减去相关备抵项目后的净额。而这里提到的账面余额是指某科目的账面实际余额，也就是指没有进行过备抵项目的扣除，如累计折旧、相关资产的减值准备等。

账面价值的计算公式如下：

账面价值＝资产账面余额－资产折旧或摊销－资产减值准备

与账面价值相关的概念还有账面净值，它通常是指资产类科目的账面余额减去相关备抵项目。

对股份有限公司来讲，账面价值也称股票净值。对固定资产来讲，账面价值＝固定资产的原价－计提的减值准备－计提的累计折旧；账面余额＝固定资产的账面原价；账面净值＝固定资产的折余价值＝固定资产的原价－计提的累计折旧。

4.8 预算编制

预算编制是《中华人民共和国预算法》的主要内容，是各级政府、各部门、各预算单位制定筹集和分配预算资金年度计划的预算活动。

在公司经营过程中，为了确保经营活动能够顺利进行，引进了预算编制的做法，预算编制分为自上而下和自下而上两种形式。这里，我们主要讲解自下而上这种形式。

所谓自下而上的预算编制，是指从基层管理人员出发而制定的预算编制。这一做法的优势在于基层管理人员对具体活动的流程及所需的资源有一个更好的把握，让他们进行预算编制可以减少资源浪费。

自下而上的预算编制的具体要求是，全面考虑所涉及的所有工作任务。在这个过程中，一般要求运用 WBS（Work Breakdown Structure，工作分解结构）对项目所涉及的所有工作任务的时间和预算进行仔细的考察。

虽然这一做法是从基层管理人员出发的，但最终仍要交由上级管理部门进行审核。在预算编制过程中，一定要实事求是地进行。不过，有些公司可能会出现基层管理人员高估自己的资源需求的情况，因为基层管理人员认为上级管理人员一定会削减预算。同时，也会让上级管理人员认为基层管理人员造假。长此以往，一个不健康的预算体系就会逐渐形成。从长远来看，这显然不利于公司的发展。因此，要保证自下而上的预算编制能切实发挥其作用，还需要制定一套完善的监督、审核体系。

4.9 资本支出

资本支出也是会计学的一个重要概念，又被称为"收益支出"，是指使固定资产增值所产生的所有经费支出。

公司的资本支出是长期资金投入的增加，所以，它是一个增量概念。诸如房屋、机器设备的购置费用，设备的维修费用，打造公司文化的费用等，都属于资本支出。

资本支出的计算公式如下：

资本支出＝购置固定资产、无形资产和其他长期资产所支付的现金

除了上面的资本支出的计算公式，常用的计算公式还有以下2个：

（1）资本支出＝购置各种长期资产的支出－无息长期负债的差额

（2）资本支出＝净经营长期资产增加＋折旧与摊销

4.10 销售毛利

销售毛利是针对公司所出售的商品而言的，它涉及销售价格和进货价格，比如，某商店一件商品的进货价格是500元，之后该商品以1000元的价格售出，此时该商品的销售毛利就是500元。

销售毛利的计算公式如下：

销售毛利＝销售收入净额－销售成本

除了上面的销售毛利的计算公式，常用的计算公式还有以下2个：

（1）销售毛利＝销售收入－销售折扣

（2）销售毛利＝销售净额 × 毛利率

4.11 成本

成本是商品价值的组成部分。人们在从事生产经营活动或达到一定的目的的过程中都会耗费一定的资源，而成本就是这些耗费资源的货币表现。随着商品经济的发展，成本概念的内涵和外延也在不断扩大。

对于一个公司来说，在进行产品生产活动中，不可避免地会消耗生产资料、劳动力等资源。而这些被消耗的生产资料、劳动力等就是其成本。如果以货币的形式来计量，就表现为材料费用、工资费用、折旧费用等。另外，商品在开发环节及销售环节也会耗费管理费、场地费、人工费等费用。所以，这些费用也都需要计入商品的成本中。

4.12 成本收益分析

成本收益分析是指以货币单位为基础，对公司的投入与产出进行估算和衡量的方法。通过科学的预估方案，人们可以对公司未来的投入与产出关系做出一个尽可能科学的估计。

从经济学的角度来看，成本收益分析方法是公司经济活动中很普遍的一种方法，这种方法的前提是帮助公司以最小的成本获取最大的收益。

4.13 流动资产

流动资产是指公司在一定营业周期（一年或两年）内，可以变现或者耗用的资产。因此，流动资产是公司资产中必不可少的组成部分。流动资产所包含的要素主要有以下几种，如图4-1所示。

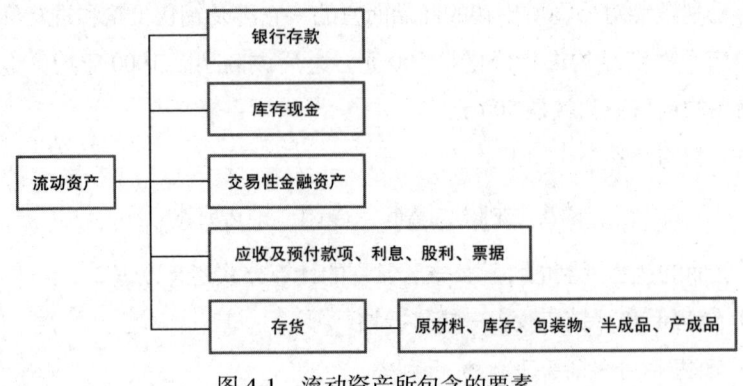

```
                ┌── 银行存款
                │
                ├── 库存现金
                │
    流动资产 ───┼── 交易性金融资产
                │
                ├── 应收及预付款项、利息、股利、票据
                │
                └── 存货 ── 原材料、库存、包装物、半成品、产成品
```

图 4-1　流动资产所包含的要素

流动资产在公司运营的过程中，其形态不断发生变化，从最初的货币资金变成储备资金，变成固定资金，变成生产资金，变成成品资金，最终又将变成货币资金。

在这个过程中，流动资产的变化形态始终与公司的生产流通环节紧密相连。为了确定流动资产的合法性和合规性，也为了便于检查流动资产的业务账务处理的正确性，提高流动资产的利用率，公司有必要加强对流动资产业务的审计。

对公司资产来说，除流动资产以外，还包括非流动资产。非流动资产是指不能在一年或者超过一年的营业周期内变现或者耗用的资产，其所包含的要素主要有以下几种，如图4-2所示。

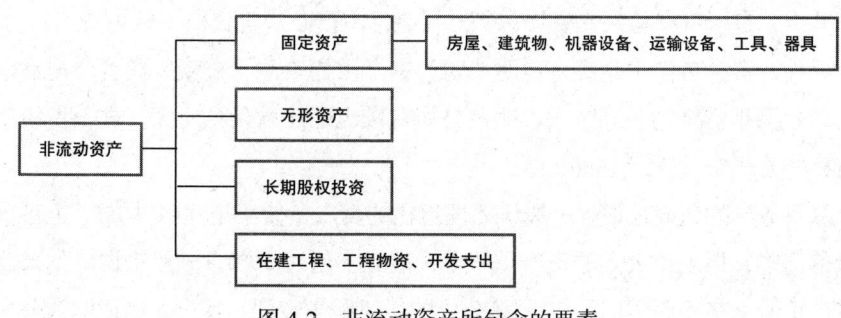

```
                    ┌── 固定资产 ── 房屋、建筑物、机器设备、运输设备、工具、器具
                    │
        非流动资产 ──┼── 无形资产
                    │
                    ├── 长期股权投资
                    │
                    └── 在建工程、工程物资、开发支出
```

图4-2　非流动资产所包含的要素

无论是流动资产还是非流动资产，都是由公司过去的交易或者事项形成的、被公司拥有或者控制的、预期会给公司带来经济利益的资源，所以，二者对公司的发展有着非常重要的意义。

4.14　流动比率

流动比率是指流动资产对流动负债的比率，其作用是衡量公司流动资产在短期债务到期以前，可以变为现金的用于偿还负债的能力。

流动比率越高，说明公司资产的变现能力越强，因此，短期债务的偿还能力越强；反之，则说明短期债务的偿还能力越弱。一般情况下，公司的流动比率在2∶1以上，也就是流动资产是流动负债的2倍，才能够保证公司有偿还能力。

这里，需要解释一下流动负债的概念。流动负债也叫短期负债，它是指公司在一定营业周期（一年或两年）内将要偿还的债务，包括应付账款、应付票据、应付股利、短期借款、预收账款、应交税金及其他暂收应付款项。

4.15 资产负债率

资产负债率是用来衡量公司财务杠杆使用情况和偿还能力的指标，表明公司资产中有多少是债务。通过这一指标，可以看出公司的资金主要来源于融资还是股东出资，也可以用来检查公司的财务状况是否稳定。

以有形资产负债率为例来说明一下，其计算公式如下：

$$有形资产负债率 = \frac{负债总额}{有形资产总额} \times 100\%$$

其中，有形资产总额＝资产总额－（无形资产及递延资产＋待摊费用）。

另外，资产负债率越高，说明公司的资金主要来源于贷款，或者公司是以债券的形式募集资金的。同时也说明该公司有较大的还款付息压力，进一步使用财务杠杆的方式来举债的空间很小。

从财务学的角度来说，一般认为理想化的资产负债率是40%左右，上市公司略微偏高些，但上市公司的资产负债率一般也不超过50%。一般来说，如果公司的资产负债率在50%以下，说明该公司的偿还能力较强；反之，则说明该公司的偿还能力较弱。至于资产负债率为多少算是合理的，还需要参考同一行业中的其他公司的情况，以及公司的具体业务情况和所处的市场地位。

4.16 直接成本与间接成本

直接成本是指产品的直接生产成本以及直接计入成本的费用，如产品生产的原材料、劳务费、场地费等。而间接成本则是指产品的间接生产成本以及间接计入成本的费用，如管理人员的费用、机器耗损费等。

不论是直接成本还是间接成本，它们都是从两个角度进行定义的，即成本与生产工艺的关系，以及费用计入生产成本的方式。

通过对直接成本与间接成本这两种类型的成本进行分析，能够帮助公司正确地计算出产品成本，从而为产品标出一个合适的价格，这样既能保护消费者的权益，也能保证公司获利。

通常情况下，那些能直接计入成本的费用，都将被作为直接成本。为了保证间接成本计算的准确性，在计入间接成本的时候，其分配标准应与被分配费用之间有密切的关系。

而且，公司可以在直接成本和间接成本的分析中找出公司运营的不足之处，然后有针对性地进行改正。如果发现与同行业的其他公司相比直接成本过高，公司就可以在产品原材料获取渠道及生产工艺等方面进行改进，从而降低成本，提高产品的竞争力。如果是间接成本过高，公司就可以在提高管理效率等方面下功夫，从而降低成本。

4.17 固定成本

固定成本又叫固定费用，它是指在一定时期和一定业务范围内，即使业务量出现了或增或减的现象，但成本总额依然保持不变的成本。

从固定成本的概念可知，固定成本的固定性是有条件的，即固定成本总额只有在一定时期和一定业务范围内才是固定的，否则就会发生变动。

固定成本的意义在于能够帮助公司经营管理者在固定资产投资方面保持理性，有效地保持固定成本在总成本中占有合理的份额，从而降低运营成本，提高固定资产利用率，促进公司的长足发展。

另外，固定成本是相对于变动成本而言的，顾名思义，变动成本不是固定的，是随着产量的变化而变化的，常常是在实际生产过程开始后才须支付的。

4.18 经济增加值

经济增加值也叫经济附加值，它是指公司从税后净营业利润中扣除股权和债务的全部资本成本后的所得。因此，经济增加值可以作为评判公司经营者使用资本的能力，以及为股东创造价值的能力。显然，只有当公司盈利额高于资本成本（即股权成本与债务成本之和）时，才能为公司股东创造价值。

经济增加值的计算公式如下：

$$经济增加值 = 税后净营业利润 - 资本总成本$$

对于一个公司来说，经济增加值也是其业绩评估的一个标准。所以，它也可以作为公司经营业绩的考核工具。而且，经济增加值这一标准，还能让公司管理者及时调整管理策略，不至于出现在产品滞销的情况下还在扩大生产的现象。

4.19 财务杠杆

财务杠杆是指由于固定债务利息和优先股股利的存在,而导致普通股每股利润变动幅度大于息税前利润变动幅度的现象。因此,财务杠杆也叫筹资杠杆或融资杠杆,它是一个应用非常广泛的概念。

如果说财务杠杆是对负债的一种利用,那么我们可以将它定义为公司在制定资本结构决策时对债务筹资的一种利用。如果财务杠杆是通过负债经营起作用的,那么我们可以将其定义为一种通过在筹资中适当举债来调整资本结构,从而给公司带来额外收益的财务管理方式。在这种情况下,财务杠杆有正负之分。如果负债经营能让公司的股利上升,便称之为正财务杠杆;反之,则称之为负财务杠杆。

财务杠杆作用的大小可以用财务杠杆系数来表示,而且财务杠杆作用与财务杠杆系数之间呈正相关关系。

财务杠杆系数的计算公式如下:

$$财务杠杆系数 = \frac{普通股每股利润变动率}{息税前利润变动率}$$

4.20 固定资产

固定资产属于非流动资产的范畴。它是公司所持有的特定资产,有两个衡量标准:一是使用时间超过 12 个月;二是价值达到一定标准的非货币性资产。符合这两个标准的公司资产,就能成为公司的固定资产。一般来说,公司的固定资产指的是公司所使用的房屋、机器设备、运输工具等与生产经营活动密切相关的资产。固定资产的特点,如图 4-3 所示。

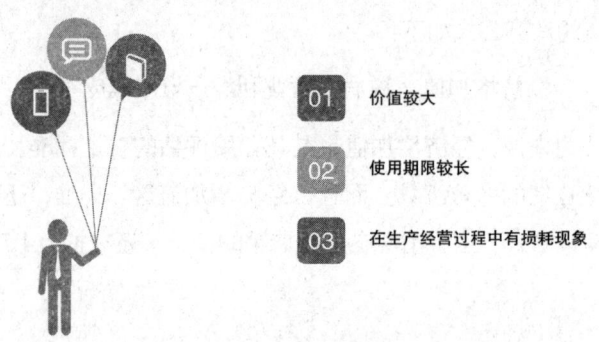

图 4-3 固定资产的特点

01 价值较大
02 使用期限较长
03 在生产经营过程中有损耗现象

另外，从性质来看，固定资产往往是一个公司生存发展的前提。从会计学的角度来看，固定资产可以划分为生产用固定资产、非生产用固定资产、租出固定资产、未使用固定资产、不需用固定资产、接受捐赠固定资产、融资租赁固定资产等。

对于公司管理者来说，为公司购买固定资产往往要付出较大的成本或代价。但从长远来看，如果所得到的收益大于所付出的成本，公司管理者就可以考虑购买；反之，则要慎重对待。

4.21 资本成本

资本成本不是实际支付的成本，而是一种机会成本。所谓机会成本，是公司决策者在有限的资源内，将这些资源用于某一个项目，而不得不放弃将其用于其他活动的最高收益。

比如，你有一块土地，你可以选择用来种粮食，也可以选择用来开发房地产，如果种粮食的收益是 2000 元，开发房地产的收益是 50000 元，那么你将这块地用来种粮食时，你的机会成本就是 50000 元，而当你将这块地用来开发房地产时，你的机会成本就是 2000 元。

在决策时，机会成本越小，风险系数就越小。创业者需要了解机会成本这个概念，明白做任何决定都存在潜在的风险，应学会避开不必要的投资风险，选择拥有最高价值的选项，放弃选择机会成本最高的选项，为公司的发展做出正确的决策。

资本是一个企业赖以生存发展的重要前提。当企业在发展的过程中遇到资本短缺的情况时，会通过发行债券、发行股票，以及向银行或非银行金融机构借款、贷款的方式来填补资本的空缺。无论公司采取哪一种方式，都需要支付一定的手续费。这些手续费就是公司获得资本的代价。因为公司需要为发行的债券、股票支付股息、利息，需要为借款、贷款支付利息。所以，这些股息、利息就成为公司获得资本的代价。

资本成本按其性质划分，可以分为债务资本和自有资本。债务资本是指借入的长期资金，对于这类资本成本，公司需要还本付息，因此会给公司带来较大的财务风险。自有资本则是指公司自身拥有的资本，公司在使用这类资本时，不用支付利息，也不用还付本金，所以相对来说，风险较小。

资本成本是公司决定筹资与否的依据,是公司评价和选择投资项目的标准,是衡量公司资金效益的临界基准。因此,资本成本这一概念在公司经营的过程中有着非常重要的意义和作用。

4.22 投资资本

投资资本是指所有投资者投入企业经营的全部资金的账面价值,也指公司全部资产减去其商业信用债务后的净值。

投资资本包括债务资本和股本资本。其中,债务资本指的是债权人提供的短期贷款和长期贷款,而不包括应付账款、应付单据以及其他的应付款等商业信用负债。

投资资本的计算公式如下:

$$投资资本 = 权益资本投入额 + 债务资本投入额$$

除了上面的计算公式,常见的投资资本的计算公式还有以下 2 个:

(1) 投资资本 = 股东权益 + 全部利息债务
(2) 投资资本 = 营运资本 + 长期资产净值 − 无息长期负债

4.23 实缴股本

实缴股本是指公司成立时实际收到股东所投入的资金总额。因此,它又叫实收资本,是公司实际拥有的资本总额。

由于新《公司法》对公司资本实行认缴制,股东认购股份后,可以一次性缴清,也可以在一定期限内分期缴纳。因此,公司的实缴股本一般会小于注册资本。

4.24 资产回报率

资产回报率又称资产收益率,它是用来衡量公司对所有经济资源利用效率的指标,主要用来表明每单位资产创造了多少净利润。

资产回报率的计算公式如下:

$$资产回报率 = \frac{税后净利润}{总资产} \times 100\%$$

资产回报率越高，说明每单位资产创造的价值越大，也说明公司对资产的利用效率越高。例如，沃尔玛和某普通商场出售同一款洗发水，假设普通商场的售价为 45 元，而沃尔玛的售价为 38 元，那么普通商场的利润率为 10%，沃尔玛的利润率为 3%。从表面上看，两者的利润率相差悬殊，沃尔玛似乎毫无优势可言。但是，你忽略了一件事，那就是普通商场一个月可能只进 1 次货，而沃尔玛一个月可能进 10 次货。总体而言，普通商场一个月的利润率是 10%，而沃尔玛一个月的利润率则是 3%×10 = 30%。

4.25 投资回报率

投资回报率是指企业所投入资金的回报程度。对于一个企业来说，投资回报通常是公司获利的一个重要来源。一个企业为了提高生产效率而购进一批先进的生产设备，这叫投资；同样，企业为了获取预期收益或股权而购买债券、股票，这也叫投资。因此，投资可以分为实业投资和金融投资两种。

投资回报率的计算公式如下：

$$投资回报率 = \frac{年利润或年均利润}{投资总额} \times 100\%$$

投资回报率是衡量一个企业盈利状况所使用的比率，也是衡量一个企业经营效果和效率的一项综合性指标。另外，了解投资回报率，可以为公司优化资源配置。

4.26 销售回报率

销售回报率是衡量公司从销售额中获取利润多少的一种指标。

销售回报率的计算公式如下：

$$销售回报率 = \frac{税后净利润}{总销售额} \times 100\%$$

通过计算销售回报率，可以帮助公司管理者提供是否需要调整销售策略的依据。如果销售回报率偏低，就说明公司的销售策略有待改进；反之，则说明公司的销售情况良好，公司的总体运营态势良好。

4.27　财务报表

通俗地讲，财务报表是反映企业主体财务状况以及经营状况的会计报表。它是以会计准则为规范编制的，是用来向所有者、债权人、政府、其他有关各方及社会公众等外部反映公司财务及经营状况的一系列会计报表。

有人把财务报表比喻成公司的"听诊器"，它不仅能让公司经营者及其他人员在密密麻麻的数据背后看到公司以前、现在和未来的发展状况，还能准确分析公司的经营状况与潜在风险。

财务报表由资产负债表、现金流量表、损益表、利润表、财务状况变动表、附表组成。财务报表是财务报告的主要部分，因此，财务报表中的各项数据必须真实可靠、内容完整、计算准确、报送及时。财务报表按照不同的分类标准，可分为众多类别。例如，按编制时间分类，可分为月报、季报和年报；按服务对象分类，可分为对外报表和内部报表；等等。

对于公司管理者来说，可以通过财务报表清晰地了解公司的运营状况，从而据此做出改变管理方式与否的决定。因此，财务报表对公司的发展而言至关重要。

4.28　资产负债表

资产负债表也被称为"财务状况表"，是指公司在一定日期（通常为各会计期末）反映财务状况（即资产、负债和业主权益的状况）的主要会计报表。

资产负债表由两部分组成：左边是"资产"部分；右边是"负债及所有者权益"部分。本表是利用会计平衡原则，将合乎会计原则的资产、负债、所有者权益，经过分录、转账、分类账、试算、调整等会计程序后，以特定日期的静态公司情况为基准制作的一张报表。资产负债表示例，如图4-4所示。

资 产 负 债 表

企业名称： 年 月 日 单位：万元

资 产	行次	年初数	期末数	负债及所有者权益	行次	年初数	期末数
流动资产				流动负债			
货币资金	1			短期借款	46		
短期投资	2			应付票据	47		
应收票据	3			应付帐款	48		
应收帐款	4			预收帐款	49		
减：坏帐准备	5			其他应收款	50		
应收帐款净额	6			应付工资	51		
预付帐款	7			应付福利款	52		
其他应收款	8			未交税金	53		
存货	9			未付利润	54		
待转其他业务支出	10			其他未交款	55		
待摊费用	11			预提费用	56		
待处理流动资产净损失	12			一年内到期的长期负债	57		
一年内到期的长期债券投资	13			其他流动负债	58		
其他流动资产	14						
流动资产合计	20						
长期投资：				流动负债合计	65		
长期投资	21						
固定投资：				长期负债：			
固定资产原价	24			长期借款	66		
减：累计折旧	25			应付债券	67		
固定资产净值	26			长期应付款	68		
固定资产清理	27			其他长期负债	75		
在建工程	28			长期负债合计	76		
待处理固定资产净损失	29						
固定资产合计	35			所有者权益：			
无形及递延资产：				实收资本	78		
无形资产	36			资本公积	79		
递延资产	37			盈余公积	80		
无形及递延资产合计	40			未分配利润	81		
其他长期资产：				所有者权益合计	85		
其他长期资产	41						
资产总计	45			负债及所有者权益总计	90		

补充资料：1. 已贴现的商业承兑汇票__________元；
2. 融资租入固定资产原价__________元；
3. 库存商品期末余额__________元；
4. 商品销价准备期末余额__________元。

图 4-4 资产负债表示例

从会计程序来看，资产负债表是簿记记账程序的末端，是经过分录、转账、试算、调整后的最后结果。因此，它体现的是公司全体或公司资产、负债及所有者权益的对比关系，能够真实地反映公司的实际运营状况。

由于资产负债表是按照一定的分类标准和一定的次序排列编制而成的，因此，对于公司来说，这份报表可以帮助公司进行内部除错、寻找经营方向、消除经营弊端。除此之外，资产负债表还能让公司经营管理者及外界人士在阅读之后，清楚地了解公司目前的经营状况。

4.29 现金流量表

现金流量表是公司在一定时期（一个月或者一个季度）内其现金（包括银行存款）的增减变动情况表。也就是说，公司的经营、投资与筹资活动所产生的现金流入与现金流出，都能在现金流量表中反映出来。

根据现金流量表中的资金用途，可以将其分为经营、投资、金融三种现金流量类型。现金流量表是一个分析工具，它可以用来反映公司在短期内的生存能力。与传统的损益表相比，现金流量表在对公司实现利润的评价以及财务状况和财务管理方面，能够发挥更直观的作用。现金流量表示例，如图 4-5 所示。

现金流量表

编制单位： 单位：元

项目	行次	金额	补充资料	行次	金额
一、经营活动产生的现金流量：	1		1. 将净利润调节为经营活动的现金流量:	41	
销售商品、提供劳务收到的现金	2		净利润	42	
收到的税费返还	3		加:计提的资产减值准备	43	
收到的与经营活动有关的其他现金	4		固定资产折旧	44	
	5		无形资产摊销	45	
现金流入小计	6		长期待摊费用摊销	46	
购买商品、接受劳务支付的现金	7		待摊费用减少（减：增加）	47	
支付给职工以及为职工支付的现金	8		预提费用增加（减：减少）	48	
支付的各项税费	9		处置固定资产、无形资产和其他长期资产的损失(减：收益)	49	
支付的与经营活动有关的其他现金	10		固定资产报废损失	50	
	11		财务费用	51	
现金流出小计	12		投资损失(减：收益)	52	
经营活动产生的现金流量净额	13		递延税款贷项(减：借项)	53	
二、投资活动产生的现金流量：	14		存货的减少(减：增加)	54	
收回投资所收到的现金	15		经营性应收项目的减少(减：增加)	55	
取得投资收益所收到的现金	16		经营性应付项目的增加(减：减少)	56	
处置固定资产、无形资产和其他长期资产收回的现金净额	17		其他	57	
收到的与投资活动有关的其他现金	18		经营活动产生的现金流量净额	58	
	19		2．不涉及现金收支的投资和筹资活动：	59	
现金流入小计	20		债务转为资本	60	
购建固定资产、无形资产和其他长期资产支付的现金	21		一年内到期的可转换公司债券	61	
投资所支付的现金	22		融资租赁固定资产	62	
支付的其他与投资活动有关的现金	23		其他	63	
	24		3. 现金及现金等价物净增加情况：	64	
现金流出小计	25		现金的期末余额	65	
投资活动产生的现金流量净额	26		减：现金的期初余额	66	
三、筹资活动产生的现金流量：	27		加：现金等物的期末余额	67	
吸收投资所收到的现金	28		减：现金等物的期初余额	68	
借款收到的现金	29		现金及现金等价物净增加额	69	
收到的其他与筹资活动有关的现金	30				
	31				
现金流入小计	32				
偿还债务所支付的现金	33				
分配股利、利润或偿付利息所支付的现金	34				
支付的其他与筹资活动有关的现金	35				
	36				
现金流出小计	37				
筹资活动产生的现金流量净额	38				
四、汇率变动对现金的影响	39				
五、现金及现金等价物净增加额	40				

企业盖章: 企业负责人: 财务负责人: 制表人:

图 4-5 现金流量表示例

通过现金流量表，不仅能够看出公司是否有能力应付短期内的所有运营开销，也能够看出一家公司的经营状况是否健康。如果公司经营活动所产生的现金流不足以支付股利，也不能维持股本的生产能力，就说明这家公司的发展方向或者运营状况出现了问题。

4.30 损益表

损益表也叫利润分配表或损益平衡表。它是财务报表的一种，其作用是用来反映企业在一定时期内利润实现（或发生亏损）的情况。损益表的内容包括一定时期内企业的销售成本、销售收入、经营费用及税收费用。总之，企业在一定时期内所创造的经营业绩都是损益表中的内容。

损益表与其他财务报表不同的是，它是一张动态报表。通过这张表，公司的管理者可以从中分析利润增减变化的原因，从而为自己的经济决策，如公司经营成本的预算、投资的价值评价等找到依据。损益表示例，如图4-6所示。

损　益　表

单位：　　　　　　　　　　　　　　　年　月　　　　　　　　　　单位：元

项　目	行次	本月数	本期累计数
一、主营业务收入	1		—
减：折扣与折让	2		—
主营业务收入净额	3	—	—
减：主营业务支出	4		
主营业务税金及附加	5		
二、主营业务利润（亏损以"－"号填列）	10	—	—
加：其他业务利润（亏损以"－"号填列）	11		
减：存货跌价损失	12		
营业费用	13	—	—
管理费用	14		
财务费用	15		
三、营业利润（亏损以"－"号填列）	18		
加：投资收益（亏损以"－"号填列）	19		
补贴收入	22		
营业外收入	23		
减：营业外支出	25		
四、利润总额（亏损以"－"号填列）	27		
减：所得税	28		
以前年度损益调整（亏损以"－"号填列）	29		
五、净利润（亏损以"－"号填列）	30		

领导签字：　　　　　　财务负责人：　　　　　　制表：

图4-6　损益表示例

损益表主要由利润构成与利润分配两个项目组成。如果将损益表中的利润分配部分单独提取出来，它就是一张利润分配表。

第 5 章　合理避税：15 种常用的节税方法

创业者在经营管理一家公司的过程中，运营成本是最先要考虑的问题之一。而在公司的运营成本中，其所需缴纳的税款占据了相当大的比例。尤其是对于一家新公司来说，运营初期难免会受资金短缺等问题的困扰。

缴税、纳税是法律、法规所规定的，每一位企业经营管理者都必须无条件遵守。偷税、漏税行为是要受到法律的惩罚的。但是，企业经营管理者可以通过合理的节税方法，减轻税款压力。本章将介绍 15 种常用的节税方法，让公司在不违反法律、法规要求的前提下，节省开支。

5.1　技术入股

技术入股是指技术持有人（或者技术出资人）以技术为资本成为公司的股东。虽然技术是一种无形资产，但技术持有人（或技术出资人）可以对它所能创造的价值进行估计。这样，无形资产就变成了有形资产，也就可以作为入股公司的资本了。

我国为技术入股设立了专门的法律、法规。也就是说，技术入股是法律、法规允许的，受法律、法规的保护。《公司法》及国家科学技术委员会制定的《关于以高新技术成果出资入股若干问题的规定》中都有支持技术入股的相关内容。所以，技术成果的价值转化已经有了良好的前提保障。

事实上，很多公司的创立者同时也是公司核心技术的掌握者。他们之所以能创立公司，就是因为掌握了核心技术。也正是由于核心技术带来的竞争力，他们的公司才能在竞争激烈的市场中生存发展。他们以技术入股，还能为公司节省一大笔税款。

公司在经营的过程中会获得一定的收入，而国家会针对公司的运营收入征收企业所得税。企业应纳税所得额等于企业的收入总额减去成本、费用、损失以及准予扣除项目的全额。

如果公司的创立者将自己所掌握的核心技术作价后入股公司，那么在计算运营成本的时候，就需要将这一部分资金计算进去。显然，这就能增加成本，降低企业应纳税所得额，从而达到少缴企业所得税的目的。

5.2 开展电子商务

电子商务是近些年兴起的一种商业模式，它的发展态势非常强劲，在促进国民经济增长方面发挥了很大的作用。国家也非常看好这种商业模式，并给予了很多政策上的支持，如电子商务可以少缴印花税等。

由于纳税人会在应缴税款且完成缴纳的凭证上粘贴印花税票，所以就有了印花税这一名称。印花税是对经济活动和经济交往中书立、领受具有法律效力的凭证的行为所征收的一种税。显然，在经济活动和经济交往中会大量用到这种具有法律效力的凭证。因此，印花税是公司经营者需要缴纳的一大笔税费。

如果公司经营管理者将经营活动从线下转移到线上，即实行电子商务模式，就能有效地节省一大笔印花税税款。在互联网日渐发达的今天，开展电子商务并不难，而且这也是一种顺应时代发展潮流的正确做法。

5.3 租赁办公场所

小王是一名室内设计师，多年的工作经验让他在这个行业中可以独当一面。为了获得更大的成就，他开了一家属于自己的工作室。工作室的规模不算很大，也不需要很大的办公场所。为了节省费用，小王就将自己的一套三居室改成了办公场所。经过一番设计和装修之后，他整改后的办公场所倒也十分合适，为自己节省了一笔不小的租金费用。

然而，当工作室运营了一段时间以后，小王按照法律、法规的要求去税务局缴纳税款的时候，他却怎么也高兴不起来。因为他所要缴纳的税款不是一笔小数目。小王粗略地算了一笔账，除去人工费、物料费等各种运营费用及税款后，工作室几乎没有任何利润了。

事实上，很多创业者，尤其是开公司的新手，他们都遇到了类似小王这样的问题。那么，面对高额的税款，该如何依法应对呢？其实，创业者可以通过租赁办公场所来减少税款。小王用自己的房屋作为办公场所，看似节省了一大笔租赁费用，实则会让他缴纳更多的税费。

如果小王选择租赁办公场所，那么这笔租赁费用将被计入运营成本之中。按照税法的规定，在缴纳税费的时候先要减去公司的运营成本。显然，这个时候税费税基就会降低，因此，所要缴纳的税费自然就减少了。

另外，租赁办公场所这种做法还有其他优点，如办公场所的更换更加容易。由于办公场所是租赁的，所以，在公司经营的过程中一旦发现办公场所的区域位置有不利的影响，可以及时进行更换。相反，如果用自己的房子作为办公场所，那么即使区域位置再不利，也不能轻易更换。

从另一个角度来看，租赁的办公场所一般都是企业办公集中地。所以，这种地方的工作气氛浓厚，工作效率也会更高。因此，在这种地方开设公司，尤其是新公司，不仅能学习他人的管理经验，还能加强公司企业文化的建设。

总之，对于一个新公司来说，对于能够租赁的场所或设备，尽量不要购买。否则，从长远来看，会增加自己的运营成本。

5.4 不发过节费，发年底双薪

张晓旭的公司是在2018年9月开张的，因为他觉得秋季是一个丰收的季节，将公司的开张时间选择在这个季节，象征着工作室将能收获到累累硕果。

在公司开张后不久，就迎来了我国的传统佳节——中秋节。逢年过节给员工发放过节费，这是我国绝大多数企业约定俗成的做法。这种做法一方面体现了对我国传统文化的弘扬，另一方面也彰显了公司的人性化管理。然而，当张晓旭将一笔可观的过节费发放给员工时，他却没有从员工脸上看到过多的喜悦之情。

2018年8月31日，关于修改个人所得税法的决定通过，个人所得税的起征点从每月的3500元提高到5000元，自2018年10月1日起实施最新起征点和税率。个人所得税实行阶梯征税制原则，即个人的收入越多，所要缴纳的税费也就越多，而且征税范围也包括员工当月所得的福利。也就是说，张晓旭给员工发放的这一笔可观的过节费，会增加员工当月所要缴纳的税费，员工自然不太高兴。张晓旭本想借这个节日，表达自己对员工的关怀之情，从而拉近与员工之间的距离，没想到反倒办了一件费力不讨好的事。

由于文化不同，外企的员工福利制度也不一样。外企不会在逢年过节的时候发放过节费，但是会在年底的时候发放双薪。而个人所得税的政策规定，年底双薪可以单独作为一个月的工资额来计算个人所得税。这样员工当月的个人所得税税费不会变多，但是总体收入却增多了。这种做法对于公司来说，既体现了对员工的关怀，又不会增加员工的税费负担。显然，员工对这一制度会更喜欢。

外企发双薪的这种做法，值得创业新手们学习。事实上，从员工的角度出发，他们也更愿意公司推行这种福利制度，毕竟这种福利发放方式会让他们节省税费。从公司的角度出发，之所以推出各种福利制度，其目的就是让员工满意，笼络人心。所以，这种不发过节费，而改为发放双薪的做法，值得每一位公司管理者学习借鉴。

5.5　重设流程

对于生产大型产品的公司来说，通过重设流程可以达到节税的目的。所谓重设流程，是指重新调整生产、销售的各个环节。例如，摩托车、汽车都属于大型产品，这类公司在销售产品的时候，需要缴纳一笔不菲的消费税。

为了降低税费的支出，这类公司有必要重新设置公司的生产、销售流程。其中，最重要的就是将生产与销售环节分离。重设流程的具体方法：这类公司先找到一家专门的销售公司，将产品销售给该公司，再由销售公司进一步销售产品。无论是将产品卖给经销商，还是将产品卖给客户，这些工作都交由销售公司完成。

实际上，这类公司在生产产品的环节中已经缴纳了消费税。因此，当它们将产品销售给销售公司的时候，不需要再缴纳消费税。在这种情况下，让销售公司分销产品就能有效地减少这类公司的消费税税费。

5.6　先分后卖

湖北一家钢铁公司曾向当地一家食品有限公司投资了1000万元，并拥有该公司60%的股份。这两家公司的企业所得税的适用税率为33%。

食品公司自开业以来，一直保持着强劲的发展态势。截至2016年8月，食品公司的净资产已经达到了2800万元。其中，累计未分配利润和累计盈余公积合计为800万元。

2016年10月，钢铁公司找到了更合适的投资项目。于是，钢铁公司计划结束对食品公司的投资，并打算以转让股份的方式收回投资成本及收益。钢铁公司董事会经过商议，初步将转让价格定在1800万元。不过，为了降低转让税费，钢铁公司还专门聘请了税务师事务所的工作人员设计转让方案。

《国家税务总局关于企业股权投资业务若干所得税问题的通知》（国税发〔2000〕118号）关于企业股权投资所得和投资转让所得的规定如下：企业的股权投资所得是指企业通过股权投资从被投资企业所得税后累计未分配利润和累计盈余公积中分配取得股息性质的投资收益。凡是投资方企业适用的所得税税率高于被投资企业适用的所得税税率的，除国家税收法规规定的定期减税、免税优惠以外，其取得的投资所得应按规定还原为税前收益后，并入投资企业的应纳税所得额，依法补缴企业所得税。

另外，在《国家税务总局关于企业股权转让有关所得税问题的补充通知》（国税函〔2004〕390号）中对股权转让有关所得税问题还做了补充说明：企业在一般的股权（包括转让股票或股份）买卖中，应按《国家税务总局关于企业股权投资业务若干所得税问题的通知》的有关规定执行。股权转让人应分享的被投资方累计未分配利润或累计盈余公积应确认为股权转让所得，不得确认为股息性质的所得。

如果钢铁公司直接进行股权转让，那么股权转让所得：1800－1000=800（万元）。这笔钱应并入转让当年的应纳税所得额，所以，该公司应缴纳的税费：800×33%=264（万元）。

如果钢铁公司采用先分后卖的方式进行转让，由于食品公司的未分配利润及盈余公积合计为800万元，那么按照钢铁公司在食品公司中所占比例进行分配，钢铁公司应分得：800×60%=480（万元）。这样，钢铁公司的股权转让费用也就变成了1800－480=1320（万元），所以，该公司应缴纳的转让税费：（1320－1000）×33%=105.6（万元）。与直接转让相比，先分后卖的转让方式能让企业少缴纳税费158.4万元。

可见，先分后卖这种方式能够降低应缴纳税款的税基，从而达到少缴纳税费的目的，而且这也在法律、法规允许的范围之内。因此，当公司面临股权转让的时候，运营者为了节省税费，应采用先分后卖的方式转让。

5.7　合同不可轻易作废

为了保障劳动者的合法权益，《中华人民共和国劳动合同法》（以下简称

《劳动合同法》）规定用人单位要依法与劳动者签订劳动合同。但是，有些公司的领导比较善变，喜欢轻易作废已签订的劳动合同，并重新签订。殊不知，这种行为会增加公司税款的缴纳额，给公司带来更多的资金压力。

张鹏是一位资深的陶艺匠人，同时也是张氏陶艺店的掌柜。凡出自张鹏之手的陶器，都能赢得消费者的青睐。随着客流量的增多，张鹏一个人已经难以应付店内的事务。所以，张鹏聘请了几位陶艺匠人作为员工，分担自己的工作。找到合适的陶艺匠人后，张鹏依法与他们签订了劳动合同，并向税务部门进行了申报。

然而，在经营一段时间之后，张鹏发现合同中有些条款不太合理。于是，他告诉员工说："我发现之前签订的劳动合同存在不合理之处，为了保障大家的权益，我宣布之前签订的合同作废。所以，现在需要重新签订劳动合同。"张鹏是一位老实守法的匠人，于是，他又将重新签订的合同向税务部门进行了申报。

一个月下来，张鹏在盘算自己的营业收入时，发现税务部门竟然向自己征收了两次印花税。张鹏感到不解，立刻到税务部门进行咨询。税务部门的工作人员告诉他："由于你申报了两次劳动合同，因此，征收了两次印花税。"

印花税是保障劳动合同具有法律效力的税种，因此，当劳动合同作废之后，印花税也就失去了法律效力。如果再签订一次劳动合同，就需要重新缴纳印花税。从张鹏的经历中我们应该学会，为了降低税费支出，公司经营管理者切不可轻易将劳动合同等各种合同作废。

5.8　公益性捐赠

国家在举行奥运会、冬奥会、全运会等大型活动之前，需要建设大型的比赛场地，这时，一大批公司纷纷开展了捐赠活动。例如，在准备2008年北京奥运会期间，中国石油、中国移动、中国银行、大众汽车集团、国家电网都是这次捐赠活动的主力军。

对于这些做好事的公司，国家给予的嘉奖是这些公司所捐赠的资金都不计入所得税税基范围内。也就是说，这些公司因支持国家的公共事业而捐赠的这部分资金，不必缴纳税费。可以说，国家的这种政策真是一件一箭双雕的好事，既体现了公司的社会责任感，也减轻了公司的税款压力。可见，各大公司在盈利的同时，也可以参与公益活动，为需要帮助的人无偿捐赠物资。

在《中华人民共和国企业所得税法》（以下简称《企业所得税法》）中，我国对公益性捐赠有着明确的税收优惠政策。《企业所得税法》第九条规定，企业发生的公益性捐赠支出，在年度利润总额12%以内的部分，准予在计算应纳税所得额时扣除。《中华人民共和国企业所得税法实施条例》第五十一条规定，企业所得税法第九条所称的公益性捐赠，是指企业通过公益性社会团体或者县级以上人民政府及其部门，用于《中华人民共和国公益事业捐赠法》规定的公益事业的捐赠。

上述所称的公益性社会团体，是指同时符合下列条件的基金会、慈善组织等社会团体：

（1）依法登记，具有法人资格。

（2）以发展公益事业为宗旨，且不以营利为目的。

（3）全部资产及其增值为该法人所有。

（4）收益和营运结余主要用于符合该法人设立目的的事业。

（5）终止后的剩余财产不归属任何个人或者营利组织。

（6）不经营与其设立目的无关的业务。

（7）有健全的财务会计制度。

（8）捐赠者不以任何形式参与社会团体财产的分配。

（9）国务院财政、税务主管部门会同民政部门等管理部门规定的其他条件。

当然，如果企业的捐赠不属于公益性质，就不能享受免税优惠政策。所以，企业如果想通过公益性捐赠这种方式达到节税的目的，就需要确保自己所进行的捐赠活动属于公益性质。否则，即使付出了金钱上的代价，也不能享受税费优惠政策。

一般来说，企业向国家税务机关认可的渠道和单位进行捐赠，并在捐赠之后索要符合税法规定接受捐赠的专用收据，在缴税的时候向税务机关出示收据，就能享受税费优惠政策。

2018年重阳节来临前夕，北京市某社会福利协会以"关爱老人，回馈社会"为主题，开展了"献爱心慈善一日捐"活动。活动开始后，北京市多家公司积极参与。其中，有一家纺织公司向这个福利协会捐赠了30000元，并领取了捐赠收据。到了缴税的时候，该纺织公司出示了这份捐赠收据，但被税务机关告知，这份收据无效，不能享受税费优惠政策。

之所以出现这种情况，是因为这个社会福利协会并不属于《中华人民共和国公益事业捐赠法》规定的基金会、慈善组织等公益性社会团体的范畴，而且该纺织公司领取的捐赠收据也不属于公益性捐赠收据。所以，这只能算是纺织公司自身的捐赠行为，不能享受税费优惠政策。企业如果想通过公益性捐赠的方式达到节税的目的，就应该先了解清楚所捐赠的机构是否属于公益性社会团体的范畴。

5.9 意外损失

对于一个公司来说，尤其是大型公司，不可避免地会发生各种各样的意外情况，如丢失计算机、手机、办公设备等。虽然意外是不可避免的，但对于意外情况所带来的损失我们是可以降至最低的。其具体做法是将之列入公司的运营成本中，以此来降低所得税的税基，从而达到少缴纳税费的目的。

当然，意外损失的申报要有理有据，不能信口开河。国家之所以允许公司将意外损失列入运营成本中，是想帮助公司降低损失，减轻运营压力。如果公司经营管理者以此为契机，投机取巧，这种政策也就失去了它原本的意义。

为了确保这一措施能有效执行，税务部门要求公司出示意外损失证明，只有这样才能享受到这一税收优惠政策。例如，公司丢失了一台投影仪，那么公司应派人及时到公安机关报案，并取得相关的证明材料。然后在公司财务中进行登记，并交回取得的证明材料。财务人员去税务机关缴纳税费的时候，出示该证明，则可以将投影仪的损失费用计入公司运营成本，从而可以少缴纳税费。

意外损失节税的关键在于及时向公安机关报案，并取得相应的证明材料。如果没有证明材料，税务机关是不会认可这笔损失的。企业切不可为了节税而向公安机关虚报损失金额或者报假案。这种行为一经查出，会受到严厉的惩罚。总之，企业不论以哪种方式节税，都应以法律、法规为底线。

5.10 适用税率看进项

根据税法的规定，不同行业的公司，国家对其征收税款的标准也是不一样的。每个行业缴纳的税率额度被称为适用税率。

自2018年5月1日起，我国开始执行调整后的增值税税率标准。目前，增值税税率共有4种：16%、10%、6%、0。

1. 税率为16%的行业包括：（1）提供加工、修理修配服务；（2）销售或进口货物（另有列举的货物除外）；（3）提供有形动产租赁服务。

2．税率为10%的行业包括：（1）销售或者进口这些货物：农产品；自来水、暖气、冷气、热气、煤气、石油液化气、天然气、沼气、居民用煤炭制品；图书、报纸、杂志、音像制品、电子出版物；粮食、食用植物油；饲料、化肥、农药、农机、农膜；国务院规定的其他货物。（2）转让土地使用权、销售不动产、提供不动产租赁服务、提供建筑服务、提供交通运输服务、提供邮政服务、提供基础电信服务。

3．税率为6%的行业包括：（1）金融服务；（2）增值电信服务；（3）现代服务（租赁服务除外）；（4）提供生活服务；（5）销售无形资产；（6）研发和技术服务；（7）信息技术服务；（8）文化创意服务；（9）物流辅助服务；（10）鉴证咨询服务；（11）广播影视服务；（12）商务辅助服务；（13）其他现代服务；（14）文化体育服务；（15）教育医疗服务；（16）旅游娱乐服务；（17）餐饮住宿服务；（18）居民日常服务；（19）其他生活服务。

4．税率为0的行业包括：（1）国际运输服务；（2）航天运输服务；（3）向境外单位提供的完全在境外消费的相关服务；（4）财政局和国家税务总局规定的其他服务；（5）纳税人出口货物（国务院另有规定的除外）。

公司一定要熟知这些规定，否则有可能让自己缴纳不必要的税费。

5.11 坏账可纳入支出成本

在公司经营过程中，难免会出现一些无法收回的应收账款，这样的账款就叫作坏账。任何事情都有两面性，虽然坏账给公司的经营带来了损失，但从节税的角度来看，它却是一个好消息。

不同性质的公司对坏账的界定也有所不同。例如，对于外企来说，2年及以上收不回来的应收账款就被列为坏账；对于国内公司来说，3年及以上收不回来的应收账款才能算作坏账。所以，当公司财务人员想要以坏账冲抵税费税基的时候，先要确定收不回来的应收账款是否属于坏账的范畴。

公司在经营过程中不可避免地会遇到不讲信用的客户，或者遇到合作方破产的情况，为了减少公司的损失，应该将这些收不回来的应收账款做坏账处理。在做坏账处理的过程中，只要是签订了合同，即使过了2年或3年，这笔收不回来的费用也能算作公司的运营成本。这也说明了公司在与业务方进行合作的时候，一定要签订合作合同。否则，最终会出现死无对证的局面，导致公司无法做坏账处理。

5.12 增加进项，索要发票

公司在经营过程中，既会为购买原材料、聘请员工而支付一定的费用，也会为销售产品或提供劳务而获得一定的收入。在这个过程中，前者称为进项，而后者称为销项。如果将公司看成一位纳税人，那么公司所要缴纳税费的税基就是销项减去进项后的余额。在这种情况下，如果公司想少缴纳税费，就需要增加进项的比例。

进项通常包括：（1）购买办公用品、购买机器设备、购买汽车、汽车加油、汽车修理和购买汽车配件、购买低值易耗品等。事实上，这些进项都属于公司的必备物品，是公司运营成本的一部分。所以，在缴纳税费的时候，需要将这一部分支出减掉。

这里需要注意的是，普通的收据不能起到减税的作用。因为普通收据是随时随地都可以开具的，不具有较高的可信性，更不具有法律效力，所以，税务机关并不承认普通收据。实际上，办公物品的购买对于一个公司来说是不可避免的。那么如何才能让这笔费用成功记入运营成本之中，并得到税务机关的认可呢？

关于这个问题的答案就是公司工作人员在购买这些设备的时候，应该向卖家说明自己的身份，并索要符合税务机关要求的发票。一般来说，卖家为了少缴纳税费，不会主动开具专门的发票，而是会开具普通的收据。但是，如果买家主动要求，卖家也会同意开具发票的。所以，公司采购人员一定要主动索要发票。

赵晔是某教育机构的一名教务人员，他除了负责该教育机构日常的教学事务，还负责该教育机构教学用品的采购工作。由于他在上大学时选修了法律课，因此，他对税法知识比较精通。在工作期间，凡是由赵晔采购回来的物品，各种发票都非常齐全。所以，每当该教育机构的财务人员去税务机构缴税的时候，都能因此节省不少税费。

为了方便索要发票，赵晔在入职之后，给自己印了一套带有教育机构介绍的名片，并加盖了教育机构的公章。所以不论去哪里采购物品，只要出示名片，都能开到齐备的发票。所以，想利用这种方式节税的公司，不妨学习一下赵晔的做法。

5.13　赠送礼品有技巧

　　每年的国庆节都是人们出门旅游、购物兴致最高涨的时候,各大商家为了把握这一黄金时期,吸引更多的消费者,纷纷推出了促销活动。有的商家挂出"5折优惠"的宣传语,有的商家则推出"满200减100"的优惠活动,还有的商家甚至推出"买一送一"的活动。毫无疑问,不论商家推出哪一种优惠活动,受益者都是消费者。

　　事实上,商家如果懂得礼品赠送技巧,就可以降低自己的运营成本。也就是说,商家可以调整优惠政策,让自己少缴纳税费,从而达到降低运营成本的目的。例如,A商家推出"购买一件价值2000元的产品,即刻赠送一件价值500元的产品"的活动。这其实相当于A商家卖出价值2500元的产品,但实际只收取了2000元。那么A商家在缴纳税费的时候,只能按照2500元的标准缴纳。

　　与此同时,一家与A商家售卖同样物品的B商家推出打折促销活动。B商家规定购买一件价值2000元的产品,再任意购买一件价值500元的产品,则价格贵的产品可以享受7.5折优惠。这样算下来,B商家依然是收取了2000元,卖出了价值2500元的产品。但由于两件产品都是卖出的,所以只须按照实际售卖价格缴纳税费。也就是说,B商家的税基为2000元。显然,B商家会比A商家缴纳更少的税费。

　　同样是开展促销活动,只因活动的策略有所不同,最后给两个商家带来的盈利效果也不同。因此,公司在开展营销活动的时候,要仔细比较各种营销策略的优劣势,尽量选择一种能够节省税费、降低运营成本的策略,从而给公司带来更多的盈利。

5.14　即使财务人员离职,也应按时报税

　　蓝甜是一名会计,最近刚在上海一家公司找到了一份会计的工作。办理完入职手续后,蓝甜很快便投入工作中。

　　一个月以后,蓝甜按照规定去税务机关报送预缴企业所得税纳税申请表。然而,税务机关的工作人员告诉蓝甜说:"你先把3000元的罚金缴纳了,再办理这个月的申报业务。"蓝甜听后表示很不解,因为她的工作都是按照法律、法规的要求进行的,并没有违规的行为,怎么会产生罚金呢?

税务机关的工作人员告诉蓝甜说:"这笔罚金不是这个月产生的,而是由于贵公司上个月未按时申报所致。"蓝甜缴纳完罚金,办理好申报业务后,带着罚金缴纳凭据回到了公司,并把凭据交给了公司负责人。公司负责人说:"以前以为财务工作只是统计、发放员工的工资,没想到财务人员才离职半个月,就让公司遭受了3000元的损失,以后一定要吸取教训。"

公司的人员流动是很正常的事情,然而,即使公司的财务人员离职了,公司也应该按时向税务机关报送预缴企业所得税纳税申报表,以及缴纳税款。否则,就会面临处罚。这对公司来说,无疑是一笔损失,甚至有时还会是一大笔损失。

《企业所得税法》第五十四条规定,企业所得税分月或者分季预缴。企业应当自月份或者季度终了之日起15日内,向税务机关报送预缴企业所得税纳税申报表,预缴税款。企业在报送企业所得税纳税申报表时,应当按照规定附送财务会计报告和其他有关资料。

《中华人民共和国税收征收管理法》第六十二条规定,纳税人未按照规定的期限办理纳税申报和报送纳税资料的,或者扣缴义务人未按照规定的期限向税务机关报送代扣代缴、代收代缴税款报告表和有关资料的,由税务机关责令限期改正,可以处2000元以下的罚款;情节严重的,可以处2000元以上10000元以下的罚款。

所以,公司管理者和人事部负责人必须关注和重视财务人员的流动,一旦有财务人员提出辞职或调换的申请,应及时开展招聘工作,补充空缺职位。如果短时间内没有招聘到合适的人员,就应该让财务人员在离职之前去税务机关提前缴纳税费及申报表。总之,应尽量避免给公司带来损失。

5.15　事前多准备,事后多沟通

税款缴纳是有依据可循的。由于事物处于不断变化发展的状态中,所以,为了适应不断变化发展的现状,国家在税务方面的规定也会经常性地发生变动。在这种情况下,可能会出现一种现象,就是新的税款缴纳规定已经出台了,而公司的管理者和财务人员却不知道,于是,就会出现财务人员向税务机关递交的申报表、发票不符合规定的情况。而税务机关对于这种情况,一般会处以50元以上2000元以下的罚款。

其实,遇到罚款的情况,也并非没有解救的措施。而且,基层税务机关的工作人员对于2000元以下的罚款享有酌情权。所以，作为财务人员，遇到这种情况，可以与税务机关的工作人员进行沟通。

但是，造成事件发生的原因是财务人员对新政策疏于了解，因此，财务人员在与税务机关的工作人员沟通的时候，态度要诚恳，要敢于认识到自己的错误，并表示改正错误的决心。否则，即使税务机关的工作人员有权酌情减免罚款，他们不会这么做。

另外，事前做好充分的准备工作，其效果会优于事后补救。那么，公司应该如何进行事前的准备工作呢？一般来说，具体的做法是，提前与税务机关的工作人员进行沟通。也就是说，提前问清楚是否有税务规定上的调整、变动。如果有，就要了解变动的具体内容，从而有效避免出现错误操作的情况。

第三篇

合伙机制

臨床対象

第 6 章　启动资金：快速找到钱的 5 种方法

资金是公司经营与发展的血液，没有资金，公司的经营活动也就难以为继。那么，公司经营发展的资金该从何而来呢？尤其对于白手起家的创业者来说，寻找资金是一个非常关键的问题。如今，资金的来源渠道已经变得多种多样了。本章就来详细介绍 5 种资金筹集方式，帮助创业者尤其是白手起家的创业者解决资金问题。

6.1　工作积攒与赠予

一般来说，创业者可以分为两种类型：一种是拥有充裕启动资金的创业者；另一种是资金匮乏的初创者，而且很多初创者都是白手起家的。对于前者而言，他们先积攒了充足的资金，然后进行创业活动，这类创业者属于有备而来，基本上不用担心资金的问题，他们成立公司就是以自有资金为基础的。

所谓自有资金，即公司或公司经营管理者自身所拥有的资金。对于公司来说，它是一个与借入资金相对应的概念。它是指公司在生产经营活动中经常持有，可以进行自行支配，并且不需要偿还的资金。显然，如果公司创立者拥有足够的自有资金，那么整个公司的经营活动也就有了前提保障。

自有资金的来源一般分为两种：一种是通过自己工作积攒的；另一种则是来源于父辈的赠予。不论自有资金是以何种方式获得的，资金的拥有者都对其享有绝对的支配权。而且，如果创业者拥有足够的自有资金，那么在成立公司及公司经营的过程中受到的阻碍将会大大降低，而效率则会大大提高。

王思聪作为万达集团董事长王健林的独子，从英国学成归来后，就顺理成章地成为万达集团的董事。与此同时，王健林还拿出了 5 亿元资金让王思聪练手，学习经营公司。王思聪则拿着这 5 亿元资金成立了一家投资公司。对于王思聪来说，这个投资公司的资金来源就属于自有资金。

事实上，并非每个人都能像王思聪一样在拥有充足的自有资金前提下开始创业。而且，经济市场瞬息万变，各种机会也是稍纵即逝。如果创业者有了好的想法与创意不立即行动,而是先考虑积攒资金,就很可能与机会擦肩而过。因此,对于创业者来说,能够拥有足够的自有资金自然是一件十分美好的事情,然而即使没有,也要大胆地实践自己的创业理想。因为资金的筹集还可以通过其他渠道来实现。

6.2 变卖物品

对于那些资金不足的创业者来说,他们通常是看准了市场形势,或者有好的想法与创意,再加上敢想敢做的性格,于是就风风火火地投入创业浪潮中。对这类创业者来说,资金是创业的首要问题。

除了可以利用自有资金来创办公司,还可以采用其他方法筹集资金,比如,通过变卖物品来筹集资金。所谓变卖物品,是指将自己拥有所有权的物品通过售卖的方式折现,以此作为创业的启动资金。常见的可用于变卖的物品有房屋、车、贵金属等。

为了保证物品变卖得物有所值,创业者在正式变卖物品之前,应该先对所要变卖的物品进行市价估算。这样就能为实际变卖提供价格参考依据,不至于以过低的价格卖掉自己的物品。当然,对于贵重的物品来说,最好是请专业的估价师进行价格估计,这是非常有必要的。

另外,变卖工作还可以交给专业人士处理,这样可以提高变卖的效率。例如,房屋变卖可以交由房产中介公司进行。专业的中介公司客户量大,而且更容易取得客户的信任,所以,物品变卖的成功率会更高。

6.3 向朋友筹资

一个人的力量是有限的,但是一群人的力量是不容小觑的。因此,当创业者面临资金不足的情况时,可以考虑向朋友筹集。哪怕只能从每个朋友那里筹集到有限的资金,朋友多了,自然也就能筹集到可观的资金。

当然,为了给朋友一个交代,也为了吸引更多的朋友投资,你最好在借钱之前先准备一份分红方案。当朋友觉得自己的投资行为有利可图时,其投资热情自然也会更加高涨。

从另一个角度来看,这也就意味着朋友在帮助你的同时,还能获得收益,这对朋友而言也具有一定的吸引力。

理论上，给朋友的分红越丰厚，越有可能吸引更多的人参与进来。但事实上，创业者不是慈善家，不可能将公司经营所得全都分给参与投资的朋友们。公司的后期运营与长期发展，都需要以这笔资金为前提。因此，向朋友筹集资金的时候，有必要制定一套合理、合法的分红方案。在分红方案的指导下，能够有效规避因个人感情带来的不必要的麻烦。

那么，分红方案究竟该如何制定呢？什么样的分红方案更具有吸引力呢？回答了这两个问题，也就能制定出有效的分红方案了。制定分红方案应注意的 4 个问题，如图 6-1 所示。

01　以公司的实际运营情况为依据

02　以法律、法规规定的分红原则为准则

03　参考行业内其他公司的分红标准

04　实行长期激励机制

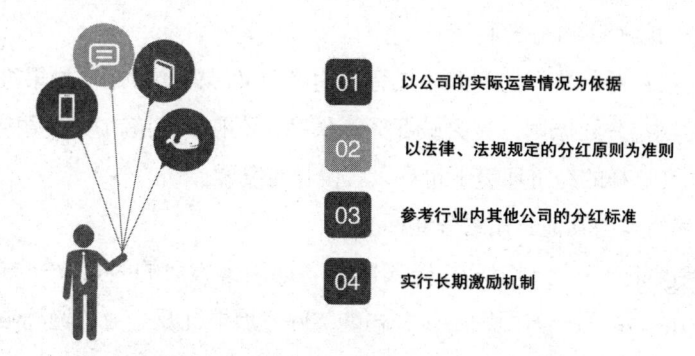

图 6-1　制定分红方案应注意的 4 个问题

1．以公司的实际运营情况为依据

由于筹集资金是用于公司运营发展的，所以分红也源于此。而且，一旦向朋友展示了分红方案，创业者就应该按照方案中的内容执行。否则，如果不能兑现分红承诺，创业者就会失信于朋友，以后将很难再获得朋友的帮助。

另外，创业者在制定分红方案的时候，需要从公司运营的实际情况出发。切不可为了吸引投资，不顾公司的实际情况，故意夸大投资收益。这样做可能当时会吸引到部分朋友的投资，但从长远来看，会引发很严重的后果，给公司的财务造成很大的压力，影响公司的发展。

2．以法律、法规规定的分红原则为准则

凡是通过筹集资金启动的公司，分红都是不得不涉及的问题。为了使分红更加规范，我国出台了相关的法律、法规，创业者在制定分红方案的时候，需要以法律、法规为依据进行。《公司法》第一百六十六条规定，公司分配当年税后利润时，应当提取利润的 10% 列入公司的法定公积金。公司法定公积金累计额为公司注册资本的 50% 以上的，可以不再提取，公司的法定公积金不足以弥补以前年度亏损的，在依照前款规定提取法定公积金之前，应当先用当年的利润弥补亏损。

公司从税后利润中提取法定公积金后，经股东会或者股东大会决议，还可以从税后利润中提取任意公积金。公司弥补亏损和提取公积金后所余税后利润，有限责任公司依照本法第三十五条的规定分配；股份有限公司按照股东持有的股份比例分配，但股份有限公司章程规定不按持股比例分配的除外。

股东会、股东大会或者董事会违反前款规定，在公司弥补亏损和提取法定公积金之前向股东分配利润的，股东必须将违反规定分配的利润退还给公司。公司持有的本公司股份不得分配利润。

《公司法》对于公司的利润分红有着明确而又严格的限制。如果没有明确的限制，随意制定分红原则，这会破坏经济秩序，不利于经济市场的稳定和发展。当然，公司在这样的经济环境下也难以获得长足发展。

3. 参考行业内其他公司的分红标准

通常情况下，公司制定分红方案时会考虑两个方面的因素：一方面是以法律、法规为依据；另一方面则是以公司的实际发展情况及行业普遍标准为基准。所以，创业者在制定分红方案的时候，还可以参考行业内其他公司的分红标准。

在依照法律、法规并充分考虑公司实际发展情况的前提下，分红数额可以略高于同行业的普遍标准，这样做显然能提高筹资的吸引力。不过，只有在公司财力允许的情况下才可以这样做。否则，如果后期实现不了，就会造成更严重的后果，比如，因失信而导致朋友撤资，就会给公司财务造成压力，影响公司的长足发展。

4. 实行长期激励机制

公司的经营发展是一项长期性的工作，所以，很多时候公司不可能快速见到经营成效。这也就意味着公司要经过较长一段时间才能获得收益。在这种情况下，创业者制定分红方案的时候，应该选择长期激励机制。这种做法能够缓解短期内的资金压力，为公司的顺利运营提供有力的保障。

至于长期激励机制的具体内容，可以是更多的资金回报，也可以是公司的股权激励。创业者可以制定阶梯分红比率，如 1 年后的分红比率为 5%，2 年后的分红比率为 7%，5 年后的分红比率为 10%，10 年后的分红比率为 20%。这种阶梯制的分红方式，既能使投资者安心，也能确保公司的长足发展。

向朋友筹集资金，最关键的前提是要有一群可以提供资金的朋友。换句话说，创业者的人脉很重要。因此，凡致力于自己创业的人，应多结交志同道合、有能力、有资金的朋友，这一点非常重要。

6.4 寻找投资者

如果没有资产可卖，没有钱可借，没有朋友可依靠，那么可以通过另一种模式——"路演"去筹集资金。

"路演"一词，简单来说，就是你在台上，投资者在台下，你将你的商业计划说给投资者听，投资者可以现场提出问题，投资者如果觉得你的项目有潜力，他们就会跟你协商投资的事。

其实，市场上从来不缺少投资者，缺少的往往是好项目。有时，遇到一个好项目，投资者之间的竞争也是非常激烈的，有时他们会为了一个好项目，不惜投入巨资。所以，只要你的项目好，后期发展潜力大，你就不用担心自己的项目不被看好，当然，为了让投资者了解你的项目，你还需要用一些行之有效的路演方式进行推广。

中关村创业大街是国家扶持的创业平台聚集地，这里有3W咖啡、车库咖啡、Binggo咖啡、飞马旅、36氪、言几又、创业家、天使汇、JD+智能奶茶馆等。业余时间，这里会开展诸多路演活动，你要想获得投资，前提是要有一个好项目，也要提前准备好一份优质的商业计划书，这样你的路演才有可能成功。

常规的路演一般是7分钟左右，这对创业者来说是好事也是坏事。好处是你有更多的机会参加更多的路演，坏处是你无法将一个项目真正讲透。路演虽然听起来简单，但还是需要下一些功夫的，否则就无法吸引投资者的关注。所以，路演需要扎实的"基本功"，即把握住投资者的时间、投资者的立场、投资者的兴奋点。

1. 投资者的时间

优秀的投资者一年要看上千份商业计划书，为了让投资者能从中挑选出你的商业计划书，你需要将自己的特色或核心点尽早地亮出来，即"直奔主题，不玩套路"。

2. 投资者的立场

有些投资者已接近50岁的年纪，这在一定程度上限制了他们对一些专业术语的理解。所以，创业者在介绍自己的项目时，尽量少用一些英文、专业术语等。当然，如果台下全是海归型投资者，你就要随机应变了。

3．投资者的兴奋点

如果你介绍项目的亮点超过 5 个，那么这个项目对投资者来说，是值得怀疑的。优质项目的亮点很少能超出 3 个，所以，你要对自己的项目做好全面的把握，在介绍项目时要有侧重点。

除了以上 3 点，你还需要做一些关于该项目的深层次的介绍。

1．行业现状

投资者不是万能的，他们可能对一些行业不了解、不认可，这也是可以理解的。所以，在介绍某些领域的项目时，创业者需要将该行业的现状告诉投资者，给予其权衡利弊的机会。

2．项目雏形

当投资市场处于高潮期时，那些没有团队、没有资金、没有数据的创业者可能还有机会找到投资者。但是现在投资市场处于冷静期，大家相信的不是嘴巴，不是抱负，而是实实在在的数据。如果你的项目已经有了雏形，那么投资者是很容易做出投资决定的。

3．盈利模式

很多人经常把"京东好多年都没有盈利，但市值却达到了数百亿元"挂在嘴边，京东的这种现象的确有，但却很稀少，相当于买 2 元的彩票中 500 万元大奖的概率。一般情况下，对投资者来说，越早盈利越好，因为这会为其带去希望，减少心理上的风险压力。

4．未来预期

如果有人在路演时将一些不切实际的"豪言壮语"说给投资者听，投资者很可能会对创业者的阅历、能力产生怀疑。对于未来预期，人们常常会打个折扣，更理智的人通常给自己打的折扣是 2.5 折。毕竟理想与现实经常是有差距的，可能有人原以为自己能获得 500 万元的投资，到最后只获得了 125 万元，甚至可能更少，这就是理想与现实的差距。

有了上面的"基础项"与"规避项"的支撑，接下来我们就需要考虑路演的"加分项"了，如图 6-2 所示。

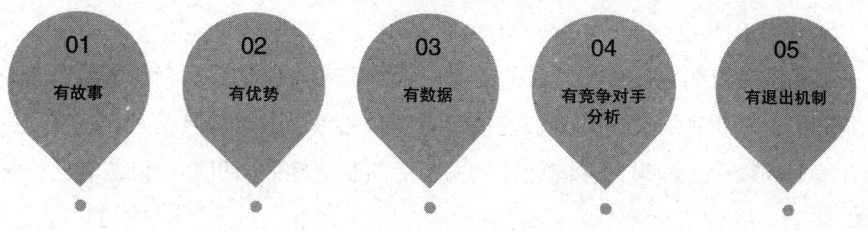

第 6 章 启动资金：快速找到钱的 5 种方法

01 有故事　**02** 有优势　**03** 有数据　**04** 有竞争对手分析　**05** 有退出机制

图 6-2　路演的"加分项"

1．有故事

你在路演的过程中若能讲一些小故事，还是很不错的。因为投资者也喜欢听一些与创业者有关的故事，这些更容易让投资者了解你那个陌生的团队和项目。当然，故事一定要围绕着产品，否则就跑题了。

2．有优势

这一点在前面我们已经说过，在此重复是为了加深记忆，因为只有有优势的公司才值得投资者去投资。

介绍你产品的独一无二之处，以及为什么它能够解决你所提到的问题。而且，这一部分内容最好是简约而不简单的，要做到让投资者听过之后，可以轻松地向另一个人介绍你到底在做什么。

3．有数据

创业初期，可能没有太多成果性的收获，不过你可以去讲，你做了什么、做了多少、怎么做的，越具体越好，而且尽量用数据去表达。

投资者在投资前关注的核心也是数据。移动社交软件"陌陌"在路演时公布了一个数据："拥有 1.8 亿个注册用户，拥有 2500 万个活跃用户，还有 450 万个群组。"虽然一般的创业公司远远达不到这样的数据量，但是你仍然可以通过某些潜在的数据让投资者看到你的项目的潜力。

4．有竞争对手分析

在"大众创业，万众创新"的大形势下，想做一款没有竞争对手的产品，其概率显然是很小的，因为我们的竞争对手早已先行一步，红利也早已被瓜分。所以，当一个市场处于红海时，投资者不太容易感兴趣，因为这时的投资风险最高。

创业者在做竞争对手分析时，既要强调差异化，也不要无视竞争对手，更不要贬低对手，做到客观分析即可。

5. 有退出机制

不少投资者都有过"被套"的感觉,因为资金投放之后,有些创业者在商业计划书中没有明确的退出机制,使投资者难以在想退出的时候退出,这会让投资者有很大的顾虑。如果你在商业计划书中提前制定好退出机制,投资者会感觉更踏实。

6.5　上众筹平台

我们早就已经进入互联网时代,在这个时代背景下,创业者还可以考虑通过众筹平台进行融资。虽然众筹平台可以提供资金,不过,要想以这种方式融资,前提是创业者要有一个好的项目规划,这个项目规划要切实可行、有创意、有新意,能够实现盈利目标。

众筹平台之所以愿意开展投资行为,其原因就在于它们希望用资本创造新的资本。通俗来说,就是用钱生钱,实现盈利目标。为了让众筹平台投资,你需要一份思路清晰、具有创意、能够让投资者看到盈利希望的项目规划书,这是融资成功的前提。

例如,"三个爸爸"牌空气净化器这个众筹项目在京东众筹平台上线后,不断刷新中国众筹史上一个又一个纪录。例如,半小时,众筹金额超过50万元;2小时内,众筹金额超过100万元;30天后,众筹金额顺利超过预定的1100万元的目标。这也是国内第一个众筹金额突破1000万元的项目。

为什么"三个爸爸"牌空气净化器能在京东众筹平台上取得这样好的战绩?其原因应该归结为两个方面:一方面是情怀因素;另一方面是质量过硬的产品。

首先,这款空气净化器之所以命名为"三个爸爸",包括两个方面的内涵:第一,这款空气净化器是由三位爸爸身份的人研发制造的;第二,这三位爸爸研发制造这款空气净化器,就是为了给自己的孩子提供新鲜空气,让孩子免受空气污染带来的种种伤害。

这款空气净化器凝聚了父亲对孩子的爱,对于用户来说,购买和使用这款空气净化器,就是在表达自己对孩子的爱。如此具有情怀的产品,怎能不得到用户的信任和青睐呢?因此,"三个爸爸"牌空气净化器项目在京东众筹平台一上线,就引起了投资者的共鸣,吸引了大量的投资者。

其次,"三个爸爸"牌空气净化器是如何凭借产品取得用户的信任的。当时，设计这款空气净化器的初衷，就是以戴赛鹰为首的三位爸爸，想给自己的孩子提供新鲜的空气，所以，"三个爸爸"牌空气净化器所使用的材料是最好的，而且三位创始人表示，敢把公司生产的每一台空气净化器给自己的孩子使用。因此，产品在进行内测的时候，就收到了如潮般的好评。

既有情怀因素，又有过硬的产品质量，这样的项目自然能给人带来很大的希望。所以，"三个爸爸"牌空气净化器众筹活动的成功也是意料之中的事情。这也说明创业者要想通过众筹平台融资其实并不难，但前提是要有一个好的项目规划。那么，创业者应该从哪些方面来规划项目呢？一般来说，创业者可以从以下4个方面来规划项目，如图6-3所示。

图6-3 创业者从4个方面对融资项目进行规划

- 01 市场前景分析
- 02 同类项目分析
- 03 盈利模式分析
- 04 分红方案分析

1．市场前景分析

任何一个创业项目都是以市场经济为前提的。对于市场前景较好的项目，投资者自然乐意投资；反之，则难以打动投资者。所以，要想让投资者做出实际的投资行动，就应该先让投资者了解该项目良好的市场前景。因此，项目规划书的第一项内容便是市场前景分析。当然，创业者要以实际情况和数据对市场前景进行分析，而不能为了吸引投资者而胡乱分析。

另外，投资者在进行投资时，尤其是大型投资项目，都会聘请专业人士进行全方位分析，从而做出投资与否的决定，一旦投资者发现创业者的分析与实际情况有出入，就会让投资者对该项目的好感大打折扣。

可能有些投资者自身就是经验丰富的专业人士，所以能够准确地对融资项目中提到的市场前景进行分析。如果创业者提交的项目规划中有虚假成分，就会失信于投资者，这也意味着这个项目难以获得投资者的投资。

2．同类项目分析

创业者有必要将同类项目分析的内容写进项目规划书中。与同类项目的比较分析，能够清晰地反映这一项目的优劣势及可行性。对于投资者来说，他们能从这一项内容中判断投资后的收益情况，以及决定是否有必要投资。

前文已经说过，投资者每天要面对大量的投资项目，所以要想打动投资者，就应该站在投资者的角度，尽可能地展示投资者关心的内容。

3．盈利模式分析

毫无疑问，投资者不可能无缘无故地为你的梦想买单。创业者要想借助众筹平台融资，就应该向投资者展示其投资后的好处，即能够从中获得的收益。显然，只有在创业者的公司盈利的情况下，投资者才能享受投资收益。否则，投资者的收益也就无从谈起。而公司的盈利情况与公司的盈利模式有着很大关系。所以，创业者需要将公司的盈利模式写进项目规划书中。

为了确保盈利模式切实可行，创业者在确定盈利模式之前，需要参考其他公司的做法，查阅相关资料，聘请专业人士帮助自己制定。总之，盈利模式是关乎公司盈利与否的重要内容，也是关乎投资者投资与否的重要前提，创业者一定要严肃对待这项内容。

4．分红方案分析

创业者通过众筹平台筹集资金，是为了保证公司能够顺利运营、发展；而投资者进行投资活动是为了获得投资收益。如果创业者的公司运营状况良好，就可以为投资者带来投资收益。尽管双方的初衷截然不同，但最终还是紧密地联系在了一起，因为双方有共同的利益。因此，投资者的投资收益该如何计算，又该如何分配，这些问题都需要明确。所以，创业者十分有必要制定明确的分红方案。

这一章主要讲述了 5 种资金筹集方式，创业者可以根据以上内容制定具体的筹资方案，以帮助自己解决资金的问题。

第7章　股份分配：股权与经营权

股份分配直接关系到公司股东的利益，因此，在这件事情上，创业者和投资者绝对不可掉以轻心。股份分配包括股权分配和经营权分配。如果公司股份分配不当，极有可能会造成公司股东之间产生矛盾，进而影响公司的发展。所以，对于合伙创立的公司，在注册公司之前，合伙人或股东之间就应该确定好股份分配原则，以免在公司的后期运营中产生纠纷。至于公司股份究竟该如何分配，就是本章要讲述的重点内容。

7.1　根据出资、技术等情况分配

《中国合伙人》这部影片讲述的是三位大学同学合伙创办英语培训学校的创业故事。尽管创业过程步履维艰，但这三位合伙人还是克服了重重困难。然而，在创业成功之后，三位创始人却逐渐貌合神离。因此，王阳（主人公之一）说出了这样一句话："千万别跟最好的朋友合伙开公司。"这句台词也被奉为这部电影的经典。

事实上，这句台词并非这部电影中的一个笑点，而是现实的真实写照。在现实生活中，有很多合伙人在创业初期不畏艰辛、不分彼此，但是在创业成功之后，往往会因为利益分配不均等问题产生矛盾，甚至闹上法庭。最终，让曾经最好的朋友、同甘共苦的创业伙伴变成了陌路人，甚至敌人。

北京有一家知名的小吃店，它采用的是线上与线下相结合的营销方式。这种新颖的营销方式，加上极具情怀的产品名字，让这家小吃店一夜爆红。

据小吃店的创业者透露，他们的店铺开业不到一周，就有投资机构主动找来，还答应给予他们4000万元的投资。然而，就在大家都非常看好这家新型小吃店的时候，小吃店被爆出了团队不睦的消息。后来得知，创业团队中的一名成员被踢出团队。

被踢出团队的创业者并没有气馁，而是自己单枪匹马继续之前的思维和模式经营小吃店。由于这位创业者依然沿用之前的品牌名称及运营模式，所以，在他盈利之后，其他合伙人要求从中分红。由于分红方案没有得到其他人的同意，最后这几位创业者将这件事闹上了法庭。

可见，即使是最要好的朋友，也应该制定明确的规则来约束彼此。尤其对于公司经营来说，规则更是十分重要。否则，如果大家都按照自己的喜好和意愿办事，就难以达成共识，而最终的结果极有可能就是合伙人闹上法庭，或者公司解体。相反，如果公司在创立之初就制定了明确的规则，那么不论公司运营到什么程度，盈利也好，亏损也罢，都严格按照规则来处理公司事务，就不会引发矛盾。

因此，要想让公司始终如一地保持良好的发展态势，避免公司合伙人之间产生纠纷，一定要事先制定并明确公司的股份分配情况。而制定股份分配规则的依据通常是出多少力，占多少股份。

资金是创立与维持公司顺利运营的关键要素之一。公司缺乏资金，犹如人缺少血液一样，是很难生存的。事实上，创业合伙人也都是带着一定的资金加入创业团队的，这里的资金可能是现金，也可能是固定资产（如机器、办公场地）、无形资产（如技术团队、产品专利）等，总之，无论是以什么样的方式加入，这些资产最后都会折合成资金，然后再进行股份分配。

一般情况下，公司是按出资额来分配股份的，主要有以下 4 个方面的原因，如图 7-1 所示。

01 符合《公司法》规定
02 具有公平性
03 能提高出资者的积极性
04 大多数公司的通用做法

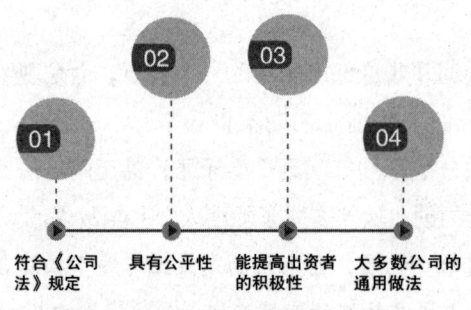

图 7-1　按出资额分配股份的 4 个原因

1. 符合《公司法》规定

《公司法》规定，有限责任公司的股东按出资额对公司承担有限责任；股份有限公司的股东按出资额认购公司的股份，并对公司负责。可见，不论是哪一种类型的公司，其股东对公司承担责任的依据都是股东在公司中所占有的股份。而股东占有股份的多少，又是依据股东的出资额而定的。由此看来，根据合伙人的出资情况分配股份是合理的，而且具有法律依据。

2. 具有公平性

股份分配如果没有明确的规则，就极易造成在经营过程中股东之间互相推诿、扯皮的现象。同样，如果股份分配规则缺乏一个可行的依据，那么制定出来的股份分配规则也不会得到大家的认可。而以出多少钱、占多少股的方式进行股份分配，是非常公平的，也很容易得到大家的信服。

首先，资金是公司运营发展的一个重要前提，如果没有资金，公司就不可能生存下来。其次，技术同样可以通过估价的形式入股公司，这样技术也就转化为资金。所以，以出资额来分配股份，其适用范围非常广，极具公平性。如果不以出资额为股份分配的依据，而是以平均分配的方式分配股份，那么，投资者很可能不愿意拿出尽可能多的资金来创立公司和支持公司的发展，而且这对那些为公司付出更多努力的人也不公平，很容易为公司留下祸患。

3. 能提高出资者的积极性

众所周知，占有公司股份越多的人，他们对公司的决定权也就越大。在这种情况下，要想获得对公司更大的决定权，则需要尽可能多地拿出资金来创立公司。也就是说，按照出资额分配股份能够调动出资者的积极性。相反，如果每一个人都获得相同的股份，每一个人都是平等的位置，即使是有钱的合伙人，在公司急需用钱的情况下，也不会主动拿出资金。

4. 大多数公司的通用做法

事实上，目前大多数公司的股份分配规则都是以出资额为依据的。而且，众多公司的实践也证明了这种分配方式是切实可行的。所以，创业者在没有找到更好、更合适的分配依据之前，可以借鉴这种股份分配规则。

7.2　一股两分：资本股与运营股分开计算

山西省阳高县是著名的"杏乡"。这里的杏不仅个头大，而且味道香甜。但是，杏是一种不耐收的水果，熟透了的杏如果不能及时销售出去，很快就会腐烂。虽然阳高杏的产量很高，但每年也有很多杏因没有及时销售出去而烂在了枝头。

萧然是阳高中学的一名教师，他的父母也是杏农。看着自己的父母因烂杏而愁眉不展的时候，萧然的心里很不是滋味。于是，萧然找到了自己的一位朋友——赵翼。他虽然与萧然同龄，但已经在商界打拼出了一片属于自己的天地。萧然找赵翼的目的就是想与他合伙创办一个杏脯加工厂，想通过将杏加工成杏脯的方式，帮助杏农减少烂杏带来的损失。赵翼听了萧然的想法后，迅速表示同意，并拿出了 80 万元作为启动资金。

萧然带着这 80 万元高高兴兴地回到家中，立即着手杏脯加工厂的筹建工作。一年后，阳高县又迎来了杏的丰收季节。萧然聘请了一批工人，把杏农没能及时销售出去的杏都买了回来，然后进行加工。萧然的这一举动不仅得到了乡亲们的支持和赞赏，也让他狠狠地赚了一笔。

5 年之后，萧然的杏脯加工厂的规模越来越大，盈利越来越多。这时，赵翼找到萧然，表示要与他一起分享盈利所得。萧然当即表示，可以将赵翼当初投资的 80 万元还给赵翼，但是不可能与他一起分享盈利所得。萧然说："虽然你拿出了 80 万元的启动资金，但之后工厂的筹建和运营都是由我来完成的。所以，工厂的盈利与你无关。"

赵翼听了这话非常不高兴，他说："若没有这 80 万元的启动资金，你如何筹建工厂？如何实现盈利？我出全资，我就是这个工厂最大的股东，自然有权分享盈利所得。"后来，两个人由于没能就分红一事达成共识，最终闹上了法庭。

的确，有很多公司都采取出资方与运营方分离的经营模式。因为有的人由于先天或后天的原因，拥有雄厚的财力；而有的人有非常好的想法和创意，但唯独缺乏启动资金。如果将两者结合在一起，就变成了完美的组合。事实上，这样完美的组合有很多。但是，有些组合经营成功了，有些组合却不欢而散。

为什么会出现这样的情况呢？因为这其中涉及了两种不同类型的股份，即资本股与运营股。所谓资本股，就是出资方持有的股份；而运营股则是指实际运营管理者持有的股份。这两种类型的股份本应该分别对待，但在实际操作的过程中，出资方和运营方并没有就此达成共识，或者说，双方根本就没有考虑过此事。

针对出资方与运营方并非同一人这种情况，更需要将这两种类型的股份清晰地划分开来。这不仅涉及了管理方面的问题，而且涉及了后期分红的问题。那么，究竟如何分配这两种股份呢？显然，这个时候再按照出资额来分配股份就显得十分不合理了。

7.3 股权与经营权分离

在公司范畴中,股权就是所有权。也就是说,拥有公司股权的人,就是公司的所有者,他需要承担为公司偿还债务的义务。而经营权则是指对公司资金进行运营管理的权利,拥有公司股权的人一定会拥有公司的经营权,但反过来则不一定成立,即拥有公司经营权的人不一定会拥有公司的股权。

事实上,股权与经营权的分离是现代公司发展的必然趋势。而且,一大批具有极高专业素养的职业经理人的出现,更是为这两种权利的分离提供了前提条件。具体来说,这两种权利的分离有以下 3 个依据,如图 7-2 所示。

1	2	3
由公司运营的本质决定	运营过程演变的需要	由市场的发展规律决定

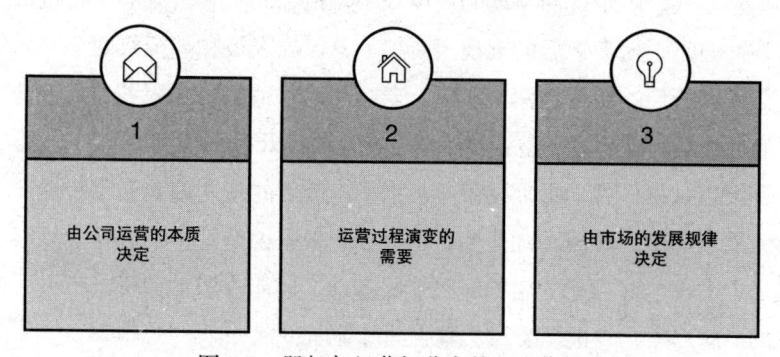

图 7-2 股权与经营权分离的 3 个依据

1. 由公司运营的本质决定

公司运营的本质是一种资源整合的过程。不论是大型企业,还是个体户,其本质都是通过对社会中已有的各种资源加工整合,从而形成新的社会资源的过程。在这个过程中,主要涉及 3 个方面的因素,即初始资源、加工技术和管理能力。

(1)初始资源

初始资源主要包括启动资金和好的想法、创意。股权所有者肯定能保证提供充足的资金,但是对于好的想法、创意,他们是无法保证的。

(2)加工技术

公司的实际运营远不像出资一样简单,它需要有独到的技术,需要有较强的管理能力。技术是一个公司的核心竞争力之一,一般大型企业都会拥有较多的专利技术,这也是它们能在行业中立于不败之地的核心武器。

(3)管理能力

一个完整的公司不可能只由一个人组成。既然是一个团队,就需要管理,否则难以提高团队的战斗力。

如果股权所有者同时具备以上能力，问题也就变得简单了，所有的难题也都能迎刃而解了。但如果情况刚好相反，那么将公司的经营权交到股权所有者的手中，无疑是在拿公司的发展前景开玩笑。所以，为了公司的长足发展，有必要将股权与经营权分离。

2．运营过程演变的需要

小型饭店的经营形式是"老板是厨师，老板娘兼任服务员和收银员"。换句话说，饭店的经营者同时也是饭店的管理者。这就是一种典型的股权与经营权相结合的运营方式。由于饭店早期的规模较小，饭店的所有者能够同时负责后厨及管理工作。但是，随着饭店的规模不断扩大，仅凭老板和老板娘两个人的能力，已经无法保证饭店的正常运营，所以，老板开始聘请厨师和服务员。于是，也就出现了雇佣关系，这也意味着饭店的运营模式已经开始出现演变了。

由于饭店规模扩大、厨师及服务员增多，饭店的知名度也会不断提升。这时就会有人慕名而来，想成为加盟商。这对于老板来说是好事，因为他只须签署一份授权书，不仅能让自己的店铺开到全国各地，还能收取加盟费。不过，为了维护自己的品牌形象，老板需要对加盟店进行管理。

但是，老板只是一个厨师，他并不懂得如何开展管理工作。怎么办呢？这时专业的管理人员就能发挥作用了。所以，老板继续通过聘请的形式，让专业的管理人员帮助自己管理。

事实上，管理人员在这个过程中发挥了很大的作用，而且是老板无法起到的作用。在这种情况下，老板只是以支付工资的形式来为管理者提供报酬，显然不能调动管理人员的工作热情，所以，很多老板这时会给管理人员分配一部分股权。除此之外，由于老板是饭店的所有者，有着绝对的决定权，基于这种情况，管理人员在开展管理工作的过程中，极有可能会受到老板的限制，这时就有必要将股权与经营权分离开。

3．由市场的发展规律决定

从以上提到的例子中也可以看到，市场的发展规律就是一个分工不断细化、专业化的过程。也只有让分工更细化，才更有可能将不同的资源整合起来，以此对公司的发展起到一个更大的推动作用。而在分工细化的情况下，就必然会涉及多方权力的制衡问题。为了让细分后的各方都能在各自的领域内大显身手，也就有必要分离股权与经营权。

股权与经营权分离的目的是促进公司更好地发展。如果分离这两种权利后，并不能达到预期目标，那么分离工作也就毫无意义了。所以，为了保证分离后的效果，就需要建立健全的法人治理结构，如此就产生了一种"委托—代理"关系。

尽管股权所有者与公司实际运营者之间存在着"委托—代理"关系，但由于经营者与股东财富最大化的利益存在不一致之处，所以就导致矛盾的产生。例如，经营管理者提出了收购计划，如果股东予以反对，经营管理者则无法执行。这其中的原因在于股东担心经营管理者蓄意压低股价，从而导致股东的利益受损。

但是，如果建立了完善的配套体系以及健全的监督机制，股东也就不用担心经营管理者会以权谋私，从长远来看，也能促进公司的运营和发展，由此也说明了建立配套体系的重要性。另外，为了保证公司能顺利运营，股权与经营权的分离以及与之相关的监督机制的建设需要同时进行。

7.4　设立员工股权池

一个强大的公司必定会有一个战斗力极强的团队，光杆司令是不可能打下天下的。如今，公司之间的竞争更多的是软实力的竞争，即员工与员工之间智慧的竞争。哪一个公司拥有更多的精英员工，也就意味着哪一个公司的软实力更强，那么它也就更有可能在激烈的市场竞争中取胜。

如今，我国的公司数量已经多到让人瞠目结舌的地步。这也就意味着员工有更多的选择机会，尤其是精英员工。那么，如何让员工心甘情愿地选择你的公司，并且长久地留在你的公司呢？显然，这需要一套完善的员工激励机制，而设立员工股权池就是一种行之有效的激励方式。

所谓员工股权池，是指在一个公司里，为了保证公司的长足发展，以员工的不同职务、不同工龄、不同贡献为标准，将公司的股份分发给员工。这样做的意义有两个方面：一方面是为了吸引更多的精英员工加入；另一方面则是为了提高员工的工作热情，强化员工的稳定性。

一般来说，一个公司给员工的股权池占公司股份的 20% 左右。这是目前大多数公司的一致做法，也受到了很多管理者的认可。但实际上，这并不是一个法律规定的标准。至于具体的标准，管理者可以根据公司的实际运营情况，以及预期的员工数量来设定。从目前已有的案例来看，10% ~ 25% 的标准都曾出现过。

通常情况下，员工股权池分配的 3 个标准，如图 7-3 所示。

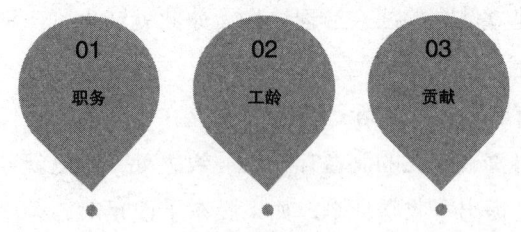

图 7-3　员工股权池分配的 3 个标准

1. 职务

在一个公司中，担任职务越高的人，其所承担的责任和风险也就越大，理应分到更多的股权。否则，如果所有员工都按照一样的标准分配，这种股权分配方式也就难以起到激励作用了。而且，按照职务高低进行股权分配，也是比较容易做到的。

2. 工龄

以员工的工龄为依据分配股权，也是目前较为常见的员工股权分配方式。工龄指的是员工在公司中工作的时间长度。在公司中工作的时间越久，就意味着工龄越长，这样的员工理应分配到更高比例的股权。其原因可以从 3 个方面来探讨：

第一，工龄越长的人，对公司的业务越熟悉，因此，他们的工作效率也越高，给公司带来的价值也越大。还有一些人是在公司创立之初就存在的，是他们的付出让公司走向了发展之道。为了留住这些人，有必要给他们分配更多的股权。

第二，工龄越长的人，说明这些人对公司有较强的认同感。对于一个公司来说，这样的员工自然是不可多得的。因此，为了加强他们的归属感，让他们更好地为公司服务，更要给他们分配股权。

第三，这种做法能起到激励作用。因为工龄越长，能分配到的股份就越多。而员工为了获得更多的股份，也就不会轻易离职了，这也有利于公司人员的稳定。

3. 贡献

按照员工的贡献分配股权，可以说是对前两种股权分配方式的补充。因为尽管职务越高的人为公司做出较大贡献的可能性越大，但是这并不意味着职务低的员工就一定不会为公司做出较大的贡献。所以，如果没有这一股权分配方式，处于较低职位的员工就不可能会有较强的工作积极性。

同样的道理，工龄不长的员工也有可能为公司做出较大的贡献。如果仅仅只有前两种股权分配方式，那么那些职位较低、工龄较短的员工的工作积极性以及创造力就很难得到充分发挥。任何一个公司都不可避免地会有一些新员工。在这种情况下，按照贡献分配股权，也就显得十分必要了。

设立员工股权池是为了稳定员工以及提高员工的工作热情。尽管如此，如果员工不接受这种股权分配方式，选择离开公司，那么公司的管理者也就只能选择批准。可能有人会说："如果给员工分配了股权，但是员工离职了，这会给公司带来一定的损失。"事实上，这种说法是不正确的。

因为股权池不是股份池，这两者之间存在着一定的差异。股权不等于股份，它是指员工在一定时期内，可以以行使价买入股票。行使价的设定由董事会决定，通常低于市价很多。所以，这是一种公司给予员工的福利，是为了鼓励员工更好地工作。为了保证员工的稳定性，公司在设立员工股权池的时候，还需要规定股权的授予期限及生效期限。

目前，较为常见的是 4 年的授予期限，而生效期限一般为 1 年。这也就意味着，4 年以后将会开始新一轮股权分配。如果员工离职，股权就会失效了。如果员工坚守工作岗位，那么 4 年之后，从工龄上来说，员工就能分配到更多的股权。另外，股权生效期限的制定也是同样的道理。可以说，这种方式既能增加员工的稳定性，也能避免给公司造成损失。

除此之外，一般情况下，公司在设立股权池时还会制定股权失效期限。这是针对在股权授予期内离职的员工而言的。也就是说，公司对于离职的员工，会给他们在使用股权上设定一个时间限制，通常是 3 个月，如果员工在离职后的 3 个月内没有及时使用股权，那么股权就会自动失效，之前他们所拥有的股权也不再得到公司的认可。

综上所述，若按照以上方式和原则来分配员工股权池，对公司来说，既能减少人员的流失，也不会给公司带来损失。所以，这是一种科学的、值得借鉴的股权分配方式。

7.5 责任分工

对公司的股权进行分配之后，还需要进一步明确股权的责任。例如，规定占有股份的人负责公司的管理事宜，而且这些人对公司的重大事项有表决权，占有股份越多的人，其表决权也就越大。当然，与此同时，他对公司所负的责任也就越大。简单来说，股权分配同时还会涉及责任分工的问题。

对于创业者来说，注册一个公司只是意味着向创业之路迈出了一小步，之后的运营工作才是重点和难点。在公司的运营过程中，不可避免地会涉及管理及责任分工的问题。如果不能有效地处理好这些问题，公司的运营也就难以顺利进行。

因为公司的各项业务都需要有人来完成，所以，公司成立后的第一件事情便是招聘。只有招聘到了优秀的员工，才能确保公司的各项业务保质保量地完成。否则，即使公司接到了业务，没有人来做，或者无法按时完成，公司也无法盈利。在这个过程中，招聘工作究竟应该由谁负责呢？

很多人会认为，招聘工作理应由人力资源部门负责，但新成立的公司，人力资源部门尚未建立，或者还没有必要建立人力资源部门。所以，这个时候，招聘工作就要由公司的股东来承担。但是，公司所面临的问题远远不止招聘这一项工作。因此，就需要按照股东所占公司股份的比例，为之分配相应的工作，使其承担相应的责任。

目前，最常见的责任分工是按照股东所占股份的性质及比例进行分配。假如3个人共同出资成立了一家公司，其中1个人出资100万元，其余2个人各出资20万元。显然，公司在分配营业利润的时候，出资100万元的人会分得更多的利润。基于这种情况，出资100万元的人对公司的管理也会更加负责，因为他的管理效果会直接影响到自己的收益情况。

因此，按照股东所持的公司股份来分配任务，是一种可行的方法。这种做法既能起到有效管理公司的作用，也具有公平性和说服力。

第 8 章　退出机制：直面争议，条款尽可能详尽

对于一个公司来说，有的员工在工作一段时间之后，可能会选择离职，而公司的合伙人或者投资人也是一样，他们在合作一段时间之后，有时也会选择终止合伙关系，或者退出投资人的角色。那么，对于这种情况，创始人应该如何应对和处理呢？

如果合伙人和投资人选择不再参与公司的运营和管理，那么公司是否还要继续运营下去？是否还能继续发展下去？答案是肯定的，公司不会因为合伙人或投资人的撤出而停止发展。为了给合伙人及投资人自由选择的机会，也为了保证公司的正常运营，创始人在融资前有必要制定一套完善的退出机制。用条款化的合同和明确的规则来保证合伙人和投资人的权益，以及公司的顺利发展。

8.1　盈利良好时的退出方案

我与 3 个朋友合伙创业，共同出资开了一家主题餐厅。然而，在合伙创业不到一年的时间里，就有 2 个合伙人提出要退出合作。我们 4 个合伙人都是餐厅的出资人，在餐厅开设之初，就以各自的出资额为依据进行了股份分配。因为这 2 个合伙人的出资额较多，所以他们在这家餐厅中占有较高比例的股份。现在，他们不但提出要终止合伙关系，还要撤出资金，并按照股份分走餐厅的营业利润。如果我答应他们的要求，餐厅就无法维持正常经营了。

以上内容是一位创业者向一个法律咨询平台讲述的故事。事实上，现实生活中有不少创业者都遇到过类似的问题。性格因素、利润分配制度以及其他因素，都有可能导致合伙人退出合作。但是，公司不能因为某些合伙人的退出就停止运营，这对另外一些全心全意为公司发展而努力的合伙人来说是不公平的。

在上述案例中，如果那位创业者按照退出者的要求去做，无疑会给公司带来致命的打击。如果不按照退出者的要求去做，又该如何处理退出者的资金和股份问题呢？关于退出方案的制定是否有法律依据可寻呢？

公司经营的每一个环节都应该在法律、法规所允许的范围内进行，合伙人的

退出也不例外。《中华人民共和国合伙企业法》（以下简称《合伙企业法》）第四十五条规定，合伙协议约定合伙期限的，在合伙企业存续期间，有下列情形之一的，合伙人可以退伙：（1）合伙协议约定的退伙事由出现；（2）经全体合伙人一致同意；（3）发生合伙人难以继续参加合伙的事由；（4）其他合伙人严重违反合伙约定的义务。

可见，合伙人的退出是有法律保障的。但是，法律也明确规定了合伙人退出的条件。所以，不论是合伙人的退出，还是未退出的合伙人的权益，都是受法律保护的。也就是说，对于退出者的不合理要求，未退出者有权说"不"。为了在退出时，合伙人能够有据可依，创始人在合伙前有必要制定一个完善的合伙人退出机制。

一般来说，合伙人退出的情况有以下 4 种：

（1）在公司发展形势大好的时候提出退出。

（2）在公司发展形势不好的时候提出退出。

（3）撤全资退出。

（4）另起炉灶。

关于以上 4 种情况的处理方式，本章都会详细讲到。本小节主要讲述第一种情况，也就是在公司发展形势大好的时候，如何处理合伙人退出的问题。

在公司发展形势大好的时候，公司处于上升期，这时公司的正常运营需要投入较多的资金，与此同时，公司的盈利也会较多。如果这时有合伙人提出退出，并要求带走股份以及按股份分享公司的利润，毫无疑问，这将会给公司的资金带来巨大的压力，影响公司的发展。为了应对这种情况，合伙人最好在合伙创立公司之初就制定退出机制，其具体内容应包括以下 4 个要点，如图 8-1 所示。

● 设置限制性股权　　● 选择股权分期成熟　　● 建立回购机制　　● 做好创业团队的预期管理

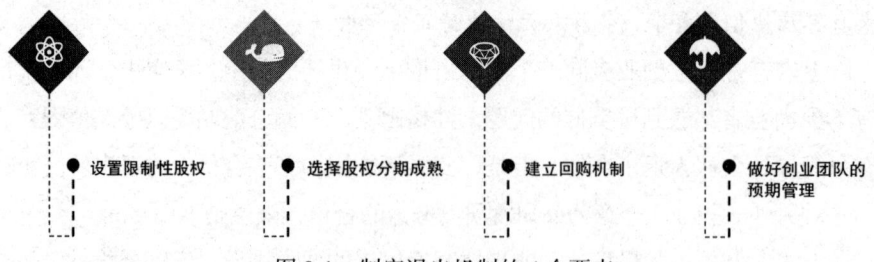

图 8-1　制定退出机制的 4 个要点

1．设置限制性股权

为了应对合伙人中途退出的问题，创业团队在创立公司之初就应该设置限制性股权。所谓限制性股权，是指它既属于股权，但同时又有权利限制。例如，股权的有效期限与股权拥有者的服务期限相对应，合伙人需要在一定期限以后，才能提出退出，这个期限一般为 3 年。对于一个公司来说，经过 3 年的发展后，基本可以稳定下来。这时即便有合伙人提出退出，也不会对公司的发展造成太大的影响。

当然，在实际制定退出机制的时候，合伙人可以共同商量股权期限，可以以 3 年为期，也可以更短或者更长。为了降低因合伙人的退出而给公司的发展造成的影响，股权期限可以设置得久一些。总之，这个时间期限要以公司内部人员的意愿为前提。

2．选择股权分期成熟

股权分期成熟也是退出机制的一个重要组成部分，它是指在公司创立之初按照一定的标准（如出资额或技术等条件）给合伙人分配股份。但是，这些股份只是名义上的，并没有生效。经过一定期限后，这些股份才会真正起作用。有了这一条件后，即使有合伙人在公司发展形势大好的情况下提出退出，也不会对公司造成影响。这其实也是一种规避因合伙人退出而影响公司发展的做法。通常情况下，股权分期成熟有以下 4 种模式：

（1）与 4 年服务期限挂钩，每年兑现 25%。

（2）服务时间满 2 年，则股权成熟 50%；满 3 年，再成熟 25%，即所有股份的 75%；满 4 年之后，所有股份成熟。

（3）第 1 年成熟 20% 的股权，第 2 年再成熟 20%，第 3 年成熟 30%，第 4 年成熟 40%，以此类推。这样有助于鼓励合伙人达成长期合伙关系。

（4）第 1 年成熟 20%，剩余股权在 3 年内每月兑现 1/48。

股权分期成熟的模式大致有以上 4 种，创业者在制定退出机制时，可以根据实际情况对此加以选择和修改。通过股权分期成熟的方式，一方面可以增强合伙人的黏性，让他们不要轻易退出合伙关系；另一方面可以降低因合伙人执意退出而给公司带来的不良影响。

3．建立回购机制

合伙人退出时，他一般会同时带走公司的股份，导致公司的股份外流，这显然是不利于公司发展的。在这种情况下，未退出的合伙人可以通过回购的方式来确保公司股权不掌握在外人手中。那么，回购的价格如何确定呢？这就需要提前建立一个回购机制。

专业且资深的股权管理者建议，确定回购价格时可以参考 3 个方面的因素：第一，参照股东购买价格的一定溢价；第二，参照合伙人退出时公司的净资产；第三，参照最近融资估值的折扣价。其中，第二个因素主要适用于重资产公司，第三个因素则主要适用于轻资产公司。

4. 做好创业团队的预期管理

尽管退出机制的制定很有必要，但是在合伙之前就与合伙人谈退出的问题，从情感上来说，还是会给合伙人带来不良影响的，可能会让其他合伙人感觉你不是真心实意参与合伙。为了避免这种尴尬情况的发生，做好创业团队的预期管理是十分必要的。

首先，在股权分配以及涉及公司发展的预期问题上，所有合伙人应该一起讨论，达成理念上的共识。然后，在这个基础之上，再落实到书面的规则。这样就不会引起合伙人的反感，而且在实施规则的时候也更容易被认可。

有了这些前提条件后，即使有合伙人在公司发展形势大好的情况下提出退出，也不至于给公司带来致命的打击。可以说，这是成熟的创业者，尤其是在合伙创业的情况下，应该考虑到的问题。

8.2　严重亏损时的退出方案

在公司发展形势不好的时候，有合伙人提出要退出，该怎么办？显然，这时正是公司发展面临困难的时候，非常需要合伙人的支持，创业合伙人若在这时退出，无疑会给公司的发展带来很严重的后果。所以，此时就需要一套完善可行的退出机制来保证公司的发展。

彭女士是一名资深的舞蹈老师，一年前，她与 2 个朋友合伙开了一家舞蹈工作室。起初，3 个人各自出资 5 万元，于是，她们就将舞蹈工作室的股份平均分配。由于 3 个人都是好朋友，也没有开公司的经验，所以，她们只是在口头上约定了股份分配的事情，并没有签订合伙协议，更别说制定退出机制了。

当时，她们租了一个 100 平方米的门店，一次性交付了一年的租金，共 6 万元。之后又将门店装修了一番，花了 2 万元。购买道具、服装花了 1 万元。舞蹈工作室就这样成立了。舞蹈本是彭女士非常热爱的事业，她将所有的精力都投入工作室的经营中。尽管如此，但由于前期宣传工作不够充分，因此招生情况并不理想。

即便如此，彭女士依然带着十分高昂的热情投入招生和教学中，但是其中有一位合伙人逐渐丧失了信心，每天的工作热情不高，也不够积极。彭女士也是看在眼里，急在心里，因为她担心朋友会退出合伙，这样工作室的运营资金就会面临匮乏的情况。

没多久，这位朋友还是提出了退出，因为大家都是朋友，且当初没有制定退出机制，所以，彭女士与另外一位合伙人只得同意这位朋友退伙，而这也让工作室一下子陷入了资金危机之中。

在现实生活中，大多数合伙人都是朋友关系，因为大家都会觉得朋友是值得信赖的人。但同时，由于朋友关系的限制，让很多合伙人不好意思谈论退出机制的问题，大家都感觉"谈钱伤感情"。而往往就是因为死要面子，最终将辛苦创立的公司逼上了绝路。

其实，合伙人在合作之初提出看似苛刻的条件，才是对朋友的尊重和负责。以上述案例为例，彭女士的朋友在工作室最困难的时候提出退出，虽然彭女士与另一位合伙人同意了，但是彭女士以后还会与这个人做朋友吗？这样的朋友还值得信赖吗？答案显然是否定的。相反，如果她们在创立工作室之初就制定了退出机制，即使朋友提出退出，也不会对工作室造成致命的打击。

在公司成立之前，就要先将以后可能会遇到的不良情况、不利发展因素等统统提出来，大家根据这些内容制定相应的应对措施，这才是成熟的合作模式的体现，才是真正能保证公司长足发展的做法。比如，合伙人在什么情况下可以退出？退出的时候应该怎样分配利润？这些都需要事先谈好，并列入合伙协议中，以免以后发生不必要的纠纷。

在公司运营过程中，没有人敢保证公司的运营情况会一直处于良好状态，所以，在制定退出机制时，要考虑以下3个主要内容，如图8-2所示。

- 合伙人可以退出，但不能带走股份
- 规定资金占股与参与占股分离
- 违反规定须赔偿高额违约金

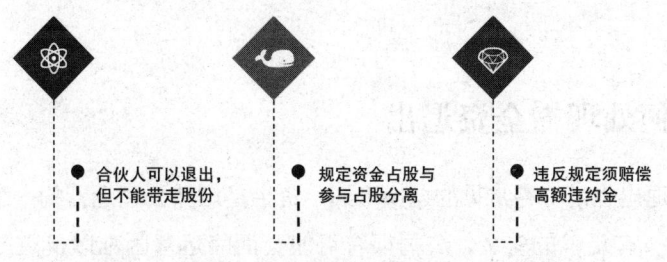

图 8-2　制定退出机制时要考虑的 3 个主要内容

1. 合伙人可以退出，但不能带走股份

凡是在公司运营的低谷期提出退出的合伙人，根本没有必要与他们再合伙。

所以，对于这类合伙人的退出要求，最好是爽快地答应。但是，为了公司的发展，不能让他们带着公司的启动资金和股份退出，尤其是在公司经营处于亏损的状况下。因为此时正是公司发展的下行期，公司面临着较大的风险。

2. 规定资金占股与参与占股分离

大多数合伙人创立公司都是这样一种模式，即创立初期按照出资额分配股份。这种分配方式在创业初期是比较适用的，但是随着公司的发展，这种股份分配方式的弊端也就逐渐暴露出来。因为在公司运营的过程中，不仅要依靠资金，而且人力在其中也起到很大的作用。所以，这种股份分配方式在后期会让合伙人产生不平衡感。

所以，为了避免合伙人产生不平衡感，也为了避免给公司的发展带来不利的影响，有必要规定资金占股与参与占股分离。

当然，在实际分配的过程中，还可以根据其他具体情况来制定分配标准。总之，将两者分离开来，既能保证公平性，又能调动合伙人的工作热情。

3. 违反规定须赔偿高额违约金

为了让合伙人不轻易退出，有必要事先制定有关违约金赔偿的规定。而且违约金的数目越大，合伙人越不容易退出。当然，违约金也不能高得太离谱，略高于退伙将会给公司带来的损失是最合适的，这样也能起到保护其他合伙人权益的作用。

这里需要注意的是，退出机制应该是针对所有合伙人而制定的，而不是只针对一部分合伙人。否则它就失去了公平性，即使事先制定了规则，其实际意义也不会太大。因为不公平的退出机制会影响合伙人之间开诚布公地讨论问题，不利于团队信任感的建立，而这些都是公司发展的重要前提。所以对此，创始人要慎重对待。

8.3 如何处理撤全资退出

撤全资退出也是一种常见的退出形式。资金是维持公司运营的一个重要前提条件，如果没有足够的资金，公司很有可能会面临运营困难以及破产倒闭的局面。在公司资金匮乏或者运营有问题的情况下提出撤全资退出的合伙人，他们都是不负责任的人。面对这类合伙人，公司可以同意他们退出，但是撤全资是不可能的。因为出资是自愿的，而且公司是大家一起出资创立的，不能因为一个人的撤资而影响到大家共同的事业。所以，在制定退出机制的时候，一定要规定撤出资金的比例。从原则上来说，撤出的资金不能超过总资金的50%。

当然，如果对此事先没有规定，就不能很好地应对撤全资的问题。相反，如果有完善的退出机制，显然就能较好地解决上述问题。所以，在制定退出机制的时候，应该对撤全资退出的情况给予严厉的惩罚。例如，一旦有合伙人提出要撤全资退出，需要支付公司当前利润3倍的金额作为违约金。

另外，对于要求撤全资退出的合伙人，不准许他们带走公司的股份。如果提出撤全资退出的要求，公司则会以低于市价的价格收购合伙人的股份。也就是说，只要合伙人提出撤全资退出，就意味着他们会蒙受一大笔损失，因此，在这种情况下，也就能有效地避免合伙人轻易提出撤全资退出的要求。即使有人提出，也不会给公司的发展带来明显的不利影响。

不可否认的是，合伙人的退出是常有的事情。而且对于一个公司来说，好散比好聚更重要。甚至可以说，好散才是好聚的开始。因为没有人能预料到突发状况，当合伙人不得已需要退出的时候，才发现合伙容易退出难。

轻易提出退出的合伙人，既是对其他合伙人不负责任，也是对公司不负责任。所以，合伙人在创立公司之初就制定一套完善的退出机制是非常有必要的。尤其是对于这种撤全资退出的行为，更应该重点考虑并制定应对措施。

综上来看，既可以通过赔偿较高比例的违约金的方式，也可以通过低价回购股份的方式来应对合伙人撤全资退出的问题。因为这两种措施都与合伙人的切身利益直接相关，一旦有合伙人提出撤全资退出的要求，他将会遭受巨大的经济损失。所以，这两种方式能够有效地抑制合伙人提出撤全资退出的做法。

8.4　如何处理另起炉灶

纵观合伙人退出的理由有千百种。其中，有一种理由是其他合伙人难以接受的，那就是合伙人因为另起炉灶而要求退出。如果创业者不幸遇到了这种情况，也不要沮丧，应该想方设法解决这一问题，维护自己的合法权益。

首先，你可以采取劝导的方式使其回心转意。因为有可能合伙人只是一时的冲动，并没有到了团队非解散不可的境地，这时劝导还是能起到作用的，因为组建一个团队不是一件容易的事情，而且合伙人中途退出只会给公司运营带来麻烦。

其次，如果合伙人已经另起炉灶，在劝导已经起不到任何作用的情况下，那么就应该按照事先签订的合伙协议或合同来处理这件事。这也提醒广大合伙开公司的创业者们，在合伙前一定要事先拟定合伙协议，并且尽量将合伙过程中可能出现的各种情况都考虑进去，并制定相应的解决措施。

可能有人会说："合伙人一般都是好朋友，与好朋友之间签订协议，是不信任朋友的表现。"这种想法是大错特错的，通常情况下，另起炉灶的往往是自己的朋友，如果你们事先没有制定相应的退出机制，当问题出现的时候，双方都会为了维护自己的利益而闹得不可开交，这时会将友谊破坏得更加彻底。所以，与其创业后期相互扯皮，不如先小人后君子。

最后，如果事先没有制定相应的应对措施，事后各方之间也没能达成共识，那么可以选择通过法律途径解决此事。虽然这种方式比较麻烦，但是它能起到维护自己利益的作用。毕竟合伙人另起炉灶之后，就意味着他即将成为你的竞争对手。所以，此时不可心慈手软，应该尽可能地维护自己的合法权益。

总之，合伙协议是保障所有合伙人合法权益的法律文书。因此，涉及合伙的项目，一定要签订合伙协议。

8.5　如何处理异议

小李与别人合伙开了一家减肥中心，该减肥中心的股东一共有5个，其中一个股东投入70%的启动资金，占有该减肥中心65%的股权。这位股东因为自己所占的股份比例大，而把持了减肥中心的财政大权。虽然5个股东共同管理减肥中心的各项事务，但是减肥中心的公章以及财政大权都在这位大股东的手中。不仅如此，这位大股东还不把其他股东放在眼里，经常私自决定减肥中心的各项事务。虽然其他股东对此非常不满，却不知道该如何应对。

其实，这位大股东的做法并没有法律依据。也就是说，其他股东完全可以提出异议。事实上，只要是公司的股东，不论占多少股份，都有权知晓公司的经营状况，有权查看公司的盈利情况。向公司申请查看会计账簿，这是股东的基本权利。如果股东的申请遭到了拒绝，股东可以请求人民法院要求公司提供资料查阅。

以上案例中大股东的做法属于侵犯公司财产的行为，其他股东完全可以搜集有关证据，然后以股东的名义提起诉讼，保护自己的合法权益。

《合伙企业法》第二十九条规定，合伙人分别执行合伙事务的，执行事务合伙人可以对其他合伙人执行的事务提出异议。提出异议时，应当暂停该项事务的执行。如果发生争议，依照本法第三十条规定做出决定。受委托执行合伙事务的合伙人不按照合伙协议或全体合伙人的决定执行事务的，其他合伙人可以决定撤销该委托。

从上述规定来看，当某一合伙人对其他合伙人执行事务的行为提出异议时，被异议人应立即中止对该事务的执行。如果被异议人对异议人的意见表示认同，则应按照其意见予以纠正或终止该事务的执行；如果被异议人对异议人的意见不认同，则应要求全体合伙人共同决定。全体合伙人如果认定被异议人的行为为越权或其他不正当行为的，被异议人应自觉予以纠正；全体合伙人如果认定被异议人为正当行为的，则应依多数合伙人的意见恢复该事务的执行，即使异议人有不同意见也应予以保留。

这里需要明确的是，在合伙企业中，所有合伙人的地位都是平等的。因此，合伙人不应该完全服从于出资较多的合伙人，当有异议时，应该及时提出来，并依法解决。对于个别合伙人坚持己见，拒绝被监督的行为，其他合伙人应积极应对。

没有人能保证在公司运营过程中，合伙人之间不会发生冲突，不会对某一事务提出截然不同的意见。在合伙开公司的过程中，虽然出现异议是不可避免的情况，但是，如果处理得当，异议也不会给公司的发展造成致命的打击。

8.6 合伙协议模板

合伙协议是公司（企业）对协议/合同的订立、当事人的权利义务关系、协议的履行等问题提供法律依据的凭证。合伙协议模板，如表8-1所示。

表 8-1　合伙协议模板

合伙协议

合伙人：

姓名：＿＿＿＿＿＿＿＿，性别：＿＿＿＿，年龄：＿＿＿＿，住址：＿＿＿＿＿＿＿

（其他合伙人按上列项目顺序填写）

第一条　合伙宗旨：＿＿＿＿＿＿＿

第二条　合伙经营项目和范围：＿＿＿＿＿＿＿

第三条　合伙期限

合伙期限为＿＿年，自＿＿年＿＿月＿＿日起，至＿＿年＿＿月＿＿日止。

第四条　出资额、方式、期限

1. 合伙人＿＿＿＿＿＿（姓名）以＿＿＿＿＿＿方式出资，计人民币＿＿＿＿＿＿元。

（其他合伙人按顺序依次列出）

2. 本合伙出资共计人民币＿＿＿＿＿＿元。合伙期间各合伙人的出资为共有财产，不得随意请求分割，合伙终止后，各合伙人的出资仍为个人所有，至时予以返还。

第五条　盈余分配与债务承担

1. 盈余分配：以＿＿＿＿＿＿为依据，按比例分配。

2. 债务承担：合伙债务先由合伙财产偿还，合伙财产不足清偿时，以各合伙人的＿＿＿＿＿＿为据，按比例承担。

第六条　入伙、退伙、出资的转让

1. 入伙：（1）须承认本协议；（2）须经全体合伙人同意；（3）执行协议规定的权利义务。

2. 退伙：（1）需要有正当理由方可退伙；（2）不得在合伙不利时退伙；（3）退伙须提前＿＿＿个月告知其他合伙人并经全体合伙人同意；（4）退伙后以退伙时的财产状况进行结算，不论以何种方式出资，均以金钱结算；（5）未经合伙人同意而自行退伙给合伙造成损失的，应进行赔偿。

3. 出资的转让：允许合伙人转让自己的出资。转让时其他合伙人有优先受让权，如转让合伙人以外的第三人，第三人按入伙对待，否则以退伙对待转让人。

第七条　合伙负责人及其他合伙人的权利

1. ＿＿＿＿＿＿为合伙负责人，其权利：（1）对外开展业务，订立合同；（2）对合伙事业进行日常管理；（3）出售合伙的产品（货物）、购建常用货物；（4）支付合伙债务。

2. 其他合伙人的权利：（1）参与合伙事业的管理；（2）听取合伙负责人开展业务情况的报告；（3）检查合伙账册及经营情况；（4）共同决定合伙重大事项。

第八条　禁止行为

1. 未经全体合伙人同意，禁止任何合伙人私自以合伙名义进行业务活动；如其业务获得利益归合伙，造成损失按实际损失赔偿。

2. 禁止合伙人经营与合伙竞争的业务。

3. 禁止合伙人再加入其他合伙。

4. 禁止合伙人与本合伙签订合同。

5. 如合伙人违反上述各条，应按合伙实际损失赔偿。劝阻不听者可由全体合伙人决定除名。

续表

> 第九条 合伙的终止及终止后的事项
>
> 1. 合伙因以下事由之一得终止：(1) 合伙期届满；(2) 全体合伙人同意终止合伙关系；(3) 合伙事业完成或不能完成；(4) 合伙事业违反法律被撤销；(5) 法院根据有关当事人请求判决解散。
>
> 2. 合伙终止后的事项：(1) 即行推举清算人，并邀请中间人（或公证员）_____ 参与清算；(2) 清算后如有盈余，则按收取债权、清偿债务、返还出资、按比例分配剩余财产的顺序进行。固定资产和不可分物，可作价卖给合伙人或第三人，其价款参与分配；(3) 清算后如有亏损，不论合伙人出资多少，先以合伙财产偿还，合伙财产不足清偿的部分，由合伙人按出资比例承担。
>
> 第十条 纠纷的解决
>
> 合伙人之间如发生纠纷，应共同协商，本着有利于合伙事业发展的原则予以解决。如协商不成，可以诉诸法院。
>
> 第十一条 本协议自订立并报经市场监督管理机关批准之日起生效。
>
> 第十二条 本协议如有未尽事宜，应由合伙人集体讨论补充或修改。补充和修改的内容与本协议具有同等效力。
>
> 第十三条 其他：_____
>
> 第十四条 本协议正本一式 ____ 份，合伙人各执一份，送 _____ 各存一份。
>
> 合伙人：_____　　____ 年 ____ 月 ____ 日
>
> 合伙人：_____　　____ 年 ____ 月 ____ 日

表 8-1 所示提供的合伙协议模板，仅供大家参考。大家在签订合伙协议的具体过程中，还需要参照公司的具体情况，对合伙协议的内容做相应的调整。

第四篇

人力管理

第9章 公司制度：制度框架化，管理人性化

没有规矩，不成方圆，公司的管理同样如此。如果没有明确的规定，管理者仅仅按照自己的意愿来管理公司，就显得过于随意。这种管理方式是不可能让员工信服的。即使员工表面上服从了管理，心理肯定也还是非常抵触的。而且，这也不是科学的管理方式，迟早会影响公司的发展。由此看来，制定一套明确、科学、合理的公司制度是非常重要的，而且应该确保所制定的制度是框架化的，管理方式是人性化的。

9.1 入职手续与必填表格

管理制度的设定是针对被管理者而言的，所谓被管理者，就是指公司的员工。任何一个公司，如果没有员工，仅仅依靠创业者和管理者，都是无法保证公司正常运行的。所以，员工对于公司来说，是一个不可或缺的前提条件。这也是为什么要先讲解让员工办入职手续的原因。

一般来说，对于面试通过的求职者，下一步就应该由公司的招聘负责人向对方发送《录用通知书》，其目的就是告诉求职者面试已通过，可以来公司上班了。《录用通知书》中还需要注明到岗日期以及所要携带的证件、材料等。而且招聘负责人发送《录用通知书》后，还需要进一步确认对方是否能在规定时间内到岗。若不能，招聘负责人应该问清楚对方是不愿意来公司上班，还是不能在规定的时间内到岗，然后再做下一步的工作安排。

接下来，招聘负责人应通知相关部门的人事助理做好新员工的接待工作。与此同时，用人部门需要负责安排新员工的办公位置，为新员工申领计算机、电话等工作必需品。行政部门需要为新员工准备工作簿、签字笔等办公用品。信息部门则负责新员工邮箱的开通及计算机调试等工作。

等到新员工来公司报到的时候，要先让员工填写一份《员工履历表》。

待员工填写完员工履历表之后，就可以向员工发放一份公司的《制度汇编》。通常情况下，《制度汇编》中的内容主要包括公司以及公司管理制度的介绍。向新员工发放这一资料，可以让新员工更全面、更迅速地了解公司，从而更好地投入新工作。

另外，新员工在阅读《制度汇编》的时候，可以知道自己是否能胜任新工作，或者是否能接受公司的制度以及工作性质。如果新员工这时发现自己无法胜任该工作，或者无法接受公司的制度以及工作性质，可以选择及时离开。由于这时还未正式开始培训工作，即使新员工选择离开，也不会给公司和自己带来较大的损失。

如果新员工阅读完《制度汇编》后，依然选择留下，那么相关人员就应该着手为新员工办理入职手续了。一般来说，每个公司的人事部门都会建立一份《新员工入职手续清单》。那么，人事部门在为新员工办理入职手续时，按照清单上的内容逐一办理即可。

在为新员工办理入职手续的过程中，新员工需要提供一份个人简历；3张一寸免冠彩色照片；一份身份证原件或者户口本复印件；毕业证、学位证、岗位所要求的资质等级证书复印件各一份；从学信网打印出来的学历认证报告一份；体检报告一份；社保卡、住房公积金卡复印件各一份；面试评价表一份；与原单位解除或终止劳动合同的证明。

在员工提供以上资料之后，公司就可以与其签订一份入职登记表；一份入职承诺书；一式两份的劳动合同；一份新员工工资核定表。为了规避员工入职手续的风险，在入职登记表的最后一栏，或者是员工入职承诺书上，一定要注明以下几条信息，让员工仔细阅读并签字。

（1）我保证所填写的每一项内容真实，如有虚假，即使被贵公司录用，贵公司也可以随时无条件解雇我。

（2）我愿意接受贵公司的背景调查、培训、试用，如达不到贵公司的要求，可不予录用我为贵公司正式员工。

（3）我保证到贵公司报到前，已与原工作单位解除劳动合同关系，并不将原工作单位的任何商业（军事等）秘密带到贵公司来。

（4）如与原工作单位因原劳动合同或商业（军事等）秘密问题出现法律纠纷，我愿意自己承担一切法律责任。

（5）本人已阅读公司下发的《制度汇编》，并且已经理解其中所有的规章制度，且对其没有异议。经过公开、公示，我认为程序是公正的，内容是公平的。我承诺在贵公司工作期间，将会严格遵守公司的各项规章制度，包括各项制度的后续修改内容。如有违反，我自愿按照相关规定，接受相关处罚。

在与新员工签订劳动合同时，同样也有几个需要注意的事项，其内容如下：

(1) 工作岗位最好不要太细化，这样方便以后对员工工作进行调动。

(2) 工作地点最好写明公司总部及分公司的地点。

(3) 将公司的考勤管理制度、奖惩制度、员工手册等各项规章制度作为劳动合同的附件。

办理完以上内容之后，接下来要做的是：(1) 确认员工调入人事档案的时间；(2) 向员工介绍公司的管理层；(3) 更新员工通信录；(4) 带领新员工到其工作部门，介绍给部门经理；(5) 如果公司有培训制度，接下来就让新员工进入培训环节。如果没有培训环节，直接让新员工上岗试用。一般对于第二种情况来说，部门经理或部门负责人会带新员工两天，让新员工熟悉工作内容和环境。

9.2 请假制度

2018年7月，孙女士看到一家超市贴出一份招聘启事，招聘的岗位是收银员。孙女士回家与家人商量了一番，便去应聘了。由于超市当时正是生意火爆的时候，急需人手，所以，老板刘先生在面试之后就让孙女士直接上岗，连试用期都免了。所幸孙女士是一个有责任心的人，尽管没有经过培训、试用，工作倒也没有出过差错。

过了一段时间之后，老板刘先生与孙女士签订了一份劳动合同，合同上注明工资为3200元/月，工作时间是每天10小时，每周休息一天。由于超市的生意较好，孙女士上班以来，几乎每天都要加班1小时左右，但每周休息一天的承诺还是实现了。

9月，孙女士的孩子生病了，需要人照顾，于是孙女士向老板刘先生请了5天假。老板虽然不太乐意，但最后还是同意了。没想到，过了一段时间，孙女士的婆婆又生病了。所以，孙女士又不得不向老板请假。这次老板没有答应她的请假要求，而是直接提出了让孙女士辞职的建议。

孙女士同意了，于是找老板结算工资。这时，老板居然按照试用期的标准给孙女士结算工资。孙女士觉得不太合理，但老板说孙女士的考核没有达到标准，一个月内请了5天假，所以，只能按照试用期的标准结算工资。

最后，由于没有达成一致意见，孙女士将老板告上了法庭。而法庭的调解结果是，老板应按照合同约定向孙女士支付工资差额。

事实上，有很多公司，尤其是小型公司，由于事先没有制定一套明确的员工请假制度，所以在员工请假问题上出现了"扯皮"现象。有些员工甚至还因此将公司告上法庭。但如果公司事先制定了明确的请假制度，那么各种请假事项的处理也就有据可依，所有的不愉快也就可以避免了。

如今，求职者不仅十分关注公司的请假制度，还会审视请假制度是否人性化。因为生活中的事情总是无法预料的，每个人都有可能会遇到各种各样的突发事件。所以对于求职者来说，公司请假制度是否人性化，能在一定程度上映射公司其他制度是否人性化。

如今，求职者多为"90后"，他们追求个性自由。如果公司的请假制度过于严格、苛刻，显然会影响到公司的招聘情况。所以，制定人性化的请假制度是非常重要的，而且公司的请假制度在招聘员工之前就应该制定好。

按照请假的原因，可以分为公假、工伤假、事假、病假、婚假、产假、陪产假、丧假、特别休假9类。公假也就是因工作需要而请的假，所以，公假是带薪假。工伤假须出具医院证明，也属于带薪假。事假与病假的申请标准及工资标准如下：

1. 事假管理制度的相关规定

（1）事假申请标准

①员工申请的事假时间在3天及以下的，经部门负责人同意即可。

②员工凡申请3天以上的事假，须经总经理签字同意方可生效。

③员工1个月以内请事假的时间不得超过5天（含5天）。如有特殊情况，需要向总经理申请，经总经理签字同意后可以延长事假时间。

④员工如不按照请假流程办理相关手续，则按旷工处理。

（2）事假工资标准

①员工申请事假均属于无薪假，即员工申请了事假就要按照劳动合同约定的工资标准扣除相应的薪酬。

②事假在1个月以内累计超过1天，不足3天的，扣除当月的全勤奖。

③事假一次性超过1个月或累计超过3个月，且影响工作进度的，公司有权

对员工进行岗位调整或解除劳动合同。

2．病假管理制度的相关规定

（1）病假申请标准

①病假申请时间在 1 天以上，3 天以下的，经部门负责人签字同意即可。

②病假申请时间在 3 天（含 3 天）以上的，需要向总经理申请，经总经理签字同意后方可生效。

（2）病假工资标准

为了体现公司的人性化管理，病假不应该纳入无薪假的范畴。所以，公司一般会制定一套病假工资系数标准。而这个系数标准直接与员工的病假时间长短，以及员工的工龄挂钩。也就是说，员工的病假时间越短，工龄越长，那么员工的病假工资系数越高；反之，病假工资系数越低。为了公平起见，公司又将病假时间以 6 个月为期限进行划分。

第一种情况，员工申请病假的连续时间在 6 个月（含 6 个月）以内，那么员工的病假工资系数标准如下：

①连续工龄不满 2 年的员工，其病假工资的系数为本人工资的 60%。

②连续工龄满 2 年但不满 4 年的员工，其病假工资的系数为本人工资的 70%。

③连续工龄满 4 年但不满 6 年的员工，其病假工资的系数为本人工资的 80%。

④连续工龄满 6 年但不满 8 年的员工，其病假工资的系数为本人工资的 90%。

⑤连续工龄满 8 年的员工，其病假工资的系数为本人工资的 100%。

第二种情况，员工申请病假的连续时间在 6 个月以上的，那么员工的病假工资系数标准如下：

①连续工龄不满 1 年的员工，其病假工资的系数为本人工资的 40%。

②连续工龄满 2 年但不满 3 年的员工，其病假工资的系数为本人工资的 50%。

③连续工龄大于等于 3 年的员工，其病假工资的系数为本人工资的 60%。

注意：通过工资基数和病假工资系数相乘后得出的病假工资，可以低于当地最低工资标准支付，但不能低于最低工资标准的 80%；员工病假待遇如果高于当地上一年度月平均工资的，可以按照当地上一年度月平均工资计发。

婚假时间为 3 天，属于带薪假。产假时间为 90 天，也属于带薪假。如自愿缩短为 60 天者，则上班的第一个月加发一个月的工资作为补偿。但前提是，产假的申请者在公司工作的时间满 1 年及以上。陪产假时间没有具体的规定，有 7 天、10 天、15 天不等，也属于带薪假。丧假时间为 3 天，也属于带薪假，但要求必须是直系亲属。特别休假可以包括年假，以及因其他特殊原因而需要的休假。

总之，人性化的请假制度也是公司企业文化的组成部分，它能够帮助公司在行业内树立好的名声，获得较高的人气，提高公司的知名度。

9.3　加班制度

正如员工会因为各种突发状况不得已请假一样，公司也会因为各种业务原因而要求员工加班。但是，公司与员工签订的劳动合同明确规定了员工每天的上班时间。让员工在超出劳动合同约定的工作时间以外工作，这是不合法的，员工有权拒绝。所以，为了让员工心甘情愿地加班，也为了补偿员工，公司有必要制定加班制度。

许桥是北京一家快递公司的送货员。在入职之初，许桥与快递公司签订了一份劳动合同，合同上规定每天的工作时间为 10 小时，每个月可以调休 4 天。平时快递量不太多，许桥每天都能准时下班，每个月也都能调休 4 天。

但是，每年"双十一购物狂欢节"后的半个月，许桥的工作量与往常相比，多了 3 倍。因此，他每天的下班时间也比平时晚了至少 2 小时，许桥有时忙得连饭都吃不上。对此，公司并没有任何表示。这让许桥感到很不满，于是，他主动向公司提出发放加班补贴的要求。然而，公司拒绝了许桥的要求，而且公司方面还表示，如果许桥无法接受加班，可以选择辞职。

后来，许桥果断辞职了，并且将自己的遭遇告诉了同公司以及同行业的小伙伴。之后，许桥的很多同事也从该公司辞职了。

公司与员工之间是雇用与被雇用的关系，而不是压榨与被压榨的关系。一旦公司的管理制度出现了压榨性质，不仅公司的员工会选择离职，该公司也会在行业内形成极差的口碑。这样一来，公司再想招聘员工，尤其是招聘优秀员工，简直是难上加难。员工加班本不属于员工的义务，所以，公司理应为员工发放加班补贴。

《劳动合同法》规定，用人单位应当按照下列标准支付高于劳动者正常工作时间的工资报酬。

（1）安排劳动者延长工作时间的，支付不低于工资的150%的工资报酬。

（2）休息日安排劳动者工作又不能安排补休的，支付不低于工资的200%的工资报酬。

（3）法定休假日安排劳动者工作的，支付不低于工资的300%的工资报酬。

所以说，公司要为员工的加班另付工资，这是有法律依据的。如果公司要求员工加班，而又不向员工支付劳动报酬，可能会遭到员工的起诉。这对于公司来说，是得不偿失的。而且，这还会影响公司在业界的声誉，让公司蒙受更大的损失。事实上，尤其对于创业公司来说，加班是不可避免的事情。公司既要稳定人心，也要节约开销，因此制定高效的加班制度是非常重要的。其具体内容包括4个方面，如图9-1所示。

- 杜绝无效加班
- 建立加班通知、申请、统计、确认制度
- 考勤制度与加班制度相结合
- 合理确定加班费的计算基数

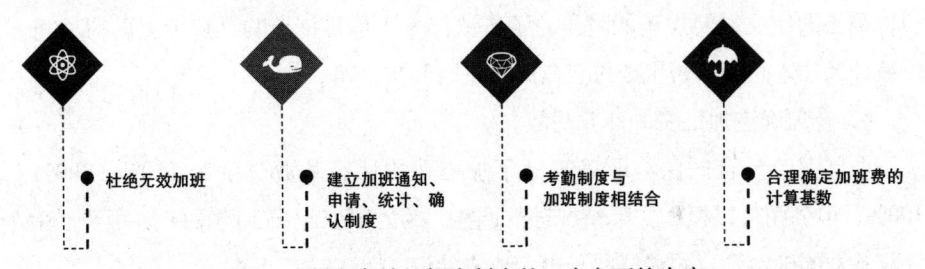

图9-1 制定高效的加班制度的4个方面的内容

1．杜绝无效加班

不可否认的是，公司有时候会因为业务进度不得不要求员工加班。但是，公司也容易忽略一个问题，即员工是否在这个过程中真正利用了加班时间，是否真正完成了工作任务。如果员工仅仅只是为了得到加班费而加班，那么对于公司来说，这样的做法显然对公司是不利的。所以，公司一定要杜绝无效加班。

华为公司就深刻认识到了无效加班的危害。以前，华为公司非常鼓励员工加班。为了激励员工，华为公司发放给员工的加班补贴非常优渥。然而，高额的加班薪资政策实施后，虽然主动加班的员工越来越多，但工作效率和工作质量却越来越低。人事部门对此事进行了调查，结果发现很多员工故意在上班期间拖拖拉拉，本该在上班期间完成的工作，却要拖到下班。其目的就是要赚取高额的加班费。可以说，这一鼓励政策的实际作用恰好相反。

自此以后，华为公司的高额加班薪资政策就被取消了。而且，华为公司不仅不再提倡员工加班，还坚决杜绝员工的无效加班。实施了新政策后，华为公司员工的工作质量和工作效率反而得到了提升。

显然，这对于华为公司来说是一件极好的事情，既能在行业内树立自己的品牌效应，还能为公司节省一大笔加班费。

2．建立加班通知、申请、统计、确认制度

一般情况下，公司不允许员工私自加班。如果员工有特殊情况需要加班，需要向公司提出申请。未申请，或者加班申请未被同意的，不计入加班费的计算范畴。公司如果要求员工加班，需要提前通知。人事部门需要统计员工加班的时间以及工作任务，将之作为薪酬发放的核对标准。

3．考勤制度与加班制度相结合

所谓加班，是指在劳动合同规定的工作时间以外进行工作。公司为了确定员工的工作时间是否为加班时间，需要将考勤制度与加班制度结合起来。也就是说，员工即使在需要加班的时候，下班该打卡还是要打卡的。打卡之后的时间才能被计为加班时间，否则要按正常的上班时间来计算。

4．合理确定加班费的计算基数

虽然《劳动合同法》明确规定了加班费的计算基数分别为150%、200%、300%，但公司可以根据实际情况进行调整。为了不引起员工的反感，关于加班费计算基数的确定，公司最好要与员工达成共识。

总而言之，制定合理、合法的加班制度是非常有必要的。但是，这并不意味着公司鼓励员工加班。对于一个公司来说，最重要的是想办法提高员工的工作效率，而不是鼓励员工加班。

9.4　上下班打卡制度

设立上下班打卡制度对于规范员工的上下班时间，是非常有利的。那么，员工的上下班打卡制度应该如何设立呢？

打卡制度的设立是为了让员工严肃对待公司的上下班纪律，也是为了规范员工的考勤管理。所以，在设立打卡制度的同时，还需要制订一份与之相关的文字性规范计划。这是为了给员工的打卡工作提供一份依据。一般来说，打卡制度应包括以下6项内容，如图9-2所示。

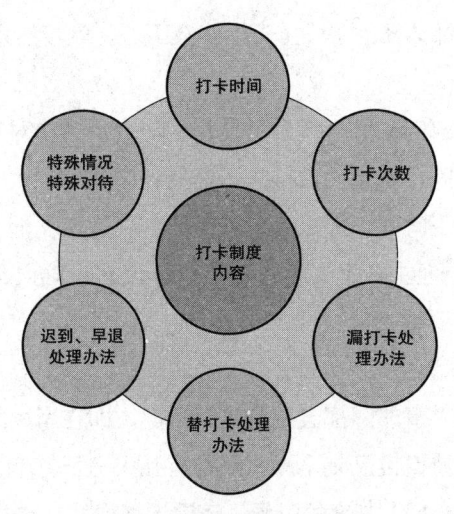

图 9-2　打卡制度的 6 项内容

1. 打卡时间

打卡时间是打卡制度中最重要的一项内容，因为这决定了员工何时打卡才算是符合要求的。通常情况下，打卡时间就是上下班的时间。而且，上班打卡时间只有在规定的上班时间之前才符合要求，下班打卡时间只有在规定的下班时间之后才符合要求。考虑到中午还有吃饭的时间，所以，还可以将中午的上下班时间作为一项内容写入制度中。

例如，公司规定的上下班时间分别为上午 8 点和下午 6 点，那么员工在上午 8 点之前（含 8 点）打卡，都不算迟到；在下午 6 点之后（含 6 点）打卡，都不算早退，如中午有上下班时间规定，同样如此。

为了体现公司的人性化管理，现在很多公司都开始推行弹性工作制。所谓弹性工作制，是指员工 1 天内总的工作时间符合要求即可，对于具体的上下班时间没有明确的规定。例如，小王的公司规定 1 天的上班时间为 8 小时，如果小王上午 8 点打卡上班，下午 4 点就可以打卡下班了；如果小王上午 9 点打卡上班，下午 5 点就可以打卡下班了。

公司制定弹性工作制，是因为考虑到员工可能会在上班期间遇到一些突发状况，如地铁出现故障、公交堵车、雨雪天气等。弹性工作制让员工的上下班时间更为自由，因此，这种制度深受员工的喜爱。但是，为了起到规范作用，弹性工作制也应有一个时间限度。而时间限度最好设定在 1 小时以内。也就是说，如果上午 8 点是上班时间，员工最多可以将打卡时间推迟到上午 9 点之前（含 9 点）。

否则，如果所有员工都选择中午来上班，半夜下班，就显然太不合适了。

2．打卡次数

打卡次数是人事部门在进行考勤时使用的一个重要核对指标。如果打卡制度中只规定了上下班时间，就意味着一天只需要打 2 次卡即可。但如果打卡制度中还规定了中午的上下班时间，那么一天就需要打 4 次卡。而人事部门在月末对员工进行考勤的时候，通过统计员工的打卡次数，就能对员工的出勤情况进行核对了。

3．漏打卡处理办法

可能每个公司的人事部门都会遇到这种情况，即在考勤的时候发现员工并未全勤到岗，但员工坚持说自己是全勤，只是有几天忘记打卡了。面对这种情况又该如何解决呢？在制定打卡制度的时候，还需要将漏打卡的情况考虑进去。

由于漏打卡属于员工自身的失误，所以，这个责任理应由员工自己来承担。但是，为了体现公司的人性化管理制度，因此，这方面的规定应该稍微放宽一些。如员工坚持认为自己是漏打卡了，那么需要找来 5 位同事、2 位领导，以及拿出当天的工作任务作为证明。如果能提供以上 3 种材料，漏打卡的失误就可以被忽略。否则，就要按迟到、早退或旷工处理。另外，公司还要规定每个员工每月只有 3 次证明漏打卡的机会，超过 3 次的也要按迟到、早退或旷工处理。

4．替打卡处理办法

替打卡是一种非常恶劣的现象，如果对此不加以严肃处理，那么打卡制度也就形同虚设了。所以，一旦发现替打卡的情况，替打卡者与被替者都要接受处罚。每人每次罚款 100 元，并且两人都记为旷工。一个月内发现某一员工有 3 次替打卡行为，则对其进行降职或开除处理。

5．迟到、早退处理办法

员工无故迟到、早退，会给公司带来非常不好的影响。而如果没有设立打卡制度，员工的迟到、早退将难以找到有效证据。相反，设立了打卡制度就能很好地应对这一问题，因为打卡机能精确到秒。通过查看员工的打卡记录，就能知道员工是否迟到或早退。

为了杜绝员工的迟到、早退行为，当然也有必要对此制定处罚措施。例如，无故迟到、早退的，每次罚款 50 元；一个月内的迟到、早退次数不得超过 5 次，超过的部分每次罚款 100 元。

6. 特殊情况特殊对待

小周平时从未迟到过，但今天却足足迟到了 3 小时。部门负责人对此很是不理解，于是，询问小周迟到的具体原因。小周说因为在路上看到一位老年人晕倒在地没有人管，于是他将老年人送去了医院。

那么，对于这种特殊情况，到底该不该算小周迟到呢？为了体现公司的人性化管理，需要对这种情况做一个明确的规定。如果是像小周这样助人为乐的行为，公司可以对此不按迟到处理。另外，员工因公事在上班时间外出，不按早退、旷工处理。

打卡制度一旦设立，所有员工、所有部门都应该严格遵守。但是，如果规则在实际实施的过程中被发现存在不妥之处，可以对其进行修改，修改之后的条例应及时向员工公布。

9.5 内部协作制度

一个公司只有内部团结一致、协同合作，才能使其在激烈的竞争中立于不败之地，才能推动公司不断朝着更好的方向发展，而这也是每一位公司管理者都希望看到的结果。本节就为大家讲述公司的内部协作制度该如何设立。

从公司平时处理的各项事务来看，公司的内部协作制度可以具体分为内部沟通协调机制、内部管理协调机制和各部门之间的协作机制。当一个公司中的这几项机制达到协调的状态时，公司的内部协作制度也就建立起来了。

1. 内部沟通协调机制

无论是小型公司，还是大型公司，都会有员工存在。不论是面对 1 个员工，还是面对 1000 个员工，公司管理者与员工之间的沟通都是必不可少的。特别是在员工数量较多的情况下，还会涉及员工与员工之间的沟通问题。由此看来，建立一个内部沟通协调机制是非常有必要的。

良好的沟通机制是高效沟通的有力保障，而沟通机制又是通过沟通渠道来实现的，沟通渠道根据其性质可分为正式和非正式两种类型。正式的沟通渠道包括周会、月会、座谈会等正式会议形式。非正式的沟通渠道包括小型聚会、郊游、各种团建活动等。事实上，为员工搭建沟通渠道，也就是让员工聚集起来，发表自己的看法，主动阐述自己的意见和建议。

不论是哪种沟通渠道，管理者在与员工的沟通方面，都应该秉承一个原则，即站在员工的角度，从员工的利益出发。在这个过程中，管理者可以从"五心"出发，即尊重之心、合作之心、服务之心、赏识之心和分享之心。当管理者站在员工的角度，尊重员工，自然也就能得到员工的支持，拉近与员工之间的距离，让双方之间的沟通更有效。同样的道理，管理者在与员工沟通的过程中运用其他"心"也能起到类似的作用。

2. 内部管理协调机制

大型公司中的各项事务比较多，而一个人的能力和精力是有限的，所以，大型公司通常都是由多名管理者共同管理公司。在多位管理者并存的情况下，为了让各项业务顺利高效地进行，公司需要建立内部管理协调机制。

建立内部管理协调机制的关键在于人，也就是管理者。如果管理者认可这种机制，则会很好地践行。否则，制度再好也只是摆设。为了改变管理者的观念，也为了让管理者能真正以公司的整体利益为重，公司需要对管理者的观念加强引导，如组织管理者召开座谈会，组织管理者学习最新的管理理念等。

3. 各部门之间的协作机制

虽然公司各部门之间有着明确的分工，但是也不排除需要各部门协同合作的情况。如果公司缺乏协作机制，那么想让各部门之间协调合作，将会变得非常困难。情况严重的，可能还会出现各部门之间互相推诿，进而导致工作效率低下。

为了让公司各部门之间能够通力合作，公司的高层管理人员应该平衡好各部门的目标与公司的整体目标，为各部门制定好发展方向，实行部门负责人轮调制，建立内部满意度调查制度。

当每个部门不仅有自己的部门目标，还有公司的整体目标时，各部门都会认真对待对公司有利的事情。在这种情况下，即使需要各部门之间通力合作，各部门也会积极参与，以便完成共同的目标。

另外，公司管理者还可以实行轮调制，这样可以避免出现部门负责人只认某一个部门这种现象。当部门负责人不再只管理一个部门的时候，他对所有部门就能一视同仁。当遇到需要多部门协同完成的任务时，他也能够调动各部门的积极性，从而让任务能够得到高效解决。

第 10 章　薪酬激励：提高效率，加强竞争

薪酬是直接关系到员工切身利益的问题，也是员工最在意和最关注的问题。与此同时，薪酬问题也关系到公司的利益。所以，公司的薪酬结构设定也就成了一个极为关键的问题。例如，如果所有员工都无差别对待，不论处于何种岗位，员工都领取一样的薪水，那么员工的积极性和创造性就难以调动起来；反之，如果高层管理人员与底层员工的薪酬水平差距过大，同样也会引起底层员工的不满，从而挫伤他们的工作积极性。本章将讲述能调动员工积极性，增强公司竞争性的薪酬结构建设。

10.1　薪酬结构

许柯最近在找工作，前前后后面试了很多家公司。其中，有两家公司是她比较满意的。这两家公司都属于软件开发公司，工作环境也相似，唯一不同的是这两家公司的工资结构不同。一家公司直接开出每月 10000 元的工资，没有其他补贴费。另一家公司承诺每月 8000 元的基本工资，全勤奖 500 元，餐补 500 元，车补 500 元，房补 500 元。另外，夏季还会发放高温补贴费，冬季会有取暖补贴费。

虽然两家公司给出的工资总额是一样的，但其实并不完全一样。工资属于个人所得，需要缴纳个人所得税，而个人所得税是针对个人的基本工资征收的，从这一点来看，许柯似乎应该选择第二家公司。但是，第一家公司给出的工资确实高，如果以后涨薪，那么只会更高，从这一点考虑，许柯选择第一家公司似乎更有利于自己以后的发展。正是因为这两种薪酬结构各有利弊，所以才让许柯陷入纠结之中。

那么，这两家公司的薪酬结构符合法律、法规的要求吗？员工薪酬究竟由哪几部分构成？劳动部《关于贯彻执行〈中华人民共和国劳动合同法〉若干问题的意见》第五十三条规定，劳动合同法中的"工资"是指用人单位依据国家有关规定或劳动合同的约定，以货币形式直接支付给本单位劳动者的报酬，一般包括计时工资、计件工资、奖金、补贴、津贴、延长工作时间的工资报酬以及特殊情况

下支付的工资等。可见，以上两家公司的薪酬结构都是合法的。

通常情况下，员工的薪酬是由基础工资与考核工资构成的。其中，基础工资包括基本工资、各种津贴、加班工资；考核工资包括月度考核工资、季度考核工资、年度考核工资。虽然这两家公司给出的月工资总额是一样的，但是两者相比，后者更具有激励性，也更显人文关怀。

所以，对于一个公司来说，制定的薪酬结构不仅要合理、合法，还要能够起到激励员工的作用，这才是最理想的薪酬结构。基于这个要求，员工的薪酬应该包括两个部分，即固定工资部分和浮动工资部分。固定工资是员工工作的基本保障，而浮动工资则是为了激励员工而设的。浮动工资的不确定性，恰恰能调动员工的积极性。员工固定工资与浮动工资的组成部分分别如图 10-1、图 10-2 所示。

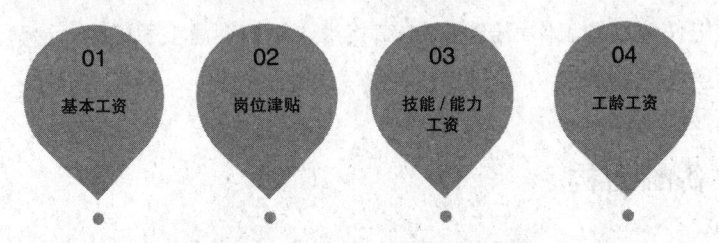

01	02	03	04
基本工资	岗位津贴	技能/能力工资	工龄工资

图 10-1　员工固定工资的组成部分

01	02	03
效益工资	业绩工资	奖金

图 10-2　员工浮动工资的组成部分

公司给员工发放工资，一方面是对员工劳动的报酬，另一方面则是对员工工作的肯定。如果能在肯定员工工作的同时，还能激发员工工作的积极性和创造性，这显然对公司的发展是非常有利的。而要达到这个目的，公司在制定员工的薪酬结构的时候，既要注意内部公平性，也要重视外部竞争性。

在同一个公司中，如果出现员工的职位、工龄、学历都一样，而薪酬不一样的情况，那么肯定会引起薪酬低的员工的不满，这些员工可能不会直接表示自己的不满，但员工的不满情绪会在工作中体现出来。显然，在这种情况下，员工不会百分之百地投入工作，对待工作可能就不会十分尽职尽责，工作质量也就可想而知。所以，工资水平的内部公平性是非常重要的。

另外，公司的薪酬结构还需要重视外部竞争性。也就是说，你公司的工资水平至少不能低于同行业的平均水平。百度作为互联网行业的巨头，给员工开出的工资在整个互联网行业内也是最高的。这不仅激发了百度员工的工作热情，还吸引了其他公司优秀员工的加入。可以说，百度的外部竞争力也就在无形之中得以提升。

公司在实际制定薪酬结构的过程中，除了参考以上给出的意见，还应该结合公司的实际情况。一般来说，薪酬结构的参考因素越多，意味着员工有更多的机会获得更高的工资，因此，公司的薪酬结构也就越容易让员工满意。员工满意了，自然就会更认真、更投入地对待工作。

如图 10-3 所示是一种科学的薪酬结构，在实际操作过程中也比较容易得到员工的认可，让员工满意。而且这种薪酬结构也同时包含了固定工资和浮动工资，因此，它能够调动员工的积极性。对于新成立的公司来说，如果在短时间内没有找到特别适合自己的薪酬结构，那么可以直接使用这种科学的薪酬结构。

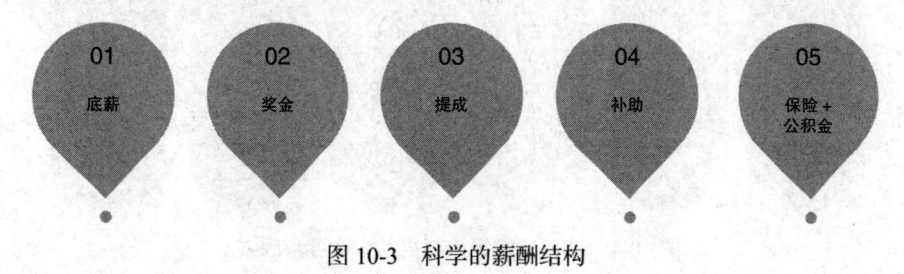

| 01 底薪 | 02 奖金 | 03 提成 | 04 补助 | 05 保险+公积金 |

图 10-3　科学的薪酬结构

10.2　薪酬级差

为了提高员工的工作积极性，也为了尽可能减少员工流失，很多公司会设置薪酬级差制度，即工龄越长的员工，其基本工资越高。

小刘是一名大专毕业生，毕业后一直在这家公司工作，如今已有 5 年的工龄。薪酬级差制度的实施，让小刘的工资瞬间有了质的飞跃。从此，小刘的工作劲头更足了。

小王的学历是研究生，由于刚进公司不久，所以，他的工资远远低于小刘。这让小王心里多少有点不满，毕竟自己是一名研究生，到头来工资还比不上一名大专生。因此，小王的工作热情一直不高。

这家公司薪酬级差的设置，虽然对某些员工起到了激励作用，但并未激励到所有员工。可见，这个薪酬级差的设置标准并不十分合理，因为它仅以工龄为衡量标准。事实上，在实际工作中还有很多具体的衡量标准，如工作质量、业务情况、考核情况等。所以，仅以工龄定薪酬是不科学的，也是不合理的。

张虎去公司应聘的时候，提出自己的期望薪资是 8000 元。人事主管看了他的简历后告诉他，你作为一名刚毕业的大学生，没有工作经验，我们无法给你这么高的工资。但是，我们公司实行的是薪酬级差制度，也就是说，你在我们公司工作一年以后，我们会根据你的工作能力给你加薪，那时的工资可能会超过 8000 元。

于是，张虎在入职后的一年内全心全意地投入工作，原因就是有加薪这一条件的鞭策。不只是张虎，公司其他员工也都和张虎一样，这一制度使公司的整体战斗力得以提升，公司在整个行业内的竞争力有了很大提高。

一般来说，设置薪酬级差制度的时候，参考的因素包括员工的学历、职位、工龄、工作能力、技术复杂程度、劳动繁重程度等，如图 10-4 所示。

01	02	03	04	05	06
学历	职位	工龄	工作能力	技术复杂程度	劳动繁重程度

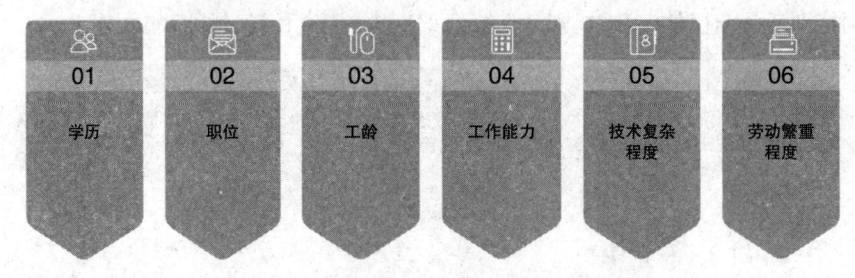

图 10-4　设置薪酬级差制度的 6 个参考因素

尽管在设置薪酬级差制度时有多个参考因素，但在实际的操作过程中，公司不应该将各个因素孤立起来对待，而是要综合使用。总而言之，薪酬级差制度的设置要遵循一个原则：员工为公司做出的贡献越大，自然就应该获得更多的薪资。

这里需要注意的是，设置薪酬级差制度是为了调动员工的工作积极性，因此，只要是与员工的切身利益相关的因素都应该考虑到。而且薪酬级差制度的参考依据越多，划分得越细致，越有助于提高员工的工作热情。

尽管公司实行的是薪酬级差制度，但也要保证员工的最低工资不能低于当地规定的最低工资水平标准。另外，薪酬级差制度也不能让工资高得离谱，超出公司的支付能力。

总之，不论实行何种薪酬制度，都应在公司的实际承受能力范围之内，否则就会给公司带来巨大的经济压力。一旦公司不能及时支付员工高额的工资，轻则会引起员工的恐慌情绪，重则会失去员工的信任，导致员工离职或跳槽。

10.3 激励机制

美国哈佛大学的心理学家威廉·詹姆斯创作了一本名为《行为管理学》的著作。这本书对员工的薪酬激励有较为深刻的认识，书中提到的一个内容是，在按时计酬的情况下，员工的工作效率往往是较低的，可能员工在此时只能发挥自己能力的 20%～30%。事实上，员工的能力完全可以发挥出 80%～90%，前提是需要有强有力的激励机制。

也就是说，经过激励以后，员工的工作能力和效率可以提高 3～4 倍。所以，对于一个公司来说，设置一套有效的激励机制就显得十分必要了。公司采取全方位的激励机制可以激发员工的斗志，从而推动公司营业目标的实现。

激励机制有 3 个组成部分，如图 10-5 所示。

图 10-5　激励机制的 3 个组成部分

（1.满足机制　2.升华机制　3.负激励机制）

1. 满足机制

所谓满足机制，主要是指满足员工的物质需要和精神需要，这是一个很简单也很现实的问题，毕竟每个人都需要生存。衣食住行这些方面的需要都属于物质需要，而满足这个需要的前提便是金钱。也就是说，公司需要向员工发放工资，让员工能够得到物质上的满足。如果员工辛辛苦苦地工作，却连基本的衣食住行的问题都无法解决，作为公司老板的你，也不要指望员工会为你卖命。

物质满足是最基本的条件。当员工的物质需求得到满足后，他们就会追求更高的需求，即精神需求。人们常说"身心愉悦"，而这个词往往被用在较高的境界中。也就是说，这是一种较高层次的享受。那么，何为身心愉悦？它指的就是物质需求与精神需求同时得到满足。对于一个公司来说，当员工的物质需求和精神需求都得到了满足，也就意味着公司为员工解决了后顾之忧，那么员工也就没有其他顾虑了，因此，员工也就能全心全意地投入工作。

2. 升华机制

员工工作的过程，也是实现自身价值的过程。事实上，绝大多数员工都是带着自己的理想来工作的。既然如此，那么有利于员工实现自身价值的机制是可以激励员工的。这也就意味着，公司需要建立一套升华机制，为员工提供升职加薪的机会。虽然说在任何岗位上都能做出一番成就，但不可否认的是，职位越高，做出更大成就的可能性也就越大，这也是很多人都迫切希望升职的原因。

虽然升华机制对提升公司的整体战斗力起到了很大的作用，但从长远来看，仍有必要对员工进行正确引导，以免形成恶性竞争。公司内部的恶性竞争是难以促进公司长足发展的。另外，在设立升华机制的时候，还需要加上加薪这一附加条件。否则，其吸引力将会大打折扣。

3. 负激励机制

上面提到的两种机制，都属于正激励机制，因为它们都只涉及奖励问题，而没有涉及惩罚问题。但是，没有人能保证员工在工作的过程中不会犯错，如果只是奖励做出贡献的员工，对员工的错误视而不见，就有可能造成两种极端现象的出现，即一些员工为公司做出的贡献越来越大，而另一些员工犯的错误越来越多。从总体来看，公司的战斗力并没有得到提升。

所以，建立负激励机制也是很有必要的。所谓负激励机制，就是指对员工的错误进行相应的惩罚，让员工从中吸取教训，从此不再出现类似的错误。例如，迟到是一种不良现象，每个公司都会将禁止员工迟到列入公司规章制度中。但是如果公司对迟到者置之不理，没有惩罚措施，那么依然会有人迟到，而且人数会越来越多。相反，如果公司规定，第一次迟到罚款 50 元，第二次迟到罚款 100 元，以此类推，那么，迟到的人一定会越来越少，甚至没有人迟到。这就是负激励机制所起到的作用。

除此之外，激励机制还可以直接从薪酬入手。公司可以将员工的工作任务划分成小部分，并对每个小部分都制定一套薪酬奖励措施。这意味着员工每完成一小部分工作任务，都可以得到一定的薪酬奖励。在这种情况下，员工的积极性自然会提高。

可能有人会说，这样做会增加公司的薪酬支出，轻则让公司的盈利减少，重则会给公司带来经济压力。其实，合理的薪酬结构带来的影响会与之恰恰相反。因为员工工作积极性提高，也就意味着工作效率提高。这样，公司在相同的时间内可以完成更多的业务目标。因此，从总体来看，公司的盈利不但没有减少，反而会成倍地增加。

10.4 货币化奖励

2016年10月,新闻报道了一则消息,湖北省有一位市民黄先生拿出了积攒了大半辈子的积蓄,买了一辆自己心仪已久的汽车,价值50万元。一个月后,黄先生开着自己的爱车来到4S店进行保养。没想到,4S店的工作人员告诉黄先生这辆车是泡水车,而非新车。黄先生听了后,感到非常气愤,于是将卖给他车的那家4S店告上了法庭。

不仅如此,新闻还频频爆出汽修店故意为车主更换没必要更换的零件,其目的就是赚取更多的钱。因为很多汽修店规定,汽修工人的工资与所接待的客户数量,以及所换下的零件数量挂钩。在这种情况下,汽修工人为了得到更多的工资,于是,便有了为车主更换不必要的零件的做法。

现实生活中类似这样的新闻有很多,而它们都有一个共同点,那就是背后与货币化奖励直接相连。黄先生之所以会买到泡水车,是因为4S店给汽车销售员制定了货币化奖励。因为汽车销售员的基本工资是非常低的,他们的工资主要依靠汽车销售提成。所以,在利益的驱使下,即使是泡水车,他们也会极力卖给客户。

货币化奖励是直接用金钱来奖励员工,所以员工就难免会为了金钱利益而做出一些有违道德规范的事情。显然,这就是货币化奖励所带来的负面作用的体现。

除此之外,货币化奖励也只能在短时间内起到作用。也就是说,员工会因为货币化奖励的诱惑,在短时间内工作热情高涨、积极性大增。一旦拿到了奖励,这种工作热情、积极性都会消失不见。所以,这种激励方式于公司的长远发展并无实质性益处。虽然货币化奖励能在一定程度上起到正面作用,但从总体来看,它的弊端大于利处。

10.5 涨薪幅度设置

孙筱筱本是上海一家外企的资深HR。在别人看来,这份工作既轻松,工资又高。但是,孙筱筱却辞职了。当她把辞职的消息告诉亲朋好友后,大家都感到很不解,她的家人更是替她惋惜。

孙筱筱为什么会选择辞职呢？虽然她的工资水平在外人看来挺高，而且同行业的工资都是这样的水平，但是其他公司一年至少有两次涨薪的机会，而孙筱筱来这家公司已经三年了，期间就涨过一次薪水，而且是小幅度的，比起其他公司，这简直就是九牛一毛。所以，孙筱筱选择从这家外企公司辞职。

事实上，物价水平是处于不断上涨的状态中的。如果员工的工资没有上涨，那么与物价水平相比，也就意味着员工的工资下降了。而员工的工资下降，随之会导致其生活质量下降。在这种情况下，员工自然会选择另谋出路。

对于公司来说，员工的流动性过大，这并不是一件好事。为了留住员工，也为了稳定公司的人员结构，公司在设置薪酬结构的时候，需要将阶段性涨薪的问题考虑进去。那么，阶段性涨薪该如何涨呢？上涨的幅度应设定为多少才算合适呢？

公司薪酬的指导线由三部分组成，分别是基准线、上线（也叫预警线）、下线。而与之相对应的就是，政府对公司工资增长的一般、最高、最低幅度的指导意见。换句话说，公司的涨薪幅度在这三条线的范围内都是合理、合法的。当然，公司涨薪幅度的设定，还应考虑到公司的实际运营状况。

阶段性涨薪是针对公司全体员工而言的。但是，这并不意味着所有员工的薪酬上涨幅度必须保持一致。众所周知，绝对平均化随之带来的结果就是平庸化。如果公司实行无差别化涨薪，只会让富有激情的员工变得越来越懒散，让本来积极性不高的员工，完全丧失积极性。所以，即使是阶段性涨薪，也应该设置一套涨薪标准，用以激励员工，让涨薪变得有意义。

"多劳多得、优劳优得、效益优先、兼顾公平"，这是正确的涨薪原则。因此，在设定涨薪幅度时，可以结合考核制度来进行。考核结果较好的员工，其薪酬上涨的幅度也应相应地提高。但最好不要高于最高标准，除非公司的财力十分雄厚，能够承受得了高标准的涨薪幅度。当然，即使对于考核结果不太好的员工，其涨薪幅度也不能低于最低标准。

10.6　如何对待特殊人才

2015年3月18日，雅虎高级副总裁在内部正式宣布关闭雅虎北京全球研发中心。此消息被传出后，雅虎研究中心的大门口便出现了大量的招聘摊点。据记者粗略估计，大概有500多家公司出现在了这次"招聘会"中。当时的火爆局面，绝对不亚于任何一场大型的现场招聘会。

这个事例就足以说明人才对于公司发展的重要性，以及公司对于人才的重视程度。目前，不管是我国的本土公司，还是大型跨国公司，都在努力争夺人才。波士顿咨询公司曾做过一次对人力资源专业人士的调查，其结果显示，人才管理已经被视为在华运营的首要任务。

的确，如今已经是信息化、数字化、科技化的时代。对于传统的用劳动力解决的工作，现在都有了相应的机器设备应对。换句话说，现在对普通劳动力的需求越来越小，对高素质人才的需求越来越大。现代企业之间的竞争，已经转化为软实力的竞争，也就是人才的竞争。

既然人才对于公司有着如此重要的作用，那么当公司招聘到特殊人才时，应如何对待呢？答案就是，特殊人才要特殊对待。具体来说，留住特殊人才有 4 种方法，具体内容如图 10-6 所示。

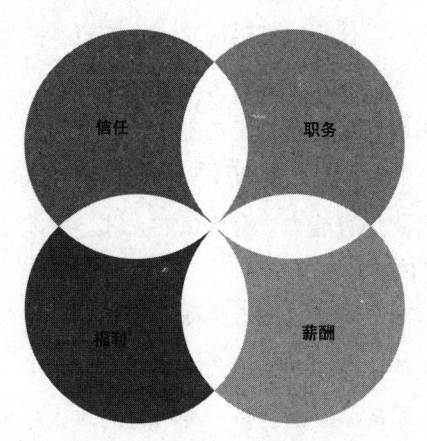

图 10-6　留住特殊人才的 4 种方法

1. 信任

刘健是一位金融专业的博士，同时也是一位海归人士。在国外留学期间，他就开始帮一些公司做融资、收购工作。所以，在金融行业，刘健已经积累了一定的名气。刚回国不久，就有猎头公司联系他。刘健从猎头公司推荐的金融公司中选择了一家规模较大的公司，当他第一天去公司报到的时候，公司的总经理亲自接待了他，并给他安排了办公室。刘健觉得这是一个好的开始，并在心里默默地告诉自己，要好好干。

但是，让刘健没有想到的是，在之后的工作中，总经理却处处表现出对刘健工作的不信任。一天，刘健向总经理提交了一份收购方案。总经理还未仔细查看,就对刘健说,关于这份方案,我还得召集其他同事开会讨论才能做出通过与否的决定。除此之外,虽然公司给刘健的职位很高,但实际上没有实权。刘健做出的决定,最终还是要经过总经理的同意才能生效。尽管这家公司给出了优渥的待遇,但刘健最终还是选择了辞职。

信任是人与人之间进行交往的润滑剂。一旦缺乏信任,人与人之间的交往必定会出现各种各样的问题。由于公司的管理运作最终都要靠人来实现,尤其是要依靠特殊人才的力量,所以,在这个过程中需要彼此之间的信任。否则,即使招聘到了特殊人才,也难以将其留下来。

2. 职务

如今,华为俨然已经成为一个闻名中外的手机品牌。但是,早在20多年前,华为只是一家员工数不足20人的小公司。那么,华为是如何发展到今天这样一个规模的呢?答案就是人才战略的实施。华为公司CEO任正非是一位非常重视人才的领导,在很早之前,任正非就提出了"人力资本的增长要大于财务资本的增长"的观点。

《华为基本法》明确规定,人力资本是华为公司价值创造的主要因素,是华为公司持续发展和成长的源泉。为了吸引和留住高素质人才,华为建立了一个规模巨大的研发中心。只要是有能力、有抱负的人才,就能在华为的研发中心找到自己的位置,实现自己的价值。

对于不少求职者来说,尤其是具有特殊才能的人,他们对工作的要求不仅仅局限于工作性质,还包括工作职务。因为在这些人的眼中,职务也是证明其价值的一部分内容。可见,职务激励法也是一种可行的人才激励方法。从另一个角度来说,特殊人才的特殊之处,也正是可以发挥其管理作用的地方。

3. 薪酬

薪酬关乎每一个员工的切身利益,所以薪酬激励法也是最基本的人才激励方法。对于同样的职位,同样的工作内容,员工肯定会选择薪酬高的公司。因为这对于员工来说,是最直接、最实在的东西。所以,公司要想吸引高素质人才,留住特殊人才,那么应该在财务承受范围内,尽可能开出较高的薪酬,因为高薪是最容易吸引人的条件了。

4. 福利

2016年11月11日,这一天不仅是电商界的狂欢日,也是腾讯公司"18岁的生日"。当天,腾讯公司CEO马化腾表示,为了感谢员工的努力和付出,特意为员工准备了一份特殊的"感恩礼包"：向每个员工授予 300 股腾讯公司股票。除此之外，腾讯公司当天还为在职员工、离职员工、外包人员，以及公司服务人员准备了总金额约 3000 万元的现金红包。

腾讯公司的这一做法就属于典型的优厚福利待遇。相信腾讯公司的员工大都会被如此丰厚的福利"砸晕"，甘愿为腾讯公司奉献青春与汗水。那么，腾讯公司在今后的发展过程中，还会担心吸引不到人才吗？还会担心留不住人才吗？在员工的眼中，福利与薪酬是不同的，薪酬是自己应得的劳动报酬，而福利则是公司人文关怀的体现。

当然，面对不同的情况，可能还会有其他具体的对待特殊人才的方法。以上提到的 4 种方法具有普适性，公司运营者若在实际运营过程中发现了更好、更合适的方法，同样也可以加以利用。

10.7　薪酬争议处理

很多公司运营者都有这样的烦恼，虽然想用高薪留人，但奈何公司的财力资源不够雄厚；虽然想对所有的员工一视同仁，让他们都能拿到较高的工资，从而提高他们的工作积极性，但奈何公司的资源有限，无法做到公平分配。

面对这些情况，该如何解决呢？实际上，通过调整薪酬结构，重新制定薪酬分配原则，就可以有效地解决这一问题。虽然资源是有限的，但分配方法是灵活的。因此，公司管理者可以根据实际情况重新制定分配原则，从而尽可能保证资源能被公平分配。

事实上，公平分配不等于平均分配，而且绝对平均的分配方式，反而不利于调动员工的工作积极性。因此，要想做到公平分配，应该从以下 4 个要素着手，如图 10-7 所示。除此之外，还可以考虑以奖金补贴的方式来弥补分配中存在的问题。

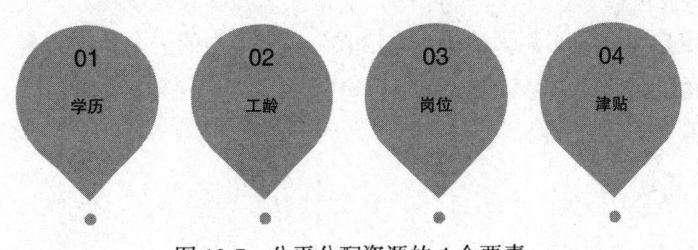

01 学历　　02 工龄　　03 岗位　　04 津贴

图 10-7　公平分配资源的 4 个要素

1. 学历

公司招聘员工的目的是帮助公司解决各种各样的问题，完成各种各样的任务。而这些具体的工作或任务是有区别的，既有体力劳动，也有脑力劳动。体力劳动所要求的学历较低，脑力劳动则对学历有较高的要求。而且，脑力劳动往往需要耗费劳动者较多的精力和时间。因此，脑力劳动者所获得的劳动报酬也较多。一般来说，学历高的员工的工资水平应高于学历低的员工的工资水平。

2. 工龄

对于同等学力者，为他们支付工资报酬的时候，则根据他们的工龄来支付。因为工龄越长的员工，对公司的各项业务也就越熟悉，为公司创造的价值也就越大。因此，他们理应获得更高的薪酬待遇。如果忽略了这一点，规定同等学力者的工资报酬都一样，那么工龄长的员工可能就会出现工作懈怠的情况。适当地拉开员工之间的薪酬差距，反而有利于调动员工的工作积极性。况且，这种差距的设置是非常合理的。

3. 岗位

一个公司中会同时存在多种类型的岗位，具体可以分为管理岗、技术岗、生产岗、普通岗。这些不同的岗位所要求的劳动强度、劳动技能、劳动责任都是不同的。所以，这也可以作为一个薪酬分配的标准。在工作中付出了更多的劳动、技能、责任，自然就应该获得更多的报酬。否则，即使有能力的员工，也不会愿意展现他们的能力。

4. 津贴

津贴作为一种补充形式，既能体现公司对员工的关怀，也能弥补薪酬分配中存在的不足。事实上，前面所提到的工龄越长的员工，为公司所做的贡献越大，这是针对普遍情况而言的，不排除其中存在例外的情况。因此，遇到这种情况的时候，公司可以以津贴的形式来弥补薪酬分配中存在的不足，从而起到激励员工的作用。

总而言之，合理的薪酬结构也是增强公司竞争力的一个关键因素。公司在制定薪酬结构的时候，应尽量做到公平分配。

第 11 章 人员招聘：招聘渠道与面试

公司的各项事务需要人来管理，公司的各项工作也需要人来完成。那么这些人从何而来呢？答案就是招聘。从招聘的方式来看，可以分为网络招聘、校园招聘。众所周知，优秀的人才完成工作的效率会更高。因此，优秀的人才也是各大公司、企业争夺的对象。这也就意味着招聘者在招聘的过程中要优中选优。

11.1 网络招聘

信息技术的发展，为招聘工作提供了极大的便利。如今，越来越多的求职者通过互联网来找工作。与此同时，也有越来越多的公司开辟了网络招聘途径。有人曾做过一项调查，他们向 7000 名求职者发出了关于招聘信息获得渠道的问卷，统计结果显示，这 7000 名受试者中有 53.7% 是通过网络渠道获取招聘信息的。

事实上，不论是公司，还是求职者，网络招聘都算是一种效率高、费用低的招聘或求职方式。由于选择网络招聘的用户数越来越多，所以，网络招聘平台也不断涌现。目前，较为常见的招聘网站有 6 个，具体如图 11-1 所示。

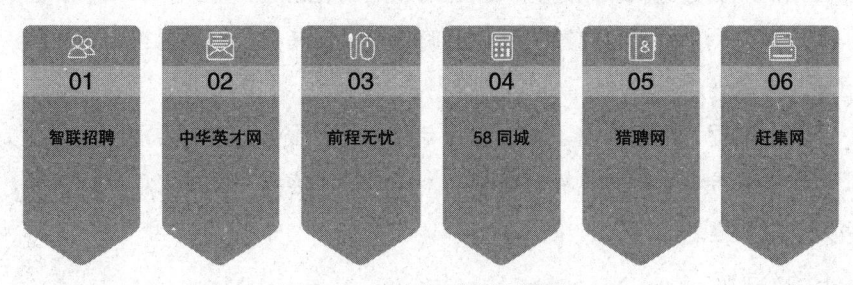

01	02	03	04	05	06
智联招聘	中华英才网	前程无忧	58同城	猎聘网	赶集网

图 11-1　6 个常见的招聘网站

1. 智联招聘

智联招聘是目前使用人数最多的招聘网站，这与它的权威性是分不开的。作为全国性的权威人才网站，它是由政府颁发许可证的专业招聘、求职服务机构。对于公司来说，智联招聘的优势在于，它是目前简历库最大的招聘网站，而且智联招聘上的求职者多为中高端人才。这正是大多数大中型公司所需要的人才。

由于智联招聘的功能较为齐全，服务质量比较高，所以，智联招聘的收费标准相对较高。根据招聘的范围不同，其收费标准也不一样。不过，费用越高，意味着公司能接收到的简历越多，所享受的增值服务也就越多。如果招聘范围是全国性的，那么费用也会相应地增加。

2．中华英才网

我国最早的招聘网站就是中华英才网。如今，总部位于北京的中华英才网，已经在全国范围内建立了22家分公司。它主要的产品与服务有网络招聘、校园招聘、英才招聘宝、英才SSS、猎头服务等。另外，由1000多名专业的、高素质的人才组成的人力资源服务团队，更是为各大公司、企业的招聘工作起到了保驾护航的作用。

中华英才网不但成立时间较早，它还不断跟随时代发展的趋势而升级完善。升级后的中华英才网的最大特点就是获得了全球领先的Monster的技术支撑。在此基础之上，中华英才网推出了行为定向广告服务、全球职位发布、超级简历搜索等功能。可以说，这些功能的推出，为公司寻找和招聘高端人才提供了极大的方便。

3．前程无忧

前程无忧是目前中国极具影响力的网络招聘平台之一，它不仅是一个专业的招聘网站，而且还集聚了国内众多的媒介资源。如今，全国共有104个城市纳入了前程无忧的服务范围。它的有效注册用户数已经超过1亿人，日招聘职位数超过了400万个。前程无忧有着人性化的筛选方式，使公司在搜寻符合条件的人才时更快、更精确。

另外，前程无忧还推出了全方位的专业化培训服务。这对公司迅速提高员工的职业水平和综合素质，是极为有利的。所以，考虑到后续员工培训的问题，公司可以选择前程无忧。

4．58同城

58同城是一个覆盖全领域的生活服务平台，招聘服务是其中的一项功能。58同城在全国建立了30家分公司，覆盖了全国400多个城市。它的主要产品有招才猫直聘、58车商通、微站通、58帮帮、58同城品牌公寓馆、先行赔付服务。其中，招才猫直聘是一款针对小微商家以及需要招聘的个人提供的商业招聘App，它能解决销售、客服、服务员等热门职位快速招人的问题。

5. 猎聘网

猎聘网是一个全面颠覆传统网络招聘的招聘平台，也是国内唯一一个真正实现公司、猎头和职业经理人三方互动的职业发展平台。截至2018年上半年，猎聘网个人用户数达到4320万个，验证公司用户数也从截至2017年12月31日的24.86万个，增加到截至2018年6月30日的30多万个，发布职位数由2017年6月30日的140万个增加至2018年6月30日的240万个。

以北京、深圳、上海为首的10多个核心城市，都是猎聘网的业务覆盖区域。对于寻找高素质人才的公司来说，猎聘网是一个十分值得选择的平台。

6. 赶集网

赶集网是一个专业的分类信息网，它的服务范围包括房屋租售、二手物品买卖、招聘求职、车辆买卖、宠物票务、教育培训等，覆盖了人们日常生活的各个领域。

各种网络招聘平台都有自己的优势，公司管理者可以根据自己所要招聘的人才类型，来选择具体的网络招聘平台。

11.2 校园招聘

除了网络招聘，校园招聘是第二种能在短时间内招聘到大量优秀人才的招聘方式。狭义的校园招聘，是指公司在各高校内组织的招聘会。而广义的校园招聘，则是指公司通过各种方式招聘应届毕业生的招聘形式。我们在此所说的校园招聘，主要是针对狭义的校园招聘而言的。

众所周知，校园是人才荟萃的地方。因此，通过校园招聘，公司往往能较容易招聘到各类所需要的人才。当然，对于公司来说，要组织一场校园招聘会，也并非一件容易的事情，所以，前提是要熟悉校园招聘的流程。那么，这种狭义的校园招聘工作该如何进行呢？一般来说，校园招聘有4个步骤，如图11-2所示。

```
┌──────────┐
│确定公司所需│
│要的人才类型│
│和岗位数量 │
└────┬─────┘
     ↓
  ┌──────┐
  │联系高校│
  └───┬──┘
      ↓
    ┌────────┐    ┌──────────┐
    │布置招聘会│ → │宣传活动、宣│
    │  现场  │    │  讲会    │
    └────────┘    └──────────┘
```

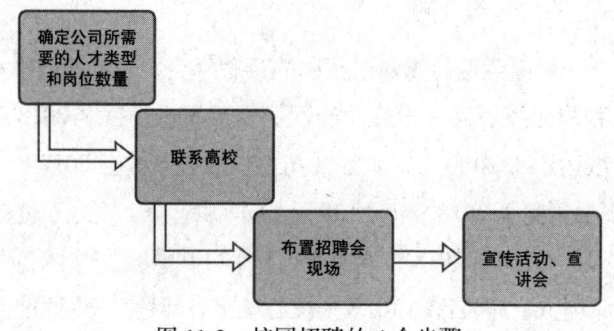

图 11-2　校园招聘的 4 个步骤

1．确定公司所需要的人才类型和岗位数量

每个公司所属的行业类型不一样，所处的发展阶段不一样，规模不一样，所以，公司所需要的人才类型、空缺岗位数量也是不一样的。因此，不论是哪一家公司要开展校园招聘活动，都要先对自身进行明确的定位，包括公司所需要的人才类型，以及岗位数量。明确这些前提条件后，在招聘的过程中，也就更有针对性，免遭无关因素的干扰。

例如，文案公司需要的是文案策划员。这时，即使给文案公司送来技术顶尖的软件工程师，它也不会满意，因为软件工程师不会做文案策划。但如果公司不做招聘前的准备，没有确定好所要招聘的人才类型，就真有可能为文案公司招来软件工程师。

另外，公司在举行校园招聘活动之前，还需要确定好所要招聘的岗位数量。如果公司本来只需要 10 名员工，结果却招来了 15 名员工，这显然会给公司的财务带来负担。

其实，不论是确定人才的类型，还是确定岗位数量，这都属于前期准备工作。而且从公司的角度来考虑，这些准备工作是开展校园招聘活动的必不可少的前提。

2．联系高校

校园招聘虽然是由公司发起的，但所面对的对象是即将毕业的在校学生，地点也是在校园内。而校园是一个相对封闭的地方，因此，公司要进行校园招聘活动，还需要提前联系校方，取得校方的同意和支持。一般情况下，只要是正规的公司，按照正常的流程联系校方，都能获得允许，毕竟就业率也是衡量一所高校办学质量的标准之一。

另外，大多数高校都有专门开展大型活动的场所。公司与校方取得联系后，或许还能免费获得校方提供的校园招聘会场所。相反，如果公司事先没有与校方取得联系，那么很有可能在招聘会进行的过程中，遭到校方的反对。因为校方要保证每一位在校学生的安全，所以对于没有备案的活动，校方都会极力干预的。

3．布置招聘会现场

公司征得校方的同意后，就可以开始着手招聘会的现场布置工作了。如果校方提供了专门的活动场所，就更好办了。基本上只需要在活动场所内张贴公司的宣传横幅、宣传海报、岗位介绍等。但是，如果校方没有提供活动场所，公司还需要在校园内寻找一处合适的活动场所。因为毕业季在夏天，天气比较炎热，所以，即使将活动场所选在室外，影响也不会太大。但如果招聘活动在冬季开展，那么最好选在室内。

4．宣传活动、宣讲会

为了让更多的学生知道有关招聘会的消息，也为了吸引更多学生参加招聘会，所以，在招聘会正式开始之前，公司需要进行一系列的宣传活动。比如，通过校园广播、在校园官方网站上发布消息、在校园的显眼位置张贴海报、悬挂横幅、发放宣传单等。总之，只要是能向学生传递信息的渠道，都可以用上。

宣讲会是招聘活动正式开始之前的预热环节。宣讲内容包括公司的介绍、公司未来的发展规划、公司对人才的需求等方面。设置这一环节的目的是让求职者更深入地了解公司，为进入公司工作做准备。另外，也是为了调动整场招聘会的气氛。基于这样的目的，最好选择对公司了解深刻，有深厚感情，且发言流畅的人作为宣讲者。否则，学生们可能会因为宣讲会的质量不佳，而对公司产生不好的印象。

公司也可以联合高校就业指导中心一起举办校园招聘会。基本上每一所高校都设有自己的就业指导中心，旨在帮助学生解决在就业过程中遇到的各种问题。因此，这一机构在学生们心中也比较权威。当公司与高校的这一机构联合开展校园招聘时，自然会得到更多学生的关注和参与，那么招聘活动的质量也就可想而知了。

11.3 初试、复试流程

招聘不是简简单单地为公司招来几名员工即可，而是要针对公司的发展战略，为公司寻找能促进公司朝着更好方向发展的人才。基于这个目的，不论是选择哪种招聘途径，都应该有严格的招聘流程。目前，较为常见的招聘流程就是初试、复试两个流程。

初试和复试都可以包括笔试和面试两个环节。一般情况下，初试是以笔试为主，面试为辅；而复试则是以笔试为辅，面试为主。所谓笔试，就是让应聘者书面答题，而题目就是与应聘者的应聘岗位相关的知识。所谓面试，就是公司负责人面对面地与应聘者接触，通过提问的方式了解应聘者对该公司、该岗位的看法和态度。

通过笔试，一般就能看出应聘者的基本功底。通常情况下，笔试不合格者，也就可以直接淘汰了。如果应聘者通过了笔试，这也只能说明应聘者的基本功底扎实，但是有关应聘者的性格、人品、对待这份工作的态度，还需要通过面试去了解。如果应聘者在面试中表现出对工作岗位十分满意的态度，就可以安排复试了。

复试同样可以分为笔试和面试两大环节。但是，招聘负责人在复试中应该以面试为主。因为对应聘者的专业技能，招聘负责人在初试中已经有了大致的了解，应聘者的专业技能还可以在以后的工作实践中不断提升。基于这种情况，其实有很多公司在复试环节已经取消了笔试。

因为复试是最终决定是否录用应聘者的环节，所以，招聘负责人应该尽量深入地了解应聘者，比如，应聘者离开之前供职的公司的原因，选择这家公司应聘的原因，对自己职业生涯的规划，对自我的认识，对所应聘岗位的认识，对公司的认识等。根据应聘者对这些问题的回答，基本就能判断出应聘者的综合素质情况。如果应聘者的综合素质较高，则可以做出最终的录用决定；反之，公司负责人继续面试下一位应聘者即可。

有时候，公司负责人的事务较为繁忙，没有时间亲自面试应聘者。在这种情况下，招聘负责人应该制作一份面试登记表。不管是谁对应聘者进行面试，只需要将面试情况填写在面试登记表中，公司负责人有时间就能查看了。面试登记表模板，如表 11-1 所示。

表 11-1　面试登记表模板

员工面试登记表			
姓名		性别	
年龄		笔试成绩	
毕业学校		专业	
评分要素	参考标准		得分
举止仪表（4分）	仪表端正，装扮得体，举止有度		
专业技能（6）	专业符合工作要求，有工作经验，有特殊技能		

续表

对职位的渴望（6分）		对本公司做过初步了解；面试经过精心准备；面试态度认真；薪酬待遇要求理性	
综合能力(25分)	自我认知（4分）	能准确判断自己的优、劣势，并针对劣势提出弥补措施	
	沟通表达（6分）	能准确理解他人意思；有积极主动沟通的意识和技巧；用词恰当，表达流畅，有说服力	
	分析能力（5分）	思路清晰，富有条理；分析问题全面、透彻、客观	
	应变能力（4分）	反应敏捷；情绪稳定；考虑问题周到	
	执行力（6分）	能服从领导的工作安排，全力以赴地完成工作任务	
综合素质(35分)	可塑性（6分）	有较强的学习能力；能理性地接受他人的观点；对他人无成见	
	情绪稳定性(5分)	在特殊情况下（如较大的压力、被冤枉、被指责）能保持情绪稳定，无极端言行	
	求职动机（3分）	需要生存，自我提高，自我实现，职业规划	
	主动性（7分）	找借口还是找方法；工作方法是否灵活多样	
	服从性（7分）	能服从自己不认可的领导；能服从并接受自认为不合理的处罚；能接受工作职责外的任务	
	团队意识（7分）	过去自认为骄傲的经历中有团队合作事项；能为团队做出超越期望值的付出	
职位匹配(24分)	经历（4分）	是否经常换工作，平均每份工作的时间最少应超过一年	
	性格（5分）	自信、积极乐观、心态成熟、性格与岗位要求相匹配	
	专业背景（4分）	所学是否为相关专业；有无相关工作经验	
	认识职位（5分）	了解工作内容和工作方式，能预见并接受可能遇到的困难	
	认同公司（6分）	对以前公司和老板的态度；是否认同行业和公司未来的前景；是否认同公司的文化和管理方法	
总分			
负责面试人员签名		日期	
老板复试情况			
工作能力			
工作业绩			
待遇协商			
有无特长			
综合评价			
是否录用			
老板签名		日期	
备注			

有了面试登记表，在面试期间，不管老板是否有时间、是否在场，都能有效地操控招聘最重要的环节，确保为公司招聘到符合要求的高素质人才。当然，不论是初试还是复试，时间都应该控制在30分钟以内。否则，拖拖拉拉既会影响公司的面试效率，也会影响招聘人员对应聘者的判断。

11.4 筛选面试者

李朝辉入职第一天，便早早地来到公司，目的就是想给公司负责人以及部门经理留下一个好印象。办理完入职手续后，人事部的一名同事送他到他应聘的部门，并将他介绍给了部门经理。部门经理热情地接待了他，并将他介绍给了所有的同事。李朝辉觉得一切都那么顺利，心想这是一个好的开始。

安排好办公座位后，部门经理开始给李朝辉分配任务。这是一家互联网公司，主要业务是开发体育类 App。鉴于李朝辉是新来的员工，部门经理给李朝辉安排了一项相对轻松的工作——调试其他同事开发出来的 App。

不过，3 天已经过去了，李朝辉还没有完成任务。这项任务对于专业技术人员来说，只需要 1 天就能完成，而李朝辉 3 天还没有完成，部门经理开始怀疑李朝辉的工作能力。最后，由于李朝辉不能胜任岗位要求，他还没过试用期就被公司辞退了。

显然，负责面试的工作人员在面试李朝辉的时候，并没有很好地了解李朝辉的工作能力，以至于为公司招聘到了一个不合格的员工。

从上一节的内容中我们可以知道，初试和复试都可以包括笔试、面试环节，通过这些环节可以大致了解应聘者的工作能力。那么，在面试过程中，具体应该如何了解应聘者的工作能力呢？要回答这一问题，还是要先明确公司需要应聘者具备哪些能力。

事实上，对于不同行业的公司，对应聘者的能力要求也是不一样的。例如，销售类公司需要口才较好、心理素质过硬的应聘者；软件开发类公司需要计算机专业，并且动手能力较强的应聘者；而广告策划类公司则需要美术功底较强，创意较丰富的应聘者；教育类公司则需要有爱心、有耐心的应聘者……

所以，要想了解应聘者的工作能力，招聘负责人首先对公司所招聘的岗位要有一个清醒的认识。然后，根据公司的行业属性以及所招聘岗位的具体要求，列出一份详细的能力要求清单。最后，根据这份清单的内容，设计与之相匹配的问题。

以广告策划类公司为例，假如有一个广告策划公司需要招聘一名广告创意策划人员。那么，通过分析这个岗位的特点，就可以列出该岗位需要的技能应包括美术功底、PS 技术、平面设计技术、创新能力、学习能力、沟通能力、应急应变能力等。

然后，应聘者就可以根据这些技能要求提出面试问题了，具体内容如下：

（1）你所学的专业是什么？毕业于哪一所学校？有无代表作品？

（2）你看这幅图是否经过PS处理？如果没有，应该如何进行PS处理？

（3）你看这幅设计图的色彩搭配是否合理？如果不合理，应该怎样修改？

（4）如果让你为加多宝设计一则广告，你有什么想法？

（5）你所了解的广告策划行业内的最新消息或最新技能是什么？

（6）假设有一位同事临时有事，公司将他的工作转交给你，你会如何与他对接？

（7）你为客户设计的广告方案马上就到提交阶段了，但客户临时提出修改意见。遇到这种情况，你会如何处理？

通过向应聘者提出以上极具针对性的问题，就可以对应聘者的工作能力有大致的了解。除此之外，负责面试的工作人员还可以留出一些时间让应聘者提问。通过应聘者的提问，招聘人员也能了解应聘者的性格及工作能力。因为从心理学的角度来看，应聘者所提出的问题，一定是他们最为关心的问题。而应聘者所关心的内容，也能反映出应聘者的思维特点以及对公司的态度等方面的内容。

11.5 关于求职者期望值过高的处理办法

招聘是一个双向选择的过程，看似是公司在挑选求职者，其实也是求职者在挑选公司。有些时候，即便是公司向求职者发出入职邀请，求职者也可能会因为对公司给出的薪酬、待遇等方面不满意而拒绝入职。

一般情况下，求职者在应聘时都会在简历中写出自己的期望薪资。有可能这个薪资要求低于公司的预算要求，也有可能这个薪资要求高于公司的预算要求。那么，面对这种薪资差异，公司又应该如何处理呢？

员工的薪资属于公司运营成本的一部分。从控制公司运营成本的角度来看，公司应该尽量将员工的薪资水平控制在预算范围之内。如果直接拒绝求职者的薪资要求，很有可能会引起求职者的反感，进而导致招聘工作受阻。所以，恰当地处理这个问题就显得十分必要了。

尤其是刚毕业的学生，由于他们缺乏对现实社会的认识和了解，因此他们提出的期望薪资往往比较高。作为公司的面试官，在面对这种情况时应该表示理解，而不是对对方进行嘲讽和打击。

第一步，对求职者的要求表示理解，有助于拉近面试官与求职者之间的距离，给求职者留下一个良好的印象，以便在之后的沟通过程中提出自己的意见。

当然，表示理解并不代表就要满足求职者的要求，这只是战略上的第一步。第二步就应该进入反攻阶段。这时，面试官应该向求职者介绍公司的薪酬制度，包括公司的一些福利制度。可能这个薪资水平与求职者的期望值有一定的差距，为了让求职者能够接受，面试官可以说，这是按照法定的工资标准以及目前当地的消费水平制定的，以便让求职者认识到现实情况，而不是一直沉浸在自己的想象中。

第三步，面试官应该对加薪和福利问题做出承诺。大多数公司都设有加薪制度和福利制度，然而在实际执行中却存在较大的差异。为了让求职者放心，也为了取得求职者的信任，公司方面应对此做出承诺，确保制度能如约履行。

一般情况下，按照以上步骤，是能够处理小幅度薪资差异问题的。如果求职者的期望薪资远远高于公司预算，只能说明两者之间的匹配度太低，这样的求职者是留不下来的。

11.6　签订《入职协议书》

通常情况下，公司招聘到员工后，都会有一个试用期，时间为 3～6 个月不等。在试用期内，员工可以对公司的情况进行考察和熟悉，公司也可以对员工的实际工作能力进行考察。最终，双方再做一个是否选择彼此的决定。所以，员工在试用期内，公司一般不会与员工签订劳动合同。

虽然没有签订劳动合同，但是为了让公司有约束员工的有力工具，同时让员工的合法权益得到有效的保障，便有了《入职协议书》。员工在入职之后，除了要办理正常的入职手续，还需要签订一份《入职协议书》。

在员工正式转正之前，《入职协议书》就相当于《劳动合同》，能够起到同等的法律效力。可以说，这是一份能同时维护劳动者与公司双方权益的、具有法律效力的协议。入职协议书模板，如表 11-2 所示。

表 11-2　入职协议书模板

入职协议书

甲方：_____　　地址：_____

乙方：_____　　地址：_____　身份证号：_____

为规范公司管理，确保劳动合同和管理程序运作实施，经双方平等协商，订立如下条款，由双方共同遵守。

一、甲方聘任乙方为_____部_____。

二、试用期为_____年，自_____年___月___日开始，至_____年___月___日结束，试用期的薪资为_____元。转正后，基本薪资为_____元，其他补贴_____元，共计_____元／月。

三、甲方视乙方的工作情况，酌情延长或缩短乙方的试用期（最长不超过3个月）。如乙方在试用期内表现突出，考核成绩达标，甲方将以书面形式通知乙方转正，并签订相应的劳动合同。考核不合格者，将结束试用，不予转正。

四、甲方每月10日以货币的形式向乙方支付上月（自然月）工资（如发薪日恰逢周末或假日，则顺势延长或提前发放）。

五、此协议书是员工试用期间务必遵守的协议承诺保证。

六、新员工必须保证向公司提交的所有证件材料均真实有效，否则公司可随时解除劳动关系，并追究相关的经济法律责任。

七、自进入公司工作之日起，乙方必须严格遵守甲方的各项规章制度，并根据甲方的工作安排，认真履行职责，保守甲方的商业秘密，自觉维护甲方的合法利益。

八、乙方在任职期间，如违反了公司的规定或制度，公司有权根据制度做出相应的处罚。

九、在职期间，若乙方由于自身原因提出解除本协议，须提前7天以书面形式通知甲方，以便商洽、办理工作交接及薪资发放等事宜。交接手续办理完毕后方可正式离职，否则，将依照公司有关规定做出相应处理。

十、员工享有入职培训的权利，并依法享有国家法定节假日休息的权利，如遇特殊情况，依照公司相关考勤制度配合公司完成调休工作。

十一、未尽事宜经甲乙双方协商可修改、补充。本协议双方签字即生效。协议一式两份，甲乙双方各持一份，具有同等法律效力。

甲方（签章）：_____　　　乙方：_____

_____年___月___日

与员工签订《入职协议书》之前，公司负责人应先告知员工签订这份协议的目的，并让员工仔细阅读这份协议。如果员工提出了异议，应向员工解释清楚，而不是在员工不知情的情况下，强迫员工签订《入职协议书》。

11.7　劳动合同模板

如果员工在试用期内表现良好，能够胜任各项工作，并且对公司的各项规章制度和管理方式没有异议。那么在试用期结束之后，就应该为员工办理转正手续，这也就意味着该员工将正式成为公司的一员，之后公司也就有义务保障员工的合法权益，这其中就包括与员工签订正式的《劳动合同》。

在现代的公司管理制度中，正式的《劳动合同》有三个方面的作用：第一，它可以强化用人单位和劳动者双方的守法意识；第二，它可以有效地维护用人单位和劳动者双方的合法权益；第三，它有利于及时处理劳动争议，维护劳动者的合法权益。因此，不论是从公司的角度来看，还是从劳动者的角度来看，都非常有必要签订劳动合同。劳动合同模板，如表11-3所示。

表 11-3 劳动合同模板

劳动合同
编号：_____
甲方（用人单位）：_____
乙方（劳动者姓名）：_____　身份证号码：_____
联系电话：_____　　　　　联系地址：_____
根据《中华人民共和国劳动法》及有关法律、法规的规定，甲乙双方本着合法、公平、平等、协商一致的原则，自愿订立本劳动合同。
一、工作内容
第一条　乙方同意甲方根据工作任务的需要，安排从事_____（地点）_____（职务）工作，乙方同意甲方在客观情况发生变化的条件下，根据工作的需要调整或变更乙方的工作内容、工作地点。
二、合同期限
第二条　甲乙双方选择以下第____种形式确定本合同期限。
1. 固定期限为____年，合同从_____年____月____日起至_____年____月____日止，其中，约定的试用期为____月。
2. 无固定期限，合同从_____年____月____日起。
三、工作时间和作息休假
第三条　甲乙双方经协商确定乙方采用以下第____种工时制。
1. 实行标准工时制。本合同期间，乙方必须服从甲方正常的分配和安排。每天工作不超过8小时，每月工作不超过26天。
2. 甲方经劳动行政部门批准，乙方所在岗位实行不定时工作制。
3. 甲方经劳动行政部门批准，乙方所在岗位实行综合计时工作制。
第四条　甲方因生产（工作）需要，经与工会和乙方协商后可延长工作时间，除《中华人民共和国劳动法》第四十二条规定情形外，一般每日不得超过1小时，除因特殊原因最长每日不得超过3小时，每月不得超过36小时，超过部分甲方应给予乙方相应的调休补偿。
第五条　甲方在国家法定节假日期间依法安排乙方休假。
四、工资、福利待遇和社会保险

续表

第六条　甲方按《××市工资支付规定》和有关政策以货币的形式每月支付乙方工资。甲乙双方经协商确定乙方采用以下第_____种工资计算方式。

1. 月度包薪制。乙方试用期的标准工资为_____元/月；试用期满后的标准工资为_____元/月。

2. 非包薪制。为乙方试用期的标准工资为_____元/月；试用期满后的标准工资为_____元/月。另外因工作需要经甲乙双方同意加班安排的，甲方根据有关规定给予乙方相应的加班费（计算标准：平时加班为1.5倍，正常休息日加班为2倍，国家法定节假日加班为3倍）。

第七条　甲方于每月____日向乙方支付上月工资。甲方因故不能在上述时间支付工资的，可以顺延5日。

第八条　甲方在上述工资待遇之外，另行自愿给予乙方下述福利待遇（包含但不限于全勤奖、福利、补贴、特殊岗位津贴、加班补贴等）：_____。这些福利待遇不属于工资范畴，其实施和发放完全按照有关法律、法规和甲方的相关规章制度执行（详见薪酬制度、入职职位申请表、薪酬调整表、每月工资表及签收单）。

第九条　甲乙双方依法参加社会保险，按时缴纳各项社会保险费，其中依法应由乙方缴纳的部分，由甲方从乙方的工资报酬中代扣代缴纳。

五、劳动保护、劳动条件和职业危害防护

1. 甲方应严格执行国家和地方有关劳动保护的法律、法规和规章，依法为乙方提供必要的劳动条件，制定操作规程、工作规范和劳动卫生制度及其标准，保障乙方的安全和健康。

2. 甲方为乙方提供工作场所和工作所需的设备及工具，乙方应妥善维护和保管，丢失、损坏有关工具按使用年限折旧赔偿。

3. 对乙方从事接触职业病危害作业的，甲方应按国家有关规定组织上岗前和离岗时的职业健康检查，在合同期内应定期对乙方进行职业健康检查。

4. 乙方有权拒绝甲方的违章指挥，对甲方及其管理人员漠视乙方安全健康的行为，有权提出批评并向有关部门检举控告。

5. 乙方必须严格遵守安全操作规程，保证安全生产；若由于乙方原因造成的事故，乙方应承担相应的责任。

第十条　甲方有权对乙方的工作业绩以及遵守规章制度和劳动纪律的情况进行检查、督促、考核和奖励。乙方违纪造成甲方损失的，甲方有权要求赔偿，赔偿金可在乙方的工资中直接扣除。

六、劳动合同的变更

1. 任何一方要求变更本合同的有关内容，都应以书面形式通知对方。

2. 甲乙双方经协商一致，可以变更本合同，并办理变更本合同的手续。

七、劳动合同的解除

第十一条　有下列情形之一的，甲方可以随时解除劳动合同，并不支付经济补偿：

1. 乙方在试用期间内被证明不符合录用条件的；

2. 乙方违反甲方规章制度和劳动纪律，根据这些规章制度的规定可以解除劳动合同的，或者是虽然这些规章制度和劳动纪律没有明确规定，但性质严重的；

3. 在本合同期间内，乙方不得在其他单位兼职，不得在与甲方从事的行业相同或相近的企业及与甲方有竞争关系及其他利害关系的企业内工作。否则甲方可以立即终止合同，并不给予任何经

续表

济补偿。而且因此造成的损失，将由乙方承担责任；

4．法律、法规或规章制度规定的其他情形。

第十二条 有下列情形之一的，甲方可以解除劳动合同，但是应当提前30日以书面形式通知乙方：

1．甲方濒临破产进行法定整顿期间或生产经营状况发生严重困难，经劳动行政部门确认需要裁减人员的；

2．乙方患病或非因工负伤，医疗期满后，不能从事原工作，也不能从事由甲方另行安排的适当的工作的；

3．乙方不能胜任工作，经过培训或者调整工作岗位，仍不能胜任工作的；

4．本合同订立时所依据的客观情况发生重大变化，致使原劳动合同无法履行，经甲乙双方协商不能就变更劳动合同达成一致协议的。

第十三条 有下列情形之一的，甲方不得依据前条的规定解除劳动合同：

1．乙方患职业病或因工负伤并被确认丧失或者部分丧失劳动能力的；

2．乙方患病或因工负伤，在规定的医疗期内的；

3．乙方在怀孕期间、产假期间、哺乳期间的；

4．法律、法规规定的其他情形。

但乙方同时有第十一条所列情形之一的，不受本条限制。

第十四条 有下列情形之一的，乙方可以提前30日以书面形式（或试用期内提前3日）通知甲方解除劳动合同：

1．在试用期内的；

2．甲方未按照劳动合同约定支付劳动报酬或者提供必要的劳动条件的；

3．甲方以暴力、威胁或者非法限制人身自由的手段强迫劳动的；

4．法律、法规规定的其他情形。

第十五条 甲方依据本合同第十二条的约定和相关法律、法规的规定，解除劳动合同需要向乙方支付经济补偿金的，应按照规定的每工作一年计算一个月工资的标准支付。因法律、法规对于"一个月工资"的概念并不确定，经甲乙双方协商一致，确定为一个月的标准工资。

八、劳动合同的终止和中止

第十六条 有下列情形之一的，劳动合同自行终止，甲方可以不向乙方支付经济补偿金：

1．甲方因经营状况改变，企业停工、停产2个月以上的，或依法被宣告破产的；

2．甲方依法解散或依法被撤销；

3．乙方到法定退休年龄的；

4．乙方非因法定理由，不能正常履行工作职责达30日以上的；

5．乙方死亡；

6．法律、法规规定的其他情形。

第十七条 有下列情形之一的，经合同一方发出书面通知，可以中止合同：

1．本合同订立时所依据的客观情况发生重大变化，致使原劳动合同无法履行时，经乙双方协商同意终止劳动合同的；

2．乙方患病或非因工负伤，医疗期满后不能从事原工作，也不能从事甲方另行安排的适当的工作，而甲方又未解除劳动合同的；

续表

3. 非因乙方原因停工、停产1个月以上的；
4. 法律、法规规定的其他情形。

第十八条　甲方应在解除或终止／中止劳动合同时，出具解除或终止／中止劳动合同的证明，并在15日内为乙方办理档案和社会保险关系转移手续；乙方应当按照双方约定，办理工作交接；甲方依据有关规定应当向乙方支付经济补偿的，在办好工作交接后支付。

九、违反劳动合同的责任

第十九条　甲方的违约责任

1. 甲方克扣或者无故拖欠乙方工资的，以及拒不支付乙方加班工资的，除在规定时间内全额支付乙方工资报酬外，还应当加发相当于工资报酬25%的经济补偿金。
2. 甲方支付乙方的工资报酬低于市政府公布的当年最低工资标准的，要补足低于标准的部分。同时，按照国家和当地市政府的相关规定予以赔偿。

第二十条　乙方的违约责任

1. 在劳动合同有效期内，乙方不得违法或者违反本合同、保密协议以及其他相关协议的约定，不得违反甲方的规章制度。若乙方单方面解除劳动合同的，按合同约定支付违约金。
2. 解除劳动合同时，乙方未提前30日通知的，另向甲方支付相当于乙方一个月的工资的违约金。违约金不足以弥补甲方损失的，乙方应赔偿相应的损失。
3. 其他违约责任：合同期未满乙方离职或与甲方解除／终止劳动关系，乙方须经甲方书面同意，并结清甲方代垫的各类费用。而且，乙方需要办理完所有的交接手续方可离职。否则乙方须承担由此给甲方带来的直接及间接经济损失。甲方有权从未结算的工资中予以扣除。

十、乙方声明，乙方在签署合同时，已获悉甲方的管理制度并愿意遵守各项事宜。

十一、因履行本合同而发生争议的，依照国家规定处理。本合同未约定的事项，按国家规定执行。

十二、本合同一式两份，甲乙双方各执一份。约定事项违反国家规定，或涂改，或未经合法授权代签无效。

甲方（盖章）：_____　　乙方（签字）：_____
法定代表人（签字）：_____
签订日期：_____　　　　　签订日期：_____

第 12 章　培训考核：提升复制力，考核数据化

任何一家公司都希望所招聘的员工能高效、超额地完成工作任务。但实际上，任何一份工作都有其特点，新入职的员工不可能迅速掌握有效的工作方法。因此，公司需要为员工提供职前培训。大家千万不要认为对员工进行职前培训是在浪费时间，要知道，前期对员工进行有效的培训，能在后期极大地提高员工的工作效率；反之，新员工入职后公司为了节省前期的一小部分时间，可能会造成后期由于员工的工作效率无法提高，而浪费更多的时间。

当然，这里还不能排除有些浑水摸鱼的员工。那么，公司应该如何鉴别这类员工呢？答案就是对员工进行业绩考核。也就是说，公司对员工的管理、培训和考核一个都不能少。

12.1　知识性培训

员工培训是针对所有员工而言的。然而，在一个公司里，尤其是大型公司，员工的工龄、岗位、学历等方面存在着一定的差异。如果将这些存在差异的员工放到一起进行培训，显然培训效果不会很好。正确的做法应该是有层次、有针对性地对员工进行培训，具体流程如图 12-1 所示。

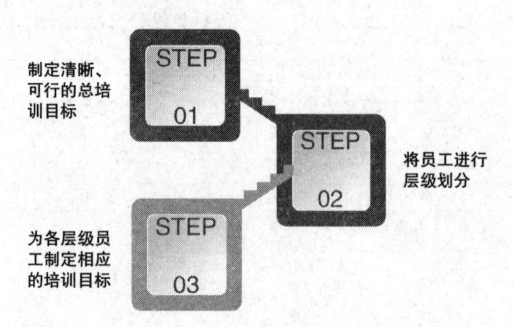

图 12-1　员工培训的具体流程

针对公司的高层管理人员，为他们制定的培训目标：拓展经营管理理念、强化管理能力。这些人管理的是整个公司的前途和方向，是公司的灵魂所在。因

此，为他们制定的培训目标也是最高级别的。

针对公司的中层管理人员，根据他们所处的岗位以及为公司发展所起的作用，为他们制定的培训目标：提高管理水平、执行能力，以及管理者自身的综合素质。

与高层管理人员相比，中层管理人员是公司的中坚力量，在公司的发展过程中起着中流砥柱的作用。毫无疑问，这也是公司运营和发展中的一股重要力量，是不可或缺的。

接下来，就是公司的技术人员，他们掌控着公司的核心竞争因素。因此，为他们制定的培训目标：增强研发能力、创造能力、创新能力。公司要想在一个领域内脱颖而出，它的技术是其发展的基础。只有掌握了先进的技术，才能占据行业内的领先地位。

最后，就是普通岗位的员工。虽然这些员工负责的具体工作比较普通，但这些工作都是不可或缺的。若缺乏这些普通岗位的员工的支持，其他岗位员工的工作甚至整个公司的业务都无法正常开展。

培训工作的有效开展，能起到很多作用。例如，改善员工的工作态度，提高员工的工作效率，增强公司的凝聚力等。而这些作用对于公司的发展都是极为有利的。

12.2　快速熟悉工作流程

对员工进行培训是为了让员工更快地融入工作环境，进入工作状态，更快地熟悉工作流程。那么，究竟该怎样做才能让员工快速熟悉工作流程呢？常见的方法有 5 种，具体如图 12-2 所示。

| 01 参观法 | 02 讲解法 | 03 演示法 | 04 师徒教授法 | 05 游戏法 |

图 12-2　让员工快速熟悉工作流程的 5 种方法

1. 参观法

参观法，是指相关负责人直接带领员工参观正在工作的员工的工作过程。这种方式比较适合对动手能力要求高的企业,即手工业、制造业等类型的企业。对于这类企业来说,带领员工直接参观,能让员工真正熟悉工作流程。否则,做再多的讲解也只能让员工对自己岗位的认识停留在理论层面上,其效果远不如这种参观培训的方式直观有效。

2. 讲解法

讲解法与参观法正好相反,它注重理论上的讲述,而不是实际操作。因为有很多工作虽然属于一个大类,但它们实际上有着自己的特点。而且,其中还有很多工作处于未开始状态,所以,根本无法将实际操作过程展示出来。例如,软件公司的 App 开发工作,由于每一个 App 的要求不同,因此,关于它的具体工作流程在工作任务未完成之前是不可能准确地知晓的,这时最好用讲解法向新员工讲述大致的工作流程。

当然,这个工作流程也只是理论上的,或者是公司通过总结其他大多数员工的工作过程和方法而得出的。可能这样的工作流程具有普适性,但是员工在实际操作的过程中,还需要根据自己的理解来完成这些工作流程。不过,公司使用讲解法让员工熟悉工作流程的时候,应该尽量选择经验丰富的老员工或者部门负责人来完成这项工作。

3. 演示法

演示法指的是部门负责人或有经验的老员工向新员工演示工作流程,从而让新员工熟悉工作流程的培训方法。演示法与参观法有相似之处,但两者之间又有区别。两者的相似之处在于,它们都属于较为直观的培训方法。两者的区别之处在于,前者主要靠新员工自行去学习、去记忆、去领悟具体的工作流程,而后者不仅可以让新员工看到具体的工作流程,而且演示者还会对流程中的细节和要点进行讲解与提示。

显然,演示法比参观法更为精准。因此,演示法更适合用于介绍较为复杂的工作流程。对于岗位要求较低,且操作过程较为简单的行业,利用参观法来培训新员工即可。但对于岗位要求较高,且操作过程较为复杂的行业,就需要借助演示法来培训新员工。当然,也可以将两种培训方式结合起来使用。

使用演示法时,一般要借助工具,或者直接用实物进行操作。例如,金融公司需要培训新员工接待客户的流程,那么可以借助 PPT 分别演示错误的做法和正确的做法。演示错误的做法的目的是不让员工也犯同样的错误。演示正确的做法的目的则是对员工进行直接正面的引导。总之,至于该选择哪种方式演示,还需要根据具体的工作性质或工作内容来决定。

4．师徒教授法

可能有些工作流程较为复杂，无法通过一次具体的参观、讲解、演示就能让员工掌握，而是需要进行长期的培训。但从公司的角度来看，如果长时间让员工进行带薪培训，显然不利于公司的发展。但如果对员工培训不到位，又会影响员工的工作效率，依然不利于公司的发展。

在这种情况下，最好的培训方式就是采用师徒教授法。公司从已有的老员工中选出一批技术精湛的人，让他们一人带 3～5 个新员工，教给新员工具体的工作流程。如果新员工的人数少，也可以为每一个新员工安排一位师傅，对新员工的具体工作进行一对一的指导。这样做既不会影响到公司的利益，也能保证新员工的培训质量。

这里需要注意的是，公司在使用师徒教授法时，一定要把控好挑选老员工这个工作环节。因为有些人可能技术水平一流，但却不擅长指导别人，很难把自己的工作流程和方法讲得清楚明白。因此，公司在挑选老员工的时候，技术水平是考察的一个方面，表达能力也是一个不可忽视的要点。不过，为了提高老员工带新员工的积极性，公司应该为老员工发放培训津贴。

5．游戏法

为了让培训氛围更加轻松愉快，也为了增强培训的效果，公司还可以考虑采用游戏培训法。游戏培训法的具体做法是将培训内容融入游戏中，通过游戏的形式呈现，让新员工在游戏过程中熟悉具体的工作流程。游戏培训法的优点在于，在培训员工的同时，还可以让新员工更深入地了解公司的企业文化，增强对公司的认同感。

关于以上提到的对新员工进行培训的方法，既可以单独使用，也可以综合利用。除此之外，还有一些其他的行之有效的培训方法没有提到，公司在选择培训方法时，还需要根据公司的实际业务情况来做决定。

12.3　淘汰机制

考核是一个公司对员工进行管理时必不可少的环节。公司以薪酬福利为前提招聘员工，其目的是推动公司的业务发展，保证公司的正常运营。那么，招聘来的员工是否能胜任工作呢？这就需要通过考核机制来鉴别。而对于考核不合格的员工，公司应该予以淘汰，这样才能保证整个公司的战斗力。本节主要讲述如何设立淘汰机制的问题。

这里涉及一个非常著名的效应叫作鲶鱼效应，其起源是，挪威人每次捕到沙丁鱼时，在运回来的过程中，都会出现大量沙丁鱼死亡的情况。有一次，一位渔民不小心在装满沙丁鱼的鱼缸中放入了一条鲶鱼，结果，这次运回来的沙丁鱼只死了极少数的几条。原来，鲶鱼的主要食物是其他鱼类，当沙丁鱼遇到鲶鱼时，它们为了生存会不停地在鱼缸内游动，企图躲避鲶鱼的捕食，从而存活下来。

鲶鱼效应在现实生活中的表现就是由于有了竞争，反而能促使更多人不断努力提高自己，从而适应较强的竞争环境。公司的管理同样如此，如果公司没有考核制度，不设立淘汰机制，员工就会毫无压力。这就给一些不思进取的员工一些可乘之机，最终还会影响整个公司的工作效率和战斗力。

淘汰机制是一种强势的考核机制，其核心理念是"能者上，平者让，庸者下"。它能够带给员工极强的压力感，从而促使员工增强工作积极性，进而提高公司的整体竞争力。

在现代公司管理制度中，淘汰机制属于一种较为公平的考核方法。员工不用担心自己的学历、工龄等方面的因素会阻碍自己的晋升之路，只需要尽可能地展现自己的实力，发挥自己的才能即可。当然，淘汰并非意味着开除，它还可以理解为降职、轮岗。

设立淘汰机制是为了激励员工，提高公司的整体战斗力，而不是为了为难员工。况且考核都是按月进行的，很有可能某一员工只在这一个月的考核中不合格，而在先前的考核中都表现出色。所以，淘汰机制不能只是单纯地以某个月的考核结果作为评定标准，而是要综合考虑员工的表现，这样才会让考核变得更加公平、公正。

如今，淘汰机制在国内很多大型企业中都已经实行了，如华为公司、联想公司、海尔公司等，这也是它们能一直在各自领域中保持较强竞争力的原因之一。当然，对公司来说，建立淘汰机制还需要有一定的前提条件。其中，较为重要的两个条件分别是具有吸引力的薪酬福利体系和公平合理的考核方法。

1. 具有吸引力的薪酬福利体系

如果公司的薪酬福利体系不够诱人，不要说淘汰员工了，想招聘到合适的员工都很困难。而且，当公司员工处于供不应求的状态时，淘汰员工根本难以实施。这时，公司就会陷入两难的境地：如果淘汰了这些考核不合格的员工，那么公司的工作就没有人来做了；如果不淘汰这些考核不合格的员工，他们的工作质量低下，无法增强公司在行业内的竞争力。所以，这时公司的做法就是要改变原有的薪酬福利体系，争取能够招聘到更多优秀的员工。

当公司建立了具有吸引力的薪酬福利体系后，就能够有效地吸引更多的员工，甚至是高素质的员工。高素质的员工加入公司后，公司的整体战斗力自然就会有所提升。如果再建立有效的淘汰考核机制，那么员工的积极性会更高。

公司为员工提供较好的薪酬福利体系，员工自然也要为公司做出相对应的贡献，否则公司的发展也无法持续。这也是目前所有公司都设有试用期制度的原因。公司通常都会在试用期内对员工进行考核，考核不合格的员工就会被淘汰，这时的淘汰指的就是开除。如果员工在试用期内表现优异，但在转正之后工作出现了纰漏，则可以进行降职或调岗处理。

2．公平合理的考核方法

淘汰考核制度应该建立在公平合理的考核方法之上。如果考核方法不合理，或者有失公允，就会出现把不该淘汰的员工淘汰的情况。这样的考核方法显然是不适合的。因为这种做法不仅无法提高公司的整体竞争力，而且还会使优秀的员工流失。

建立公平合理的考核方法的前提是，公司负责人有较强的全局观念，能够把握好公司的整体发展需求。而且，对待事物有较为客观的认识和较为理性的处理方式，最好还应具备一定的人力资源管理知识。只有将理论与实践相结合，才能确保淘汰机制发挥好的作用。

事实上，不合格的员工不仅不能有效地完成公司安排的工作任务，还会影响到其他员工。他们不良的工作心态、消极怠工的工作状态，都会或多或少给其他员工造成不好的影响。这样的员工如果不及时淘汰，只会成为公司的隐患。

12.4 行为锚定等级评价法

在考核制度中，有一种考核方法叫作行为锚定等级评价法，它是由美国学者史密斯和德尔提出的。这种考核方法的具体做法是建立一个等级评价表，然后根据评价表上的内容对员工的实际行为进行测评并划分相应的等级。因此，它又叫行为定位法。

行为锚定等级评价法的实质是将关键事件法与评级量表法结合起来。也可以说，这种考核方法是进一步拓展了关键事件考核法。实际上，不同的员工在完成同类工作的时候，其效果和效率的确存在着差异。如果对其实行无差别对待，那么员工的工作积极性显然就难以调动起来。

行为锚定等级评价法具体分为 4 个步骤，其内容如图 12-3 所示。

```
01  对工作岗位进行分析
02  制定绩效评价等级
03  对关键事件进行重新分配
04  对关键事件进行评定
```

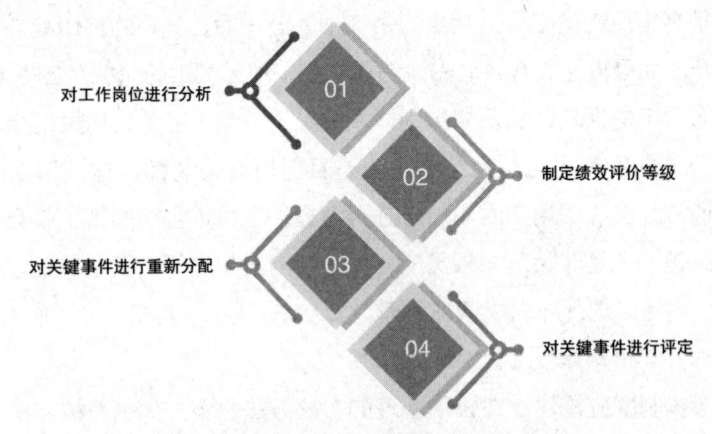

图 12-3　行为锚定等级评价法的 4 个步骤

公司在运用行为锚定等级评价法对员工进行考核时，首先，公司需要对员工所处的工作岗位进行分析。因为即使在同一家公司中，不同的工作岗位也会存在学历、能力、劳动强度上的差异。如果公司不对这些因素进行分析，那么制定出来的评价标准也就会失去合理性。随之而来的考核结果也就不具有可信性，没有参考价值。相反，如果公司对每一类工作岗位进行分析，并从中获取关键事件，将之作为制定考核标准的主要依据，就能对处于这个工作岗位的员工起到激励作用，调动他们的工作积极性。从整体来看，这样的考核标准也是十分合理的。所以，使用行为锚定等级评价法时，一定要对考核对象的工作岗位进行详细分析。

其次，公司负责人需要根据岗位分析的结果，制定绩效评价等级，这是等级评价法的主要参考依据，因此在制定的过程中需要综合考虑多种有效因素。通常情况下，绩效评价等级一共分为 5～9 个等级。等级越多，越能从细微处区分各个等级之间的差别，也就是说，考核的结果越精确。

再次，为了保证制定的依据切实可行，可由另一组管理人员对关键事件进行重新分配。经过两轮的分配和归类，这样确定下来的关键事件的最终位置也就具有了较高的可信度。由此，也就能制定出较为科学合理的绩效考评指标体系。

最后，也是行为锚定等级评价考核体系建立的第四个步骤，它的内容是对关键事件进行评定。由于在第二步中制定了 5～9 个评价等级，进而在第三步中又进行了重新验证，所以，最后还需要进行一次总体上的审核。如果审核结果显示前两步中确定下来的标准没有问题，那么在最后一步可以对它们进行排序。排序的依据是事件的重要程度，越重要的事件排列的位置越靠前。

行为锚定等级评价法也不是一种十全十美的考核方法，它既有优点，也有缺点。行为锚定等级评价法的优点是考核的标准更加清晰，对员工的绩效考量更加精确。另外，它的反馈效果比较好，其连贯性和可信度均较高。

行为锚定等级评价法的缺点是制定科学的等级评价体系需要付出大量的人力和财力。而且在实施这种考核方法的过程中，也需要花费较高的费用。除此之外，当遇到较为复杂的工作时，考核人员在考核的过程中还极易出现偏差。因为有些工作的行为与其结果的联系不够紧密，这就会让考核者将注意力放到结果上，而忽视了具体的行为。

每种考核方法都各有缺点，这很正常，重要的是公司管理人员要认识到其缺点所在。那么，在使用这种考核方法的时候，有效规避缺点，放大优点，它也能成为一种较好的考核方法。

12.5　目标管理法

有一个伐木工人，第一天给自己定下了要砍10棵树的目标。第一天工作结束的时候，他成功砍下了10棵树，耗时8小时。于是，第二天他给自己定下了要砍11棵树的目标。然而，8小时过去了，伐木工人只砍下了9棵树。为了达到目标，伐木工人加班2小时。第三天，他继续为自己制定目标，其目标是砍下12棵树。事实上，他只有加班3小时才能达到这个目标。就这样，他每天的目标越来越高，工作时间也越来越长。

有一天，一位老人从这位伐木工人的身边经过，发现伐木工具已经钝了，便对他说："你怎么不去磨磨你的工具呢？"伐木工人回答："我每天的工作任务都无法完成，哪还有时间磨工具？"事实上，很多人都知道目标的作用，所以为自己制定了详细的目标。但是，最终的结果有时候并不理想，主要原因是没有对目标进行正确的管理。

在公司业绩考核方法中，也可以使用目标管理法。那么，究竟应该如何运用这种方法，才能让它发挥理想的效果呢？关于这个问题的答案，是本节要讲述的重点内容。

目标管理（Management by Objectives，MBO）是美国管理学家彼得·德鲁克提出的。在他出版的《管理的实践》一书中，他提到"目标管理和自我控制的主张"。在彼得·德鲁克看来，公司的目的和任务必须转化为目标。公司如果没有总目标以及与总目标相一致的分目标来指导员工的生产和管理活动，那么公司的规模越大，员工人数越多，发生内耗和浪费的可能性也就越大。

由此看来，目标管理在减少公司的内耗和浪费方面的作用也就非常明显了。目标管理法有8个实施步骤，具体如下：

既然要运用目标管理法，那么前提便是要有一个清晰的目标。所以，目标管理法的第一步就是制定目标。由于这种考核方法是在一个公司中运用的，因此，所制定的目标要能覆盖所有的部门和人员。否则，它将成为一种非科学的考核方法。

制定好目标后，就应该将目标公之于众，让公司全体员工去具体落实。所以，目标管理法的第二个步骤就是分配目标。注意，此时的目标由于是针对整个公司而设立的，所以，它具有普适性。在这种情况下，将目标分配到公司的各个部门后，各个部门的管理者还应该调整、细化具体目标。这也是目标管理法的第三步，修改目标。

部门管理者制定好目标后，为了确保目标的可行性，最好再去征求一下员工的意见。如果员工对此没有异议，目标则正式确定。如果员工有好的想法，则可以对目标做进一步的修改，因为目标的最终践行者是广大一线员工。这也是目标管理法的第四个步骤。接下来就到了第五个步骤，就是制订目标实施计划。如果像前面提到的伐木工人一样，不注重行动计划，盲目地制定目标和实施目标，结果会适得其反。

制订了目标实施计划后，就应该去实施目标。这也是目标管理法的第六步。第七步则是定期对目标的实施情况进行检查，并将检查结果加以统计。这个结果是最终的考核结果的一个参考依据。为了尽快实现目标，还有必要对员工进行激励。所以，第八个步骤就是奖励体系的设立。当然，第八步可有可无，可根据公司的具体情况而定。至此，目标管理法的8个步骤已经讲述完毕。

公司在运用这种考核方法的时候，没有必要完全按照以上步骤进行，可以灵活调整，只要能达到较好的考核效果即可。

目标管理法这种考核方法，同样也存在优缺点：其优点在于，考核的过程比较有针对性，结果比较精确，以便做到对每一个员工进行反馈和辅导。另外，由于所有员工都参与了目标的制定，所以，他们在实现目标的过程中也会充满激情。在这种情况下，公司的整体战斗力和竞争力也都将会有所提升。其缺点在于，由于各部门之间的具体目标有所不同，因此难以进行横向比较。

总之，目标管理法若运用得当，就可以激发员工的工作激情，提高员工的工作效率；反之，则会像上面提到的那位伐木工人一样，只会增加自己的工作负担和压力。

12.6 360°考核法

360°考核法又叫全方位考核法，其特点是评价维度多元化（通常是4个或4个以上），这种方法适用于对中层以上的人员进行考核。360°考核法的做法是让员工从自己、同事、上司、下属、客户等多个不同的主体中了解自己的工作绩效，评论知晓各方面的意见，从而对自己的优势和劣势有一个清醒的认识。360°考核法示意图，如图12-4所示。

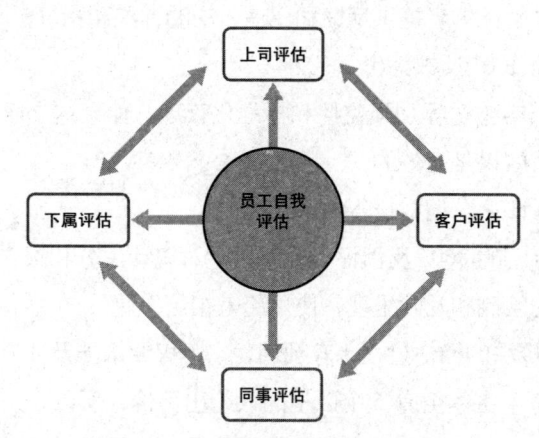

图12-4　360°考核法示意图

很多时候，员工的工作效率之所以难以提高，是因为他们根本不知道自己的问题出在哪儿，自然也就找不到提高的方法。所以，从这个角度来看，当员工认识到自己的劣势后，也就会努力想办法提高，这样考核的目的也就能得以实现。

360°考核法是一套有效的考核机制，其操作步骤如图12-5所示。

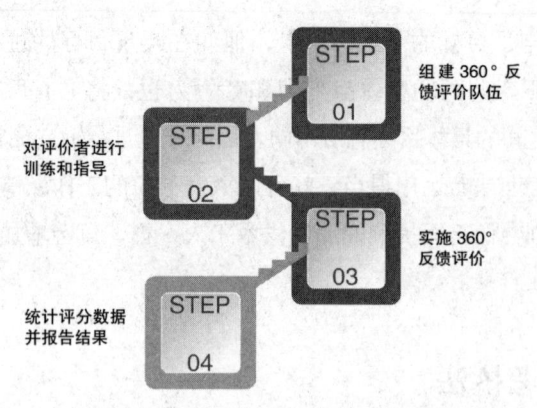

```
           ┌──────┐
           │STEP  │  组建 360°反
           │ 01   │  馈评价队伍
           └──────┘
    ┌──────┐
对评价者进行  │STEP  │
训练和指导   │ 02   │
    └──────┘ ┌──────┐
           │STEP  │  实施 360°
           │ 03   │  反馈评价
           └──────┘
统计评分数据 ┌──────┐
并报告结果  │STEP  │
         │ 04   │
         └──────┘
```

图 12-5　360°反馈机制的 4 个步骤

第一步：组建 360°反馈评价队伍

选择的评价者无论是被评价者自己选择的，还是由上级指定的，都应该得到被评价者的同意，这样才能保证被评价者对结果的认同和接受。

第二步：对评价者进行训练和指导

公司组织人员给评价者提供反馈和评估方法的训练和指导。

第三步：实施 360°反馈评价

公司要对整个实施过程加强监控和标准化管理。如果这个阶段的工作没有做好，那么整个考核结果是无效的。

第四步：统计评分数据并报告结果

目前，已有专门的 360°反馈评价软件用于对统计评分和报告结果的支持，包括多种统计图表的绘制和及时呈现，使用起来相当方便。

由于 360°考核法的操作过程比较烦琐，它不仅要求涉及 4 个或 4 个以上的不同主体，还要求每个主体中有 6 个以上的人给出评价，所以，一般不会将之运用在所有的员工当中，只是用这种考核方法对老员工或骨干员工进行考核。目前，使用 360°考核法的公司都会同时聘请专业顾问来完成具体的考核工作，这就意味着这种考核方法的操作过程十分烦琐。

从以上对 360°考核法的介绍中可以知道，这种考核方法对员工工作效率的提高作用大于对员工的管理作用。而要发挥它提高员工工作效率的作用，就需要建立一套反馈机制。否则，被考核员工不知道别人对自己的评价，也就无法提高自己的工作效率。

为了保证这种考核方法能够有效展开，建议公司管理者寻求专业的顾问公司帮忙。通过聘请专业人士来实施这种考核方法，可以避免出现其他不利的情况。如果公司管理者在不太懂的情况下自己操作，那么，最终的结果可能是浪费了人力、物力，却没有达到理想的结果。所以，最好聘请专业人士来完成。事实上，在此付出的经济代价，只是员工提高工作效率所带来的经济效益的 1/10。

12.7　如何运用科莱斯平衡计分卡

科莱斯平衡计分卡也是员工考核方法的一种，它是由哈佛大学教授罗伯特·卡普兰和诺朗顿研究院的大卫·诺顿提出的。当时，这两位著名的研究者想要找出一种超越传统的以财务量度为主要衡量标准的绩效评价模式，在这个过程中，科莱斯平衡计分卡就被提出来了。

科莱斯平衡计分卡是指通过图、卡、表来实现战略规划的目的。截至目前，科莱斯平衡计分卡作为一种绩效考核方法，已经被运用了 20 多年。在这 20 多年间，它也在不断地发展完善。如今，这种绩效考核方法已经成为一种集团战略管理的工具。

虽然科莱斯平衡计分卡的考核效果较好，但如果使用不恰当，其效果也将适得其反。

广东有一家公司为了体现其先进的管理理念，也为了更好地管理员工，提高公司的战斗力，将科莱斯平衡计分卡作为公司的一种考核方法。

张女士是这家公司的人力资源部经理，在公司负责人的意见下达后，张女士就着手在这家拥有 2000 名员工的公司中开展科莱斯平衡计分卡工作的推广事宜。

一年后，科莱斯平衡计分卡考核方法依然没有得到顺利实施。与此同时，公司内部出现了一些抱怨之声。员工们开始对这种考核方法产生了怀疑。有的员工说："原来的考核方法就像 1 根绳子，而现在的考核方法则像 4 根绳子。不就是为了把员工拴得更牢吗？不就是给公司少发奖金找借口吗？"

显然，这就是一个典型的运用科莱斯平衡计分卡失败的案例。那么，为什么会失败呢？在讲述科莱斯平衡计分卡的定义时，就提到了这是一种"战略工作"，而案例中的张女士仅仅将之作为一种考核方法来对待。所以，这次失败的原因在于没能正确把握这种考核方法的使用方法和目的，其结果可想而知。这次失败的案例告诉公司管理者，科莱斯平衡计分卡不能只是为了解决员工的考核和奖金分配的问题。要想发挥好科莱斯平衡计分卡的优势，使用者需要注意 3 个要点：第一，确保为员工制定的绩效考核指标都是以战略目标为客观依据的；第二，科莱斯平衡计分卡只关注关键指标，对于非关键指标，应以"软性"文化、正确的价值观来引导；第三，不能仅仅只有物质奖惩这种简单的考核方法。

　　1993年，美孚石油公司在美国营销部及炼油事业部引进了科莱斯平衡计分卡这种考核方法，其最初的目的是促进美孚石油公司转变为一个分散的、以客户为导向的公司。美孚石油公司本是一个高度集权的、以生产为导向的公司。随着时代的发展，这种模式的弊端暴露得越来越明显。于是，美孚石油公司亟待转型。

　　引进这种新的考核方法后，经过2年的时间，美孚石油公司的行业利润从最后一名跃居第一名。并且，在之后的4年里，美孚石油公司一直保持着这样的业绩。不得不说，这是一个富有戏剧性的结果，其转变的速度在当时也令众多同行瞠目结舌。

　　这个案例也说明了，科莱斯平衡计分卡的确能起到正面的作用，但前提是要正确地理解和运用它。尤其是在现代公司管理中，大家更注重人性化。缺乏"软性"的内涵，仅仅只有物质的激励，是难以使其发挥强大的效果的。

第 13 章　员工离职：规避风险，减少冲突

公司的人员流动是不可避免的，有的是因为业绩考核不通过而被公司解雇，有的则是因为自身的原因主动提出离职。不管是由于何种原因造成的员工流失，都会给公司带来一定的损失，甚至是风险。对于解雇员工这种情况，公司是可以掌控的，但员工主动离职这种情况是公司无法掌控的。本章主要讲解如何降低因员工离职而给公司带来的风险问题。

13.1　员工离职的 5 个主要原因

美国劳动力市场曾对员工离职做过一项调查，调查研究发现：在员工离职情况中，约 20% 的离职属于必然离职，而必然离职在公司员工离职情况中所占的比例是稳定且较低的；而约 80% 的离职属于可避免离职，而减少甚至消灭这部分员工离职是公司管理的任务和价值所在。

要想降低员工的离职率，就要先对员工离职的原因有所了解。而员工为什么离职，一直是困扰很多公司的难题。虽然有些公司在离职时会设置离职面谈流程，但员工在离职面谈中，80% 以上的员工说出的离职原因只是为了顾及双方的感受和面子。所以，这个阶段了解到的离职原因通常是不可信的。

经过分析和总结，得出员工离职的 5 个主要原因，其具体内容如图 13-1 所示。

01	02	03	04	05
工资及福利待遇偏低	工作压力过大	没有晋升和发展的空间	公司的发展前景不好	公司氛围不够融洽

图 13-1　员工离职的 5 个主要原因

1．工资及福利待遇偏低

人们选择去工作的根本原因是为了生活。当然，人们的生活需求既包括物质需求，也包括精神需求。其中，物质需求主要是指工资、福利待遇等方面，而精

神需求则是指人们常说的自我价值的实现。而且精神需求一般是建立在物质需求得到满足的基础之上的。所以，当一个公司的工资水平及福利待遇达不到员工的期望，甚至达不到当时社会的平均水平时，就会引发员工离职现象的出现。

每个地区都有一个最低工资标准，这个最低工资标准是当地政府根据当地的经济发展状况，以及物价水平、消费水平等因素设定的。即使是新成立的公司，其制定的最低工资也不能低于这个标准。否则，就难以招聘到员工，尤其是优秀的员工。即使很幸运地招聘到了员工，最终也会流失。

2．工作压力过大

有些公司虽然给出了较高的工资和较好的福利待遇，但安排的工作任务却非常繁重。本来规定的上班时间是 8 小时，而公司安排的工作任务是 10 小时也无法完成的，在这种情况下，就会给员工带来极大的工作压力，这时员工很可能就会向公司提出辞职申请。可能有人会说："聘请员工本来就是为公司完成任务的，不可能给他们钱让他们在公司闲着。"虽然这句话有一定的道理，但请公司管理者不要忽略一个问题，人不是机器，人的精力和所能承载的负荷量是有限的。

目前，还有一种较为普遍的情况，就是有些公司为了赶工作进度，要求员工在周末及节假日加班。而且，有些公司既不按照国家的规定支付加班费，也不会给员工安排调休。长此以往，即使公司的福利待遇很好，也会让员工产生不满，最终使员工不得不以离职来发泄自己对公司的不满情绪。

3．没有晋升和发展的空间

前面提到过，精神需求也是员工工作的目的之一，这类员工追求自我价值的实现。如何才能让员工实现自我价值呢？答案就是给员工足够的发展空间和晋升机会，尤其是对于普通员工，他们希望自己能够通过在普通岗位上的突出表现，实现自己的人生价值。

如果公司忽略了这样的员工，没有为他们提供发展的空间和机会，过不了多久，这些员工可能就会——离去。这对公司来说，无疑是一笔较大的损失。为了避免出现这类情况，公司的管理者应该考虑到普通员工的需求，并尽量满足他们的需求。当然，这并不意味着其他层次的员工的需求就可以忽略。总之，公司要对所有员工一视同仁，从多方面为员工考虑。

4．公司的发展前景不好

有些公司管理者为了保护商业机密，从不向员工透露公司的情况，包括业务情况、公司的发展前景等。这就会让员工对公司产生怀疑，觉得公司没有广阔的发展前景。基于这种心理，一部分员工最终也会选择离职来解决这一问题。因为在员工看来，公司的发展前景不好，也就意味着个人没有了发展空间。甚至有的员工还会觉得，公司一副风雨飘摇的样子，自己迟早会面临失业和重新择业的问题，既然这样，不如提前做好准备应对这一切。

对创业者来说，公司的员工是与你一起并肩作战的队友，如果你不信任他们，他们自然也就难以做到为你卖命。其实，公司中并非所有的消息都是商业机密，有选择性地向员工透露一些消息，能够起到稳定员工的作用。

5. 公司氛围不够融洽

大多数公司都按照《劳动合同法》的规定，实行每周 5 天 8 小时工作制，加上中午休息的时间，员工在公司的时间是 10 小时左右。这也意味着，员工一天中的大部分时间是在公司中度过的。如果公司的办公环境不好，到处都呈现着脏乱差的状态，这不仅会影响员工的工作状态，还会使员工有离职的想法。

除了公司的硬件设施，公司氛围还包括企业文化及工作氛围。如果公司的管理过于严苛，每天给人一种紧张、压抑的感觉，那么这不仅不利于员工工作效率的提高，还会给员工造成极大的心理压力。

对于公司的管理者来说，明确了员工离职的 5 个主要原因后，就能对症下药，有效降低员工的离职率，减少因员工离职而给公司造成的损失。

13.2 员工离职流程

有一些员工属于"去意已决"的情况，即便公司对他再三挽留，也难以奏效。那么，对于这部分员工，公司应该做的就是制定完善的离职流程，以此来降低员工离职对公司造成的损失。

如果员工提出离职请求后，公司马上允许他们离开，这肯定会给公司造成损失。因为公司不能保证立马就能招聘到合适的新员工。这也就意味着，员工离职可能会导致其岗位的工作任务无法完成。为了降低这种情况给公司带来的损失，公司应规定离职申请需要提前一个月提出，这样就能给双方提供一个准备和应对的时间。如果是试用期内的员工，其离职申请至少应提前 3 天提出。为了对员工起到有效的约束作用，这项离职规定同样需要配以合适的惩处措施。否则，离职规定可能就难以发挥其应有的作用。例如，员工如果不按照离职规定提前相应的时间提出离职申请，并且在提出离职申请后立即离开公司，那么在结算工资时，按照旷工的标准对待。

为了降低员工的离职率，也为了了解员工离职的原因，公司管理者应该在员工提出离职申请后约谈员工。如果员工的能力非常强，在岗位中发挥着重要作用，而且离职的原因并非必然因素，那么应尽量通过为员工解决后顾之忧的方式来挽留员工。事实上，对于这种情况，公司的挽留往往是能够达到预期目的的。

但如果员工离职的原因是工作倦怠，那么此时挽留已经不起作用了。面对这种情况，公司只能顺应员工的意思，为他们办理离职手续。在这个过程中，公司首先应该对员工的离职申请进行审批，然后安排相应的员工与离职员工进行工作交接，之后再为离职员工结算工资，最后将离职员工的资料存档。至此，员工离职的流程也就结束了。通常来说，员工离职的流程，如图 13-2 所示。

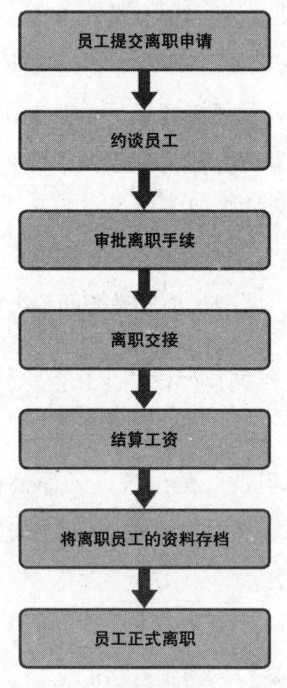

```
员工提交离职申请
      ↓
   约谈员工
      ↓
  审批离职手续
      ↓
   离职交接
      ↓
   结算工资
      ↓
将离职员工的资料存档
      ↓
   员工正式离职
```

图 13-2　员工离职的流程

这里需要注意的是，不论员工因何种原因提出离职申请，公司都应该在员工离职的时候，为员工结清工资，不得拖欠，更不得克扣。否则，公司就违反了《劳动合同法》的规定。在这种情况下，员工有权通过法律途径维护自己的权益。而这样公司就会在员工的心目中留下不好的印象，甚至在行业内传出不好的口碑。这将会影响到公司以后的招聘工作，以及未来的发展。

13.3　员工复职通道

　　李博涵因为与同事发生了一点小摩擦，一气之下便向公司提交了离职申请。一个月之后，李博涵如愿以偿地从工作了两年的公司离职。

　　离职后，李博涵休整了一段时间，便开始寻找新的工作。不过，李博涵面试了多家公司，都没有找到合适的。而且这些公司不论是规模还是福利待遇，都不如他原来就职的那家公司。于是，李博涵萌生了向原就职单位提出复职申请的想法。

　　事实上，职场中有不少像李博涵这样的人，他们因为一时冲动而申请离职，但最终发现还是自己原来就职的单位好，所以又想复职。对于公司来说，这种情况既有好处，也有弊端。它的好处在于能让优秀的员工回流，可以增强公司的整体战斗力，而且老员工对于工作岗位中的各项事务也比较熟悉，不用进行培训，就可以直接投入工作。其弊端是可能会引发员工离职热潮。因为员工会觉得"既然离职了还能复职，那我为何不先离职去找其他更好的工作？如果没有找到更好的，我还能复职"。在这种侥幸心理的驱动下，可能就会有一些员工提出离职申请，从而给公司带来管理及业务上的麻烦。所以，为了避免这种情况的出现，有必要制定一个完善的复职通道。

　　首先，公司应该规定只接受管理层员工的复职请求，不接受普通员工、基层员工的复职请求。因为管理层员工一方面掌握着公司很多重要的商业信息，另一方面他们属于高素质人才，对公司的发展起到了较大的促进作用。尤其对于大型公司来说，其管理工作是非常重要的一个环节。

　　其次，公司应该详细了解员工复职的原因。既然员工离职是有原因的，那么员工复职肯定也是有原因的。而且，从员工给出的复职原因中，公司就可以判断员工是否能继续在原岗位中发挥作用。例如，员工复职的原因是因为薪资和福利待遇，这就意味着其他公司的薪资和福利待遇不如原公司好，这样的员工复职之后，就会安心地、努力地工作。但如果员工是因为没有找到合适的工作而申请复职，那么这类员工之后还会提出离职申请，因此，这样的员工是不适合回聘的。

　　最后，公司应规定复职员工入职后，其薪资和福利待遇仍按原标准对待。目前，有一些求职者认为，工作经历越丰富，薪资越高。在这种观念的驱使下，很多员工就会选择频繁跳槽。尤其是有些公司设立了复职制度，更是让想要借助跳槽来加薪的员工看到了希望。针对这种情况，建议公司设置复职通道时，一定要明确规定复职员工的薪资和福利待遇不变。同时，这也能让复职人员心中有数，公司不会因为员工复职而降低原先的薪资标准，这样也能鼓励优秀的离职员工复职。

关于员工复职，人力资源界的知名专家李宏飞曾说："职场人应该有一个清晰的职业规划，如果原就职单位更适合自己的职业发展，就应该抓住机会选择回归，离职之后再回来本来也是很自然的事情，不要因为个人的顾虑而妨碍自身职业的发展。"这段话是针对复职员工说的。但与此同时，公司也有重新选择员工的权利。为了提升公司的竞争力，公司有必要制定一套完善的员工复职制度。

13.4 员工离职要"三不"：不批评、不指责、不计较

对公司来说，即使是面对执意要离职的员工，也要坚决做到"三不"，即不批评、不指责、不计较。这是一个公司企业文化的体现，也是公司管理者涵养的体现。如果管理者对离职员工过分指责、斤斤计较，这只会让员工觉得离职是非常正确的决定。

此后，离职员工还会在亲朋好友之间谈论此事，从而影响公司在业界的口碑。从长远来看，这显然是不利于公司的发展的。况且，员工有自由选择职业的权利。不论员工出于什么原因提出离职申请，于情于理，公司都不应该对此加以批评或指责。

1. 不批评

员工提出离职，肯定是有一定原因的。如果公司认为这名员工对公司的作用很大，则可以通过了解员工离职的原因来挽留员工。如果实在挽留无效，就尊重员工的决定，千万不要站在领导者的角度去批评员工。员工也都是成年人，他会对自己的决定负责。

2. 不指责

即便员工给出的离职原因很离谱，如"世界那么大，我想去看看"，作为公司的老板，也只能批准。哪怕无法理解，也不能指责员工。一方面，这是员工的自由和权利；另一方面，员工可能在看完世界之后还会提出复职。如果这时老板与员工的关系很僵，那么恐怕员工真的永远不会回来了。

3. 不计较

所谓不计较，指的是两个方面的内容：第一，老板不要与离职员工计较工作任务；第二，老板不要与离职员工计较工资福利。正常情况下，员工会提前一个月提出离职申请。此时，老板不应该给即将离职的员工安排太多的工作。即使员工在离职前没有完成所安排的工作任务，也是可以理解的。在这段时间内，离职员工需要进行工作交接。正因如此，在结算工资的时候，老板也不应该过于计较离职员工是否完成了工作任务。

因为公司的形象和品牌效应是无形的资产，可以给公司创造更多的实际效益。如果因为员工的离职而损坏了公司的形象，是得不偿失的。从另一个角度来看，离职员工曾经为公司做出过贡献，创造过价值，现在要离开公司了，公司也应该对员工曾经的辛勤工作有所表示，而不是与员工斤斤计较。

如果员工在离职期间泄露了公司的商业机密，让公司遭受较大的损失，公司可以通过正常的法律程序来维护自己的权益，而不是通过指责、批评等手段处理这种事情。况且过度的批评和指责挽救不了公司的损失，反而会让员工觉得自己的做法是正确的。

13.5 员工离职，应至少提前 30 日提出

如果员工不提前向公司提出离职申请，公司就无法及时找到替补人员来完成该岗位的工作任务。这对公司来说，不可避免地会造成损失。员工有离职的权利，公司同样有权利要求员工应至少提前 30 日提出离职申请。公司之所以要求员工应至少提前 30 日提出离职申请，原因包括两个方面：

一方面，对员工而言，员工离职需要向公司或新员工交接工作。因为每位员工在公司中都会负责某一项具体的工作任务，公司也会将有关这项任务的资料和信息交由这位员工保管。但是，这些东西都属于公司的商业机密，员工在离职后需要将这些东西交还给公司，并确保不会泄露。如果员工不提前提出离职申请，就没有充足的时间处理这些交接工作。

另一方面，对公司而言，就有充足的时间安排招聘工作，招聘新的员工替补离职员工。另外，在前面小节中也提到过，离职流程比较复杂，也需要一些时间来办理。

另外，根据《劳动合同法》第三十七条规定："劳动者提前 30 日以书面形

式通知用人单位,可以解除劳动合同。"《劳动合同法》第五十条规定:"用人单位应当在解除或者终止劳动合同时出具解除或终止劳动合同的证明,并在15日内为劳动者办理档案和社会保险关系转移手续。"

也就是说,如果员工不提前 30 日向公司提出离职申请,公司就有权延长员工的离职时间,并扣除相应的工资。当然,公司需要提前将这个要求告知员工。一般来说,大多数公司会在劳动合同中注明这一项要求,或者是在员工手册中注明这一项要求。

总之,要求员工至少提前 30 日提出离职申请,于员工、于公司而言,都是合理且合法的。

13.6　如何管理已批准离职的员工

某人力资源管理咨询公司接待了一位咨询者。咨询者的问题是,他就职的公司最近出现了一股离职热潮。尽管公司不希望这些员工离职,但还是尊重员工的选择,批准了员工的离职申请。而距离员工正式离职还有一段时间,按理说,在这段时间内,离职员工还是公司的一分子,应该尽力为公司服务。然而实际情况是,提出离职申请后的员工就像脱缰的野马一样,不再接受公司的管理,不是迟到、早退,就是来到公司也不干活。

从心理学的角度来看,员工这时的心理是:"我的离职申请已经得到批准了,我马上就与这家公司没有关系了,所以,我也就没有必要再为这家公司卖命了。"基于这样的心理,员工的离职申请得到批准后,自然就会出现工作懈怠的情况。

上述问题并非不能解决。如果公司能采取相应的措施,一定可以有效地管理离职员工。有效管理离职员工的 3 个方法,如图 13-3 所示。

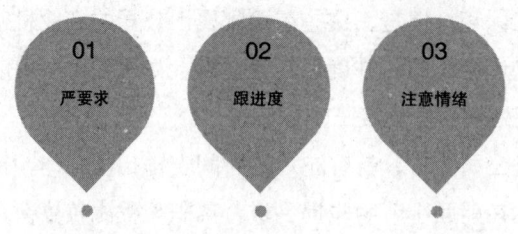

01 严要求　　02 跟进度　　03 注意情绪

图 13-3　有效管理离职员工的 3 个方法

1. 严要求

即使是得到离职批准的员工，在未正式离职之前，他也还是公司的一分子，公司有权对他的工作提出要求。而离职员工在严格的管理下，也就不敢对工作表现出懈怠情绪。

不过，有些公司对即将离职的员工的态度存在严重问题，比如，有些员工会刻意与即将离职的员工保持距离，公司的集体活动也会故意不通知即将离职的员工。在这种情况下，即使即将离职的员工想站好最后一班岗，也会对公司的这种做法感到不满，于是便在心里暗示自己不用这么做。然而，有些公司的做法是值得借鉴的，它们对即将离职的员工一视同仁，甚至还为即将离职的员工举办欢送会，这样不仅能让所有员工感受到公司的温暖和人性化管理，而且能激励留下来的员工更加努力工作。

2. 跟进度

由于获得离职批准的员工在离职之前需要进行工作交接，所以，公司应该跟进员工交接工作的进度。这样做，一方面可以直接对离职员工的工作起到一个督促作用，避免他们在工作中出现懈怠的情况；另一方面也可以向离职员工传递一种公司依然关注他们的工作情况的信号，让他们觉得公司还是很重视自己的。

3. 注意情绪

员工在离职期间的情绪，可以在一定程度上反映员工离职的原因和公司的管理效果。如果员工在离职期间表现出愤怒的情绪，说明他们对公司的某些方面存在着严重的不满。如果公司不能及时意识到这个问题，并对此加以改进，那么最终只会造成更多员工的流失。这是一个很危险的信号，为了公司的长足发展，公司应该注意离职员工的情绪问题。

由此看来，公司对离职员工的管理，一方面是公司管理的总体要求，另一方面也是维护公司形象和长远利益的做法。

13.7 匆忙批准离职的 5 种风险

按照《劳动合同法》的规定，公司应该为员工缴纳基本的保险，包括养老保险、医疗保险、失业保险、工伤保险、生育保险。事实上，大多数公司也的确做到了这一点。如果公司在员工提出离职申请后，只是要求员工完成交接工作，就匆忙批准其离职，而忽略了这些保险的处理，也会给公司带来一些风险。除此之外，还有一些情况如果未能及时处理，也会给公司带来风险。下面就来详细讲述一下匆忙批准离职的 5 种风险：

1. 保险风险

在办理保险业务时，如果是当月 5 日至 25 日办理，则下月生效。这也就意味着，如果员工申请离职的时间在这个时间段外，公司就会面临为员工多交一个月保险费的风险。这对公司来说，是一种经济损失。尤其当面对离职员工较多的情况时，更是如此。所以，公司在审批员工离职申请的时候，应尽量将离职时间定在月末。

2. 违规、违章风险

不排除有这样一种可能：员工做了违反公司规章制度的事情，但公司还未发现，为了躲避公司的追究，员工提出了离职申请。如果员工违反的规章制度涉及公司的商业机密，事态就更严重了。从这一点来看，公司应该对提出离职申请的员工进行了解和调查。否则，一旦批准员工离职，事情处理起来将会变得更加复杂。

3. 泄密风险

如果公司仅仅要求员工完成交接工作，就批准员工的离职请求，而不与其签订相应的保密协议等，那么员工就有可能将公司的商业机密泄露给下一家公司。由于未签订相关协议，即使公司要通过法律途径维权，也会处于极度被动的状态。因此，公司对待员工离职这一问题一定要谨慎。为了保障公司的合法权益，若有涉及公司利益的问题，应与离职员工签署书面协议，予以保障。

4. 未开具离职证明的风险

离职证明是证明公司已经与该员工解除雇佣关系的书面材料，它具有法律效力。如果公司不给离职员工开具离职证明，当员工再应聘到下一家公司工作时，就会出现员工同时与两家公司存在雇佣关系的局面。一旦员工在工作中出现意外，他可以向两家公司同时索赔。而这对于公司来说，显然是不公平的。所以，公司除了要求离职员工完成工作交接任务，还应该开具离职证明，并存入离职员工的档案中。

5. 提前让员工离职的风险

有些公司规定，只要离职员工是提前 30 日提出离职申请的，那么工作交接完以后就可以离开公司，没有必要等到 30 日后再让员工离职。公司的这项规定看似比较人性化，实则给公司带来了隐患和风险。因为如果员工在这期间出了意外情况，即便员工实际上已经离开了公司，那么责任依然由公司承担。

关于员工离职的问题，《劳动合同法》中有明确的要求和规定。公司应严格按照《劳动合同法》的要求办理离职手续。如果员工向公司提出了超过《劳动合同法》规定的要求或请求，且没有损害到公司的利益，公司可以酌情答应。但是，公司应该通过与员工签订书面协议的方式来保障自己的合法权益。

13.8 对跳槽型离职员工的处理办法

宋海波是一名 IT 工作者，目前供职于一家小型的 IT 公司。这家公司给宋海波的月工资是 8000 元，待遇是公司缴纳五险一金。宋海波对此还比较满意，于是与公司签订了劳动合同。后来，宋海波与朋友聚会时谈到了各自的工资待遇问题。结果发现朋友的月工资都在 1 万元以上，他们的待遇除五险一金外，还有各种补贴，包括餐补、车补、房补、高温补贴、取暖补贴等。

于是，宋海波开始对自己的工作待遇产生了不满。此后，宋海波一边工作，一边找工作。他心里想着：一旦找到了更好的工作，就跳槽。一段时间之后，宋海波果然找到了一份更好的工作。当接到入职邀请后，尽管宋海波手上的工作还没有完成，但他还是毫不犹豫地离开了自己现在供职的公司。

对于公司管理者来说，最不愿意碰到的就是跳槽型离职员工。他们往往不会提前提出离职申请，而是突然离职。公司在面对这种情况时通常都会有点措手不及，毕竟不论是招聘新员工，还是工作交接，都需要一定的时间来处理。

跳槽型离职员工的行为是对公司极度不负责任的行为。那么，公司应该如何应对这种情况呢？

首先，公司应该制定相应的规章制度，对员工的这种行为加以约束。例如，规定对跳槽型离职要扣除员工半个月的工资，并将之写进员工手册和公司规章制度中。有了明确的规定和相应的惩处措施，能够对员工起到震慑作用。员工也就不敢轻易选择随时跳槽离职，因为半个月的工资不是一笔小数目。

其次，规则实施要严格。如果公司只是制定了相关规定和惩处措施，却没有付诸实际行动，这就等于在告诉员工，这条规定其实是无效的。显然，这也不能起到应有的作用。既然制定了相关规定，公司就应该按照规定处理问题，在员工的心目中树立威信。

最后，建立黑名单制度，并将跳槽型离职员工列入黑名单中。从品质上来看，跳槽型离职员工属于品质上存在缺点的员工。这样的员工是难以对公司产生较强的认同感的，他们往往经不起利益的诱惑。所以，对于公司来说，这类员工的存在是一种隐患。一旦遇到了，就应该将他们列入黑名单中，避免以后再录用。

13.9 对事假型离职员工的处理办法

周志强是一家服装公司的司机，最近，他以家里有重大事情需要处理为由，向公司请了3天假。可是，3天之后，却迟迟不见周志强来公司销假报到。而且这段时间处于月末，正是公司大量往外送货，需要人手的时候。于是，人事部负责人给周志强打了一个电话，试图确定周志强上班的时间。结果，周志强告诉人事部负责人，他要辞职。

像周志强这种情况，就属于典型的事假型离职员工。起初是以事假为由暂时离开公司，最终变成了离职的事实。与跳槽型离职员工相同的是，事假型离职员工同样没有提前30日提交离职申请。这也就意味着交接工作无法顺利完成，同样会给公司造成一定的损失。所以，对待这样的员工同样需要给出明确的处理办法。

《劳动合同法》中规定，如果劳动者在合同期内解除劳动合同，需要经过双方协商，并获得一致同意。如果公司不同意劳动者在合同期内解除合同，而劳动者执意要解除，那么劳动者应该向公司支付违约金。具体金额可依据劳动合同中的规定，或者《劳动合同法》的规定。

因此，当公司遇到事假型离职员工时，可向他们索赔违约金，以此来降低公司的损失。而且由于有劳动合同为证，即使是走法律程序，公司也处于绝对优势的地位。当然，这也告诉了公司管理者，在制定劳动合同的时候，应该考虑到这些因素，并将之写进劳动合同中。

13.10 对创业型离职员工的处理办法

对公司来说，还有可能会遇到创业型离职员工。这类员工通常有着较为远大的抱负，他们之所以选择工作，还有一个目的，就是想在工作中学习积累各种经验，一旦时机成熟，他们就会毫不犹豫地离开原公司，开始自己的事业。那么，公司应该如何处理创业型离职员工呢？

显然，员工选择的创业项目肯定是自己所熟悉的，是自己所从事的领域。这就意味着，创业型离职员工将会与其原就职公司成为竞争对手。如果员工离职时带走了公司重要的商业信息，那么日后肯定会损害原公司的利益。这对于公司来说，是一个相当大的隐患。

所以，当公司知道有员工因创业而离职时，第一时间要做的是确定该员工在离职前所负责的具体工作内容。如果其中涉及商业机密，公司应该想办法更改信息，或者重新补充信息。总之，就是要让之前的信息失去有效性。

与此同时，人事部负责人应该设法联系到该离职员工，然后要求该员工按程序办理离职手续，签订离职协议。这里需要注意的是，公司在制定离职协议时，应该将商业信息保密要求写进去，并且在协议中写清楚泄露、盗用公司重要的商业信息的惩处措施。这样即便日后该员工使用了公司重要的商业信息，公司也可以以离职协议为证据起诉该员工，通过法律途径来维护自己的合法权益。

与前两种离职员工相比，创业型离职员工的性质更严重，给公司带来的损失和潜在的威胁也更大。因为这不仅仅意味着公司失去了一位优秀的员工，它还意味着公司在行业内又多了一位强劲的竞争对手。在这种情况下，公司为了维护自己的利益，只有尽量确保自己的商业利益不被侵犯，用离职协议来约束离职员工的行为，避免公司重要的商业信息被盗用。

这也说明了一个问题，那就是公司在运营的过程中，凡是涉及公司核心利益的信息，都应该由公司创始人或者公司负责人亲自掌握。当遇到自己的合法权益被侵犯时，公司负责人应毫不犹豫地用法律武器来维护自己的权益。

13.11 对不辞而别的员工的处理办法

在日常工作中不排除有这样一类员工，他们个性鲜明，追求自由，做事情从来不需要理由，只看心情。所以，当哪一天他们的心情不好了，他们就会毫无征兆地离开公司。不要说离职申请，甚至连一个招呼都不打，就离开了公司。这种不辞而别的员工是让公司感到最无奈的。

由于员工与公司之间签订了劳动合同，如果员工不辞而别，没有办理相关的离职手续，公司方面也没有任何处理措施，一旦员工发生意外情况，公司需要为之负责，因为双方之间还处于雇佣关系状态，受法律保护。

所以，当公司发现有员工不辞而别时，首先，公司应该向员工寄送一份《催告函》，其内容是催告员工返回公司正常上班，并且告诉员工，如果遇到了特殊情况，应向公司说明缘由，办理请假手续。除此之外，还要告诉员工，如果既不请假，也不返回公司上班，公司则有权单方面解除劳动合同。

其次，根据《催告函》的回馈情况进行相应的处理。如果员工收到《催告函》后返回公司上班了，那么按照公司的规章制度对其擅自离岗的几天记为旷工处理。如果员工收到《催告函》后依然没有反应，那么公司则可以单方面与其解除劳动合同关系。

最后，向员工邮寄《解除劳动合同通知书》。在寄送通知书之前，公司方面可以与员工进行联系，最好让员工本人前来公司办理相关的离职手续。如果员工不能亲自来办理，则可以将离职协议等需要员工签字的材料一并寄送给员工，并让员工签字后寄回公司。

如果员工因为擅自离职而给公司造成了一定的经济损失，那么公司是可以向员工索赔的。《关于企业处理擅自离职职工问题的复函》（劳办发〔1993〕68号）中规定，未经企业同意，擅自离职的职工给企业造成损失的情况，可视其给企业造成损失的大小，责令其给予企业一定的经济赔偿。

另外，不辞而别的员工也应列入公司招聘的黑名单中，这样的员工是典型的没有责任感的员工，他们根本不会考虑公司的利益，也就难以为公司做出贡献。所以，这样的员工不应再被招聘到公司中。

13.12　对带业务离职的员工的处理办法

这类员工不仅会说走就走，可能还会在离开的时候带走公司的业务，给公司带来损失，这类员工也是公司最无法容忍的类型之一。所以，当公司面对这类员工时，一定要谨慎对待。最好是先了解员工离职的原因，尽量让员工返回工作岗位。如果员工执意不愿返回，那么对待这类员工公司绝不能姑息容忍，应该严肃处理。

众所周知，业务是公司生存发展的基础。公司没有了业务，犹如汽车没有了油，人体没有了血液一样。所以，失去业务对公司来说，往往会造成致命的打击。

当公司遇到员工带着业务离职时，首先，应与员工进行沟通，了解其离职的真正原因。如果仅仅是因为薪酬待遇的原因，公司可以提高员工的薪酬待遇，让员工留下来，因为员工为公司所创造的价值是远超于此的。

其次，如果员工离职的原因不是薪酬问题，而是公司无法为之解决的问题，也就是说，公司不可能再留下该员工了，这时公司应该安排其他员工去和业务方洽谈，将这一业务交接过来，避免给公司带来损失。

最后，公司应该考虑与该员工签订离职协议。为了保障公司的利益，公司一定要在离职协议中写清楚该员工负责的业务归公司所有，这样就能对该员工的行为起到约束作用，阻止他带走公司的业务。

对于一个公司来说，员工离职的原因各种各样。为了减少员工离职给公司带来的损失，也为了降低员工离职给公司带来的风险，公司负责人事先应该对员工的离职类型有一个大致的了解，并根据这些离职类型制定相应的应对措施，防患于未然。

第五篇

商业谈判

第 14 章　谈判策略：设置底线，趋向双赢

商业谈判是一件斗智斗勇的事情，公司运营者要想在商业谈判中获得成功，还需要掌握一定的谈判策略。关于谈判策略，有一个总的原则，那就是设置底线，趋向双赢。没有底线的谈判，会让自己陷入不利的境地。不以双赢为目的的谈判，很有可能导致两败俱伤。本章将从谈判策略的总原则讲起，介绍 7 种实用的谈判策略，希望能在实际的商业谈判中助大家一臂之力。

14.1　出价策略

李茉莉是个爱美的女孩，周末经常去逛街。周一上班的时候，李茉莉发现同事小美居然穿了一件和自己一模一样的外套。李茉莉的这件衣服是昨天刚买的，她本来还认为自己的审美挺独特的，没想到竟然有人跟她穿的衣服一样。出于好奇，李茉莉走过去与小美打招呼，并询问小美的衣服是在哪里买的？多少钱？小美一一回答了李茉莉的问题。李茉莉顿时感觉很生气，因为小美的衣服与自己的衣服是在同一个商场买的，但是小美比自己少花了整整 100 元。

现实生活中像小美和李茉莉这样的例子数不胜数。造成这种结果的原因在于，她们所用的出价策略不同。李茉莉看到这件衣服后，首先问老板多少钱，老板的回答是 480 元。李茉莉想了想，认为这件衣服只值 300 元，于是问老板 300 元能不能卖，老板说："不能，至少 400 元。"于是，李茉莉花了 400 元买走了这件衣服。

同样，小美也觉得这件衣服值 300 元，但她跟老板说："200 元能不能卖？"这个时候老板说："不能，至少 300 元。"于是，小美以自己觉得合适的价格买走了自己喜欢的衣服。这就是典型的出价策略的应用。

出价策略是在讲价的过程中，应先给出一个低于自己预算的价格，这样即使对方继续加价，也能确保加价后的价格在自己能接受的预算价格之内。

例如，当你在购买汽车的时候，经销商告诉你汽车的价格是 23 万元。而你此时只想花 20 万元购买它，那么，这时候你向经销商报出的价格应该是 15 万~

18万元，这样就给双方都留下了可谈判的空间，也不至于让谈判进入僵局。当然，你所报出的价格也不能太低，否则会显得你没有诚意，给人不切实际的感觉。除非你真的没有诚意，否则就应该将出价控制在一个合理的范围内。

对于商业谈判来说，出价是一件比较严肃的事情。如果你出的价格低得离谱，显然会损坏你在对方心目中的形象。情况严重的，还会影响到对方对你的信任，这对公司经营来说，也是致命的打击。而且公司之间的竞争非常激烈，有可能因为你的出价太不靠谱，而导致对方放弃与你合作。

总而言之，出价策略要求你所给出的价格应该处于对方给出的价格与你的预算价格的平均值之间。这也是出价策略的基本思路。公司运营者在谈判中运用这种思路，往往会有意想不到的结果。

14.2 遛马策略

在驯马场中，驯马员在正式驯马之前，一般会先遛遛马。这其实是驯马员在疏导、安抚马。有了这一前提，之后的整个驯马过程也就变得更加顺利了。如果我们将这一思想运用到商业谈判中，就是说在谈判的过程中，即使对方提出令人难以接受的条件，我们也不应该立即反驳，而是应该采取顺势疏导的方式说服对方，让对方改变态度，调整条件。

在面试的时候，尤其是刚毕业的大学生在面试时，经常会听到面试官说："虽然你的条件很好，但没有工作经验。"可能大多数心急的求职者就会立即反驳，说："我认为理论知识更重要，能对实践工作起到指导作用，而且很多事情并不是完全凭借经验就能办成的。"这样的回答固然没有问题，但是会给面试官留下不好的印象，最终也可能导致求职者与这份工作失之交臂。

因为面试官指出求职者没有工作经验，这的确是毋庸置疑的事实。而求职者这样的回答，显然就是在逃避这一事实。相反，此时求职者可以说："我的确在工作经验这方面有所欠缺，但我相信每个人都是从无到有慢慢学习积累起来的。入职后，我会在试用期内，尽快掌握这份工作所需要的基本技能。"

这种回答思路就是遛马策略的应用。首先，顺着对方的思路进行；然后，诚恳地表明自己的态度；最后，进行有力的反攻。不管是在正式谈判中，还是在平常交谈中，运用遛马策略都可以避免交谈的气氛太僵，给对方留有一定的余地，从而推动谈判或交谈的顺利进行。

同样，公司运营者在商务谈判过程中，即使对方给出让自己受益的条件，也应该表现得不动声色，或者是不太情愿的样子。直到谈判结束，签订完合作合同后，公司运营者才可以真正展现自己的心情和态度。因为公司运营者在谈判初期的态度和举止，会影响到谈判的整个后续过程。有可能本有机会为自己争取有利的条件，结果因为前期的行为没有控制好，而导致自己的利益受损。

遛马策略的关键在于前期不能表现得咄咄逼人，而是应该顺着对方的思路，通过进一步的交谈以及前期所做的准备，寻找突破口，进而将谈判推向对自己有利的方向，最终达到自己的谈判目的。

14.3 折中策略

在谈判中，谈判双方都希望最终的谈判结果是对自己有利的，所以，在谈判过程中，双方很容易让谈判陷入拉锯战中，形成僵局，而这种结果对谈判双方来说都是无益的。与其陷入僵局，让双方都不能从中受益，还不如各退一步，实现双赢。那么，如何才能实现双赢呢？答案就是折中策略。

詹姆斯有一块肥沃的土地要出让。消息发布出去之后，有很多买家上门找詹姆斯购买土地。但由于没能在价格上达成共识，所以，詹姆斯的这块土地迟迟没有卖出去。

有一天，一位贵族打扮的女士来到詹姆斯家中，表示想购买这块土地。詹姆斯像往常一样报出了土地的价格，60万美元。

虽然这位女士有备而来，但听到这个价格后，还是吃了一惊。但是，女士很快平复了自己的心情，继而对詹姆斯说道："您的这块土地十分肥沃，而且水源充足，所以，您所报出的价格是十分合理的。但是，我只想用50万美元买下它。您能否再考虑考虑？"詹姆斯听后，有点不耐烦了，直截了当地说："不能。"此时，女士继续说："咱们都退让一步，我再加5万美元，一共55万美元。"经过一番谈判，詹姆斯最终同意了这个价格。

以上案例中的女士在商谈土地价格的过程中，就运用了折中策略。她想要得到这块土地，但是卖主不同意她的出价。于是，她主动提出加价，加到了她给出的价格与卖主报出的价格之间的中间值。这样既体现了自己的诚意，也易于让卖主接受。

所以，从深层次来看，折中策略体现了平等互利的思想，这种策略不仅适用于商业谈判，也非常适用于销售工作。销售员使用这种策略，往往能较容易征服客户，达到销售目的。因为客户在这个过程中会感到自己受益了。事实上，在实际生活中，大家都倾向于用折中策略来应对和解决问题。但是，在商业谈判中运用折中策略还有一个需要注意的关键点，那就是要把握"适当折中"这一原则。

14.4 钳子策略

钳子是一种十分常见的生活工具，它能帮助人类节省不少力气，从而提高工作效率。钳子是利用杠杆原理制作出来的，所以，人们在使用它的时候，只需要花费很小的力气，就能撬动巨大的东西。

钳子策略是指在谈判过程中，通过找到一个支撑点来控制对方的思维，从而让自己在谈判过程中处于主动、有利的地位，占据更大的优势。

沃顿商学院有位名叫迈克尔·米尔肯的校友，他有一个外号，叫作"垃圾证券之王"。因为他总是会将别人不看好的证券大量买进。然而，迈克尔就是凭借这些"垃圾证券"在金融界缔造了一个神话。

迈克尔通过仔细研究手中的"垃圾证券"，找到了改变证券"垃圾"状态的方法。于是，他开始为自己的股票寻找投资者。在与投资者就证券价格进行谈判的时候，投资者先是给出了23万美元的报价。迈克尔听到这个数字后，不动声色地说了一句："你一定可以给我一个更高的价格。"随后，他走出了谈判室，让投资者单独思考。

半小时后，迈克尔再次回到谈判室。这个时候，投资者直接给出了34万美元的报价。于是，迈克尔爽快地与对方签订了合同。实际上，迈克尔对自己的股票估价就是22万~28万美元。本来投资者第一次给出的价格就已经达到了迈克尔的预期值，但是他并没有就此却步，而是通过利用钳子策略，给对方造成心理压力，推动谈判结果朝着自己预期的方向发展。

当然，钳子策略也是可以变化的，这与运用者的实际身份有关。对于卖方来说，当报出价格后，买方肯定希望卖方给出更低的价格。这时，卖方不应该直接给出价格，而是说："我相信你会给我一个满意的价格。"此时，对于买方来说，不应该直接报出心中认为合适的价格，而是反问卖方以什么价格出售该商品更合适，这就是反钳子策略的使用。

在谈判中，公司运营者应该灵活运用钳子策略。根据自己在谈判中所处的位置以及谈判的实际情况来运用这一策略，确保自己能在整个谈判过程中处于有利的地位。

14.5 蚕食策略

养过蚕的人都知道，蚕吃东西的速度是非常慢的，而且每次进食的分量也是非常少的。但是，即便是小蚕，也能将每一片桑叶吃得干干净净。由于受到蚕进食的启发，有经验的谈判者总结出了一种谈判策略，即蚕食策略。

蚕食策略是指在谈判的过程中，不要试图一下子提出所有的条件，而是一点一点、一个一个地提出自己的条件。同样的条件，通过两种不同的方式展现出来，得到的结果会截然不同。

马越川是一家电器公司的销售员，在所有同事中，他的销售业绩是最好的。因为他在向客户推销产品的时候，从来不会一下子向客户介绍公司所有的产品。例如，他若想向客户推销空调，他会先向客户推销洗衣机，因为洗衣机的价格比较便宜，客户也比较容易接受。在推销洗衣机的过程中，马越川还会找机会向客户介绍他公司的空调。这样，用户接受空调推销以及购买空调的可能性都会增加。

上述案例其实就是蚕食策略的应用。从小处着手，先取得对方的信任，再亮出自己真正的底牌。由于整个过程并没有呈现咄咄逼人的态势，所以，这种谈判方式较容易得到对方的认可。这一谈判策略其实也是对心理学的一种应用。

蚕食策略的关键在于，要厘清自己所要提出的各个条件之间的关系。然后，在实际的谈判过程中按照由浅入深、由易入难的顺序，逐步地将自己的条件提出来。很多人都会有这样的感受，即认为销售员在向自己推销商品的时候所说的话非常有道理，会情不自禁地顺着销售员的思路去思考问题，甚至会按照他们的思路做出决定。这就是蚕食策略的高明之处，于无形之中对人产生深刻的影响。

在商业谈判的过程中，虽然双方都带着明确的目的，但是，对方并不知道自己的真正意图。也就是说，在这个过程中，双方都有回旋的余地。利用蚕食策略，一步一步地提出自己的条件，即使达到目的后，也还可以试着提出更进一步的条件。在这种情况下，往往能得到意想不到的结果。

14.6　信息施压策略

众所周知,间谍是全世界人民共同抵制的一种职业。然而,即便如此,间谍一直都存在。美国中央情报局曾经公布过美国政府的财务预算情况,尽管已经处于和平年代,但美国中央情报局每年用于搜集情报的支出仍然高达 300 万美元,这显然不是一笔小数目。但是,美国的官员们都认为这笔支出是物超所值的。

这个案例足以说明信息的重要性。的确,大到国与国之间的较量,小到公司与公司之间的商业谈判,信息在其中都起到了决定性的作用。可以毫不夸张地说,在这个过程中,哪一方掌握了更多的可靠信息,哪一方就能取得谈判的最终胜利。

所以,公司运营者要想在谈判中占据有利的地位,推动谈判结果朝着自己预期的方向发展,在谈判之前就要做好充足的准备。另外,谈判过程也可以作为一个收集信息的渠道。公司运营者仔细倾听对方的发言,从对方的发言中收集信息,作为最后向对方施压的基础。

公司运营者要想利用好信息施压策略,前提条件是不能过于自信。过于自信的人会觉得收集信息是一件无聊、费时的工作。因此,这样的人也就难以在收集信息的过程中静下心来,他们总会觉得自己已经了解得够清楚、够详细了,由此导致的结果是可想而知的。只有沉下心来,承认自己的无知,才能收集到更多、更有用的信息。

除此之外,公司运营者在谈判的过程中还要敢于向对方提出问题,善于向对方提出问题。提问法是一个高效且精准的信息收集方法。你想要知道的信息,都可以通过提问得到答案,你可以向别人提问,别人也可以向你提问。因此,在回答对方问题的时候,一定要三思,尽量不要露出自己的破绽或短处。

14.7　底线施压策略

在此,我要为大家介绍最后一种谈判策略,即底线施压策略。这一策略是指直接给出自己的底线,向对方施压,促使对方答应自己的要求。当然,这其中也会出现一个问题,一旦对方表示不能接受你的底线,你就失去了谈判的筹码,处于非常被动的地位。这显然对预期的谈判结果是不利的。

可能有人会说"那就再改一改自己的底线",如果是这样的话,你的底线也就不叫底线了。由此导致的结果不仅是在谈判中处于被动地位，对方还很有可能直接放弃与你的合作，因为在对方的眼里你是一个不讲信用的人。

虽然底线施压策略有这样一个缺点，但如果你能认识到这个缺点，就能有意识地规避这一缺点。你的底线可以根据不同的谈判场合进行更改，但不能在谈判中公然更改自己的底线。也就是说，公司运营者应在谈判之前摸清对方的情况，设定自己的底线，而不是在谈判中一再更改自己的底线。

如果在谈判中，对方向你运用底线施压策略，那么你可以采取拖延战术来应对。也就是说，对方给出底线后，你尽可能地拖延时间。例如，对方要求你在 3 天内完成某一项工作，你要告诉对方这项工作包括了哪些内容，哪些方面的内容比较复杂，不是短时间内能解决的，从而给自己争取更多的时间，也让对方有更多喘息的机会。

至此，7 种谈判策略全部讲解完毕。公司运营者在进行商业谈判的过程中，可以根据谈判的内容和性质选择使用其中一种或两种策略。当然，公司运营者也可以将这些谈判策略综合利用。总之，只要能有助于谈判顺利进行，推动谈判朝着有利于自己的方向发展，至于如何使用这些谈判策略并不重要。

第 15 章 谈判技巧：谋定而后动，接受战略性亏损

上一章提到的谈判策略都是从理论层面展开的，它们主要适用于普通情况，因此，针对性不是很强。而公司运营者在谈判的过程中会遇到各种各样的具体情况。为了更加有针对性，也为了给公司运营者提供更加直观的指导，本章将介绍 6 种谈判技巧，它们各自针对一种现实问题，而这些问题也是普遍存在的，我希望这 6 种谈判技巧能为公司运营者提供更多的启示。

15.1 自身缺少现金流：提高预付金，压缩账期

张岩是一家文具公司的老板，每年临近开学的时候，张岩都会感到特别兴奋，因为他的生意来了。当然，这时也是张岩最忙的时候。他每天都要忙着与来自全国各地的商家进行谈判，因为双方都想在价格上占据更多的优势。而且，这些商家有一个共同的特点，那就是要求先发货，等他们把产品卖出去后，再向张岩付款。以往，张岩手头的资金比较宽裕，对此他也就爽快地答应了。

但今年不一样了，张岩手头的资金比较紧张，因为他为了扩大生产规模，提高竞争力，新建了一个工厂，并且将所有的生产设备都更新了。当商家再提出这样的要求时，张岩感到很为难。如果答应商家的要求，他担心自己后期会因资金不足而拖欠工人们的工资，如果不答应商家的要求，又担心会失去合作伙伴。

张岩的这种情况是很多供应商在商业谈判中都会遇到的。实际上，面对这种情况，公司运营者应采取的措施是提高预付金，压缩账期。现金流在公司发展中的作用非同小可，公司的现金流一旦出现断裂，信任危机也就会随之出现，而最坏的结果就是公司破产。因此，这个时候，公司运营者切不可为了留住合作伙伴而一再压低自己的底线。

如果为了留住几个合作伙伴而将自己的公司推向破产的境地，显然得不偿失。相反，如果你选择将实际情况告诉对方，说明自己处于现金流匮乏的阶段，有可能会得到对方的理解，对方甚至愿意主动提高预付金，压缩账期。

尤其对于处于初创期的公司而言，在进行商业谈判的过程中，公司运营者更

应该把握这一技巧，即提高预付金，压缩账期。因为大多数公司的初创期都处于现金流匮乏的阶段，如果贸然实行先订货后付款的合作方式，很有可能将公司逼上绝路，而提高预付金以及压缩账期的做法，却能够帮助公司加快现金回笼。这样公司也就有了更多的流动资金来支付员工的工资，以及购买原材料等，甚至还可以利用这些资金进行产品推广和公司宣传。

不论是初创公司，还是有着悠久发展历史的大型公司，都需要铭记一条原则，即谈判的意义在于寻找事情的转机，而不是一味地满足对方的要求。在商业谈判中，要有自己的底线和原则，要从公司的实际情况出发，要运用适当的谈判技巧。

15.2　自身缺少订单：设置较高的订单返点

如果公司面临的问题是缺少订单，那么在商业谈判时应使用的技巧是设置较高的订单返点。不论是公司经营，还是商家的分销行为，其目的都是为了盈利。对于商家来说，他们选择供应商的标准只有一条，即能获得更多的好处和利益。而对于公司来说，订单越多，盈利才会越多。

显然，商家要想获得更多的盈利，就要确保他们的产品进价处于一个较低的水平。因为商家之间也存在着竞争，如果将卖价定得过高，产品也就难以顺利卖出了。因此，商家只能通过压低产品的进价来确保自己的获利情况。

基于这种情况，公司要想获得更多的订单，就要在利益允许的范围内，尽可能地向商家让利，如设置较高的订单返点。有关订单返点，这是商业领域内一直以来的一个做法。而返点的比例往往也就体现了合作双方的诚意，返点的比例越高，表示合作双方越有诚意，自然达成合作关系的可能性也就越大。

较高的订单返点意味着商家的订单金额越大，其能获得的返点比例也越高。因为公司会根据订单金额按比例给商家返钱。而这对于商家来说，无疑是极具吸引力的一种措施。当然，在使用这一谈判技巧时有一个前提，就是公司缺少订单。

从以上解释中可以看出，较高的订单返点是一种最大限度地向商家让利的行为，这也意味着在短时间内公司可能会面临利益损失的情况。如果公司没有较强的财力基础作为支撑，履行这一承诺会显得较为吃力。如果公司在商业谈判中给出了这样的条件，就一定要履行，否则将会给公司带来很坏的影响。

下订单以及订单返点的约定,都是在实际的商业交易活动进行之前做出的决定。为了确保这一约定能得到最终落实,公司运营者在谈判时可以提议签订订单返点协议。这样一来,即便日后发生了冲突,也有解决问题的依据。

15.3 自身接单量少:提高单价,保证优质优价

不少初创公司的运营者都有这样的苦恼,即订单量太少。毕竟刚成立的公司没有什么知名度,难以取得较多的合作方的信任。而且,如今任何领域的竞争都是非常激烈的,在这种情况下合作方拥有较大的自主权和选择权。

面对这种情况,我们的应对办法就是提高单价,保证优质优价。因为公司盈利有两种常见的途径,一是通过扩大销量,即提高接单量;二是通过提高质量,即以质量取胜。既然在接单量方面遇到了困难,就可以考虑通过第二种途径来保证盈利。

路易威登是一个世界著名的品牌,其产品包括手提包、旅行包、珠宝、腕表、成衣等。尽管它的知名度很高,所涵盖的产品类型也非常多,但是它的销量非常有限。难道是因为它的产品销售不出去吗?答案是否定的。事实是,很多人想买它的产品,但是买不到。

以路易威登的手提包为例,它有一款手提包是由世界顶级工匠纯手工打造的。这款手提包的质量和品质都非常好,不过,它在全球范围内是限量生产、限量销售的。尽管销量极为有限,但是这些手提包给路易威登带来的价值却是无法想象的。

可见,公司的盈利情况并不是完全与接单量直接挂钩的。相比较而言,优质的产品更能为公司带来更丰厚的利润。对于初创公司来说,谈业务、接订单本来就比较困难,更别说在短时间内接到大量订单了。这时,与其紧盯着接单量不放,不如集中精力专注于提高产品的质量。当质量有了保证之后,产品的价格也会更具优势,盈利情况自然也就能得到保证了。

从另一个角度来看,公司的接单量少恰好使公司有更多的精力去提高产品的质量。当公司的产品质量达到一定程度之后,公司在业界的口碑和地位也就会随之提高,公司接单量的增加也就成了水到渠成的事。所以说,比起接单量,产品的质量更重要。

即使公司的接单量少,公司运营者在进行商业谈判时也要底气十足,这是商

业谈判中一个十分重要的关键点。如果公司运营者在谈判桌上表现得底气不足，纵然有质量过硬的产品，也难以成为谈判的优势。而要确保产品的质量，技术又是一个十分重要的因素。如果缺乏过硬的技术团队的支持，也就谈不上优质优价。

总而言之，接单量少并不值得焦虑，如何提高产品的质量，如何在谈判中体现出自己的产品优势，才是十分关键的问题。只有把握住这一要点，才能在商业谈判中占据更多的优势。

15.4 账期组合法：长账期与短账期按比例接单

先签单建立合作关系，等到产品销售出去后再进行结算，这是现如今大多数公司与公司，或者公司与商家之间的合作方式。如果产品属于日常消费品，或者是损耗量较大的产品，它们的结算周期较短，资金在短时间内就可能回笼。但是，诸如电视、空调等大宗商品，它们难以在短时间内大量销售出去，这也就意味着资金无法在短时间内回笼。如果长期面临这种情况，显然就会影响公司的发展。

公司运营需要成本，产品研发更需要大量的资金投入。如果资金长期被合作方占据着，这样的合作方式就有失公平了。公司运营者应该明确其中的利害关系，不能盲目地接受这种合作条件。在挑选合作对象时，考虑到公司的长远发展，我们可以使用账期组合法，即按照一定的长账期与短账期比例接单。

长账期是指资金回笼的速度较慢，合作方需要经过较长的时间才能支付这笔款项。短账期则刚好相反，指的是合作方承诺在较短的时间内支付账款。显然，短账期能够保证公司的现金流、资金链处于正常状态，能够满足公司正常运营的需要。在短账期订单数量合理的前提下，公司也可以接一些长账期订单。

至于长、短账期的具体接单比例是多少，并没有一个准确的数值或规定。因为这个比例与诸多因素有关，包括公司的资金状况、行业性质、技术水平、所处的发展阶段等。每个公司在这些方面的具体情况是不同的，因此，大家需要具体问题具体分析。总之，总的原则就是短账期订单至少要能满足公司的正常运营所需，在此基础上，可以接一定的长账期订单。

使用这一谈判技巧的前提是，公司运营者能透彻地了解公司的各方面情况，并且能较为准确地预估公司在未来一段时间内的发展状况，以及发展所需的经费。当然，公司运营者也可以在谈判开始之前，特意对这些方面的内容进行仔细、全面的估计和分析。

15.5　订单组合法：大订单与小订单按比例接单

　　不可否认的是，公司在洽谈业务的过程中，可能接到大订单，也可能接到小订单。这是不是意味着公司只需要接大订单，不需要接小订单呢？答案是否定的。且不说现实中并没有那么多的大订单，即使有，也没有人能保证大订单都会找你合作。

　　可能你非常幸运，有很多大的合作商都来找你合作，即便这样，你能保证你有那么多的时间和精力去应对吗？众所周知，虽然大订单所带来的利润较高，但所要付出的时间和精力也更多。而公司的人员及技术等方面都是有限的，用有限的资源来应对无限的要求，这显然是不成正比的，也是难以做到的。

　　尤其对于初创公司来说，接过多的大订单不一定是好事。首先，大订单对于质量、技术方面的要求更严，而初创公司的技术很可能不能满足其要求，结果有可能出现产品质量不合格的情况。若真的出现了质量问题，业务承接方是需要负责的。也就是说，或者返工，或者赔钱，而这其中的任何一种方式都会让初创公司难以承受。

　　小订单则不一样，首先，它的业务量小，对人员的要求不高。其次，小订单给了业务承接方更多的发挥空间，这对业务承接方来说能够起到一定的提升作用。最后，即使小订单业务出现了差错，返工、赔钱的数量也比较少，不至于给公司带来毁灭性的打击。

　　所以，公司运营者不能只把眼光盯在大订单上，而对小订单不屑一顾。正确的做法应该是采取订单组合法，即按照一定的比例接大订单和小订单业务。这与上一小节中提到的账期组合法有着异曲同工之妙。

　　同样的道理，公司究竟该接多少大订单、多少小订单，这是由公司的规模以及实际发展状况决定的。因此，关于这一谈判技巧的使用，同样要求公司运营者首先对公司的各方面情况有一个大致的了解。否则，这一技巧也就无法恰当使用。

15.6 急慢组合法：加急订单与普通订单按比例接单

根据订单的性质，除了将订单分为大订单和小订单，还可将订单分为加急订单和普通订单两种。公司运营者在进行业务洽谈的过程中，难免会碰到这两种类型的订单。显然，加急订单对时间的要求比较严格，会给公司的业务进度带来较大的压力。而普通订单则不一样，它的时间比较宽松，压力也较小。

加急订单因为有明确的时间限制，也就是意味着该订单对时间的要求较高，因此，这种类型的订单往往利润较高。普通订单的情况则刚好相反。如果仅仅从收益情况来看，显然多接加急订单的好处更多，但事实并非如此，加急订单在给公司带来更多利润的同时，也意味着公司要承担更多的责任和压力。

由于加急订单所带来的压力较大，所以，如果公司的这类订单过多，显然会给员工带来较大的压力，因为公司的业务最终是由员工来完成的。而且，加急订单还有可能会涉及员工加班的问题。如果让员工经常性地加班，会引发员工的不满情绪，其结果可能会导致员工罢工或离职。

公司和员工应该是一种共生关系，没有员工，公司的业务也就无法完成，公司自然也就无法正常运营。所以，公司在考虑自身利益的同时，还应该考虑员工的利益和感受。否则，员工就会有不满情绪或者反抗行为。

可能有人会说，这些员工离职后，公司还可以再招聘。且不说公司无视员工的利益会在业界形成不好的口碑效应，即使公司招聘到了新员工，也还有试用、磨合的过程。在这种情况下，不要说加急订单，甚至连普通订单的效率也无法得到保证，随之而来的问题就是公司面临违约赔偿。因为加急订单的价格更高，所以，在签订合作合同的时候也会同时签订违约赔偿合同。这样看来，公司的做法是得不偿失的。

事实上，公司运营者在进行商业谈判时如果采用急慢组合法，就能有效地解决这个问题。根据公司的实际运营状况，按照一定的比例接加急订单和普通订单，这样既能保证公司盈利目标的实现，还能照顾到员工的感受，增强团队凝聚力，从而提高工作效率。

第 16 章　签订合同：权利义务与风险把控

签订各种合同对于公司来说是常有的事，合同一旦签订下来，就具有了法律效力。如果公司在签订合同的过程中不够严谨，就很有可能会出现漏洞，最终给公司带来毁灭性的灾难。为了避免这种不良情况的出现，有必要提醒公司运营者在签订合同时一定要谨慎对待。一般来说，签订合同时有 5 个注意事项，本章将对这 5 个注意事项进行详细讲述，并列举 3 个相关案例加以说明。

16.1　主体资格要审核

公司在与任何对象签订合同时，都要先对其主体资格进行审核，什么叫作合同的主体资格呢？这是对民事法律关系主体而言的一个概念，是指依法享有权利以及承担义务的法律关系的参与人。合同的主体是对合同中规定的事项承担责任的对象，可以是一个人，也可以是一个组织。如果不对合同的主体资格进行审核，可能会出现有了问题却找不到责任人的情况。

那么，究竟如何对合同的主体资格进行审核呢？首先，应对对方的法人资格进行审核，审核内容包括 4 个方面：

(1) 成立的过程是否有法律依据。
(2) 是实缴注册还是认缴注册。
(3) 公司名称、办公场所是否符合法律、法规的规定。
(4) 是否能独立承担民事责任。

如果签约方属于组织性质，没有独立法人资格，那么应审查其营业执照。如果签约方属于公司的下设部门或者分支机构，同样需要对其法人资格进行审核。如果不符合条件，则可以拒绝与其签订合同，避免给公司的运营工作带来麻烦。

可能还会出现另一种情况，即合同的履行具有一定的专业性。遇到这种情况时，主体资格审核还应该包括对从业人员相应资格的审核。具体的做法可以是审核其从业资格证书。如果公司运营者在与对方签订合同时忽略了这一项内容，也就意味着合同能否如约履行是一个未知数，这是一种对自己公司不负责的表现。

例如，与从事教育行业的主体签订合同时，需要审查对方的教师资格证；与从事传媒行业的主体签订合同时，则需要审查对方的新闻采编从业资格证。总之，对于这些具有明显专业性质的主体，从业资格证的审查是非常重要的环节。

而且，在实际的审查过程中，还要确保双方的当事人都是合同中明确指出的主体。如果出现当事人与合同规定的主体不相符，则需要重新确定；如果出现主体人变更的情况，也需要及时告知对方，并确认变更后的情况。而审查方则需要对此进行全面审查，从而确保不会给后续工作带来法律风险。

16.2　合作双方的义务要明确

合同的本质是一份具有法律效力的协议，它是对当事人之间设立、变更、终止民事关系的规定，以及当事人之间的权利和义务的规定。没有人能预测到双方在合作过程中会出现什么问题，会发生什么样的纠纷。如果双方对此没有明确的解决方案，日后势必会给合作双方带来很多麻烦。所以，在合同中明确合作双方的义务是必不可少的环节。

李楠和宋枫是多年的同窗兼好友，而且两个人都有开一间茶餐厅的愿望。为此，两个人在大学期间就做了详细的调研和规划。毕业后，他们便拿着成熟的计划开始了第一次创业。

由于两个人是好友关系，彼此也都非常信任对方。所以，在创业之初两个人并未签订任何合作协议或合同。而且，两个人在工作中的分工也没有一个明确的规定，谁愿意负责哪方面工作就负责哪方面工作。

餐厅刚开业时，生意比较冷清，而且两个人的创业热情也正好处于一个高昂的状态，因此，餐厅的管理工作进行得非常顺利。然而，随着时间的推移，餐厅也逐渐有了知名度，此时，餐厅的生意越来越火爆。这本该是一件值得高兴的好事，然而，李楠和宋枫之间却开始出现矛盾。最终，两个人因为在餐厅管理工作的分配上没有达成一致意见而闹上了法庭。

上述案例就是一则典型的因合作义务不明确而产生严重问题的案例。对于合作双方来说，合同中必定会涉及利益问题，而这个问题又是最容易引起合作双方发生冲突的。不过，有冲突并不可怕，可怕的是没有有效的解决方案或依据。当人们面对利益时，都会极力地维护自己的利益，这时如果没有能够约束彼此的依据，就很容易陷入僵局。

为了保证合作关系的顺利进行，也为了避免日后合作中发生不可调和的冲突，在制定合同时要先明确双方的义务。对于经验不足的创业者来说，可以参考同行业内其他人的意见，或者咨询专业的法律顾问。

总而言之，关于双方需要履行的义务，在合同中呈现得越详细越好，这也是制定合同时需要注意的事项之一。

16.3　合同条款要详细

合同内容包括合同签订主体以及双方约定的各项责任和义务。而后者通常是以条款的形式呈现出来，将每一种具体的情况列为一项条款。因此，合同条款的内容越详细越好。

《合同法》第十二条规定，合同的内容由当事人约定，一般包括：当事人的名称或者姓名和住所、标的、数量、质量、价款或者报酬、履行期限、地点和方式、违约责任、解决争议的办法。根据合同所涉及的具体行业性质，可以有选择性地选用以上内容作为合同的主要条款。但是，不论合同的主要条款的内容是什么，对其中的细节问题的描述都是越详细越好。

合同条款的内容越详细，遇到具体情况时就更容易找到相对应的解决办法。所以，在合同中，只要是可能在合作过程中出现的问题，只要是双方能想到的问题，都可以以具体的条款展现出来，防患于未然好过"事后诸葛亮"。

例如，甲方需要乙方开发一套系统，并与乙方签订了合作协议。该协议规定，乙方应尽早完成系统开发工作。如果乙方提前完成的时间越早，则甲方为乙方支付的劳动报酬就越多。

显然，这就是一份非常模糊的合同条款。关于合同中的"尽早"没有一个明确的概念，也没有一个明确的时间界定。日后，即使乙方完成任务的速度非常快，如果乙方想凭借这份合同内容向甲方要求支付更高的劳动报酬，几乎也是不可能的事，因为并没有一个参照物让乙方来证明自己的完成速度很快。可能乙方最后会对此表示很不满，但也只能打掉牙齿往肚子里咽。

合同条款越详细，越能显示合同制定者有着缜密的思维和周密的考虑。这样的合作者会让合作方更加信任，推动彼此的合作关系向纵深化发展。

16.4　违约责任条款要注明

对于合作双方来说，合作是有期限的。合作双方应该在这个期限内按照合同约定对对方负责。如果某一方违反了合同中的规定，就属于违约行为。而违约行为会不可避免地给对方带来一定的影响，造成一定的损失。因此，合同中应包含违约责任条款。违约责任条款包括违约责任承担方式、违约责任条款约定、损害赔偿范围、违约金4项内容。

1．违约责任承担方式

当事人一方不履行合同义务或履行合同义务不符合规定时，应当承担继续履行、采取补救措施或者违约赔偿等违约责任。

2．违约责任条款约定

违约责任条款约定是违约责任条款的核心内容，它应该包括所有可能的违约形式，以及违约补救、赔偿的问题。例如，双方签订的是为期两年的合作合同，那么合同中至少应给出一年之内退出合作关系的赔偿标准，以及一年之后退出合作关系的赔偿标准。因为这两种情况都是极有可能发生的，而且会给合作的另一方带来较大的影响，造成较大的损失。

3．损害赔偿范围

当事人一方不履行合同义务或者履行合同义务不符合规定，给对方造成损失的，需要向另一方赔偿损失费。而这个损失赔偿额不能少于因违约规定的赔偿额，以及履行合同义务本可以带来的收益。

4．违约金

当事人一方因违约给另一方带来了一定的损失，则需要将损失以金钱的方式赔付给另一方当事人。这个违约金可以在合同中直接规定，也可以根据实际情况进行折算。如果合同中事先约定的违约金低于实际损失，当事人的另一方可以请求人民法院或者仲裁机构予以处理。

16.5　合作保密条款要设置

合作的实质是双方之间优势互补及资源共享。对于任何一家公司，都会有独特的运营模式和商业资源，这是公司维持发展，保持行业竞争力的秘密武器。然而，一个人的力量是有限的，一家公司的秘密武器也是有限的，尤其对于初创公司及中小型公司来说，更是如此。如果这些公司之间进行联合，其秘密武器的杀伤力就会大大增强。

在合作过程中，虽然彼此都拿出了自己的秘密武器，并且合作双方都可以加以利用，但是，这并不意味着另一方对秘密武器拥有支配权。也就是说，签订了合作合同后，双方都对对方的秘密武器，即商业机密，只有使用权，没有所有权，更没有支配权。因此，为了约束对方的行为，合作合同中也就有必要包含合作保密条款这一项内容。

在如今这个竞争十分激烈的商业环境中，在合作合同中添加保密条款已经成为一种共识，也成为默认的达成合作关系的前提条件。尤其在高新技术领域，如果合作方拒绝签订保密协议，那么所有的合作事宜都免谈。

在很多商业主体看来，制定保密协议是一种基本的商业道德。从理性的角度来看，这也是符合法律、法规的要求的。一般来说，合同中的保密条款会有明确的范围，包括设计、样品、模具、原型、技巧、诀窍、工艺、方法、技术、公式、算法、科学知识、性能要求、操作规格、测试结果、财务信息、价格和成本信息、商业计划、市场调研、市场分析、客户信息、配送信息等。

另外，保密条款还会规定泄露保密信息的处理方式。至于具体的处理方式视具体情况而定。如果泄露的信息不属于重大级别的，不会给对方带来重大损失的，则酌情以金钱赔付的方式处理。对于情节严重的情况，则可以申请法律的援助。

由于大多数商业信息都有有效期，所以，保密条款也有固定的保密期限。而这个保密期限也需要在保密条款中清晰地呈现出来。一般情况下，保密期为5年。不过，合同当事人也可以根据自己的行业性质来确定具体的保密期限。

16.6 签约主体没有签约资格酿苦果

2018年8月，上海某科技公司准备购买一批新的电脑设备，最后与上海某电器公司达成协议，双方约定购买的价格是18万元，并且双方还在口头上约定8月25日之前把货送到买方的办公地点。另外，双方还约定，买方需要先支付给卖方8万元的定金，之后的10万元尾款在电脑送达并检查合格后3天内支付。

电器公司在8月24日将科技公司预定的一批电脑送到了目的地。可是，一个星期之后，电器公司却迟迟没有收到科技公司应付的剩余款项。于是，电器公司负责人亲自与科技公司交涉。结果，得到的答复是，该公司只是上海的一个办事处，不具备签订合同的资格。之后，电器公司又找到该公司的总部，总部的答复是，与电器公司合作的办事处不具备法人资格，它做出的承诺和约定不代表公司的意志，没有法律效力。

所以，这家电器公司只能自认倒霉，由于没有签订书面的合同，也没有审核合同的主体资格，所以，当买方不愿意主动支付剩余款项时，电器公司只能处于极度被动的状态，无法走法律程序，因为没有具有法律效力的证明材料。

以上案例告诉广大公司运营者，在进行商业合作之前，一定要签订合作合同，并且要对合同的签约主体进行资格审核。例如，审查对方是否有签订合同的资格以及授权证明（如公司的营业执照、机构代码证、商标证书、授权书、身份证件等）。为了确保证件的真实性，还可以上网查验或者电话咨询。

另外，运营中心、分公司、办事处、接待处、联络处等，这些都是没有签约资格的主体。如果公司运营者遇到的签约主体属于以上任何一种情况，一定要查验其总公司的书面授权文件。否则，不能与其签订合同。

16.7　违约责任没有约定或约定不明确

某团购网站曾与深圳某科技公司合作，让对方帮助其进行网络推广。双方就此事达成了一致协议，约定推广期为一年，推广费用为20万元。此后，双方签订了合作合同。合同中还规定，推广费用分3次付清。第一次支付5万元定金，时间是在合同签订后一周内。第二次支付10万元，时间是在推广工作开始后的第2个月。第三次支付剩余的5万元尾款，时间是在推广工作开始后的第10个月。

该团购网站如约支付了第一次应付的5万元。到了第二次约定的交费时间，该团购网站以推广效果不佳为由，拒绝支付应付款项。在该科技公司多次派人与其协商无果之后，只好将其告上了法庭。然而，因双方所签订的合作合同对违约事项及违约责任并没有明确的规定，所以，诉讼被法院驳回了。

可以说，商业合作的双方完全是因为利益驱动而确定合作关系，开展合作工作的，因此，在这个过程中，双方都需要有明确的条文规定来维护各自的合法权益。

事实上，如果对违约责任没有明确的规定，一旦合作一方违背了合同约定，即使自己的合法权益受到侵犯，也无法得到法律的保护。虽然依法签订的合同具有法律效力，但如果合同中关于违约责任没有明确的规定，那么法律也就缺乏了维护诉讼者权益的证据。

合作双方可能出现的违约行为，以及应当承担的相应责任，甚至违约金、律师费、损失费等，都应写进违约责任条款中。总之，违约责任条款的内容越详细越好。

16.8　没有明确的验收标准，任由违约方违约

杭州一家管理咨询公司与当地一家科技开发公司达成了合作意愿。双方约定：科技开发公司为管理咨询公司研发一个软件，管理咨询公司向科技开发公司支付一定的报酬。

双方针对此次合作事宜签订了合作合同。合同中明确规定双方费用的支付和收取细则，即管理咨询公司分 3 次向科技开发公司支付款项。在签订合作合同的同时支付第一笔款项，共 3 万元；软件开发工作完成后支付第二笔款项，共 10 万元；软件投入使用后支付第三笔款项，共 8 万元。

管理咨询公司按照合同约定，如期向科技开发公司支付了前两笔款项。然而，当管理咨询公司拿到科技开发公司提交的软件，并投入使用后，发现软件存在很多漏洞。于是，管理咨询公司联系该项目的负责人，要求对方指派专业人士过来进行调试。结果，科技开发公司的项目负责人以合同已经到期为由，拒绝了管理咨询公司的要求。

最后，管理咨询公司向法院提起了诉讼，要求科技开发公司退还钱款，并赔偿因此带来的损失。与此同时，科技开发公司也向法院提起了反诉，请求管理咨询公司支付尾款，并赔偿违约金。而法院对此案的仲裁结果是，驳回了管理咨询公司的诉讼，因为双方签订的合作合同中对项目的验收标准并没有明确的规定。

法院对诉讼的仲裁需要参照一定的依据。因此，对于没有依据的诉讼，或者依据不合法的诉讼，法院不会受理。这也就说明在签订合同时，一定要擦亮双眼，"斤斤计较"，切不可粗枝大叶，更不可轻易地相信他人的口头承诺。否则，只会给自己带来更大的麻烦，到那时候再后悔，也于事无补了。

至此，有关签订合同需要注意的事项，以及典型的案例已经讲述完毕。事实上，在签订合同时所遇到的情况还有很多，因篇幅有限，这里就不一一讲解了。总之，合同签约主体千万要记住一点，不管面对哪种类型的合同，在正式签约之

前都要反复审查，确保万无一失。

　　读到这里，你已经将创业开公司的基础性内容学会了，不过光学习这些还不足以让你的公司生存下来，毕竟白手起家的公司死亡率很高。接下来，我们会进入进阶版，这一部分的学习内容主要是让你从思维上快速进化和提升。

第六篇

企业进化

第 17 章　资源整合：快速打通上下游产业链

随着人工智能、大数据、云计算等技术的发展，整合资源，打通上下游产业链，成为企业发展的一个必然趋势。无论是信息产业链还是技术产业链，创业者只要能打通整个产业链的上下游，就能更好地降低成本，提高效率。

本章将详细介绍创业者如何打通上下游产业链，实现资源整合。

17.1　整合资源，补充缺少的能力与智慧

创业者整合资源的首要前提是要弄明白以下 2 个问题：

1. 创业者为什么要整合资源

创业者整合资源的本质是为了补充自己缺少的能力与智慧。作为一个白手起家的创业者，毫不夸张地说，什么都缺，诸如资金、员工等，但其实缺少的真的就是这些表面的东西吗？不是。

缺少资金的本质是没有优质的合作对象、好的项目及运作团队。缺少员工的本质是没有整合众多人才的方法和策略，无法将这些人才"为我所用"。

2. 什么是整合资源

整合资源即整合创业者所拥有的，找到下家；明确创业者所缺少的，通过资源整合找到需要的上家。

实现现有资源的利益最大化，用所拥有的资源换回所缺少的资源，或者以最小的代价买回来。创业者将资源共享，缺少什么资源就整合什么资源，即使最后不为己所用，只要当下对企业的发展有所助力也可。

至于创业者缺少什么资源，想要什么资源，可以通过以下 2 种方法来判断：

1. 找出所需的上下游资源

假设你是一家制造企业，你的上游需要的是产品研发、原材料等资源；下游需要的是客户、品牌、物流等资源；这些相配套的上下游资源就是你想要的、缺少的资源。

2. 列出资源表，看看创业者需要什么

创业者在企业的发展过程中，需要的资源包括客户群体、技术、品牌与渠道、产品、人力、资金与设备等。但以上这些资源不可能每个创业者都拥有，即使拥有，也很难均衡，因此创业者要做的就是找到自己所拥有的更有优势的资源来弥补自己的劣势。将这些资源列成一个资源表，能让创业者直观地了解自己在某一阶段资源整合的重点是什么。

除了要列出缺少的资源，创业者还要在资源表中为自己的资源定性，方可制定运用资源的方案，实现资源价值最大化，找到自己需要的资源在哪里，怎样才能为己所用。

牛根生在离开伊利之后，并没有一蹶不振，他用了8年时间使蒙牛成为全球液态奶冠军、中国乳业总冠军，蒙牛集团也被全世界视作中国企业顽强崛起的标杆。蒙牛的产业链上游是千万股民、数亿消费者，下游是百万奶农、产品运输等，被称为"中国最大的造饭碗企业"。

蒙牛初创时，没有市场、没有工厂、没有奶源，什么都没有，但牛根生依旧成功了，他是怎么做到的？创建蒙牛的时候，牛根生把他当初在伊利学到的管理制度及竞争意识都复制到蒙牛身上。面对伊利的强势竞争，牛根生一开始就提出"向伊利学习"的口号，表示要向伊利学习，从而获得发展空间，快速建立自己的产业链。

牛根生将工厂、政府农村扶贫工程、农村信用社资金等资源整合在一起，企业没有运输车，他就整合个体户买车；员工没有宿舍，他就将政府、银行、员工这三个资源整合在一起建宿舍。农民用贷款买牛，蒙牛用自己的品牌为农民产出的牛奶做包销保证。就这样，整个北方地区300万个农民都在为蒙牛养牛。

创造资源可能需要几年、几十年，甚至需要几代人的积累与摸索，而通过整合资源，创业者就能在最短的时间内整合几十个甚至几百个资源，为企业的发展带来更大的机遇。因此，对白手起家的创业者而言，通过整合资源来补充自己所缺少的能力与智慧，无疑是实现企业发展目标的重要手段。

17.2 打通产业链，发现资源

很多人不是没有资源就是找不到资源，其实资源到处都有，就看你能不能发现。创业者具体应该怎么做，才能发现自己所需的资源？要想发现资源，创业者需要具备以下 3 个要素，如图 17-1 所示。

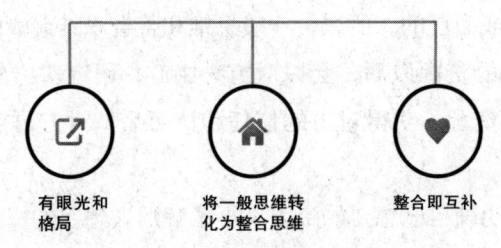

图 17-1　发现资源要具备的 3 个要素

1．有眼光和格局

对于创办企业来说，创业者首先要学习的不是技巧，而是布局。布局，考验的是一个人的眼光及格局。那么，什么是眼光？眼光就是某一时刻你对某个领域的趋势准确预测的能力，你能不能看到别人看不到的东西，能不能通过表象看到事物发展的本质。

什么是格局？格局就是创业者要有在看准某一项目后，当机立断做出决策，即便需要去银行贷款，也要去占领这个市场的魄力。

这二者缺一不可。有太多的创业者，想法不少，但终究都没有实现，原因就是不能把想法立刻转化为行动，这恰恰是大部分创业者缺少的一种东西。

经过调查发现，80% 的成功人士一定是有想法，并且能立刻将想法转化为行动的人。

2．将一般思维转化为整合思维

一般思维和整合思维有什么区别？如表 17-1 所示。

表 17-1　一般思维和整合思维的区别

一般思维	整合思维
自己创造	让别人为我所用
先获得	先付出
以自己为中心	以对方为中心
先考虑自己最想要什么	先考虑对方最想要什么
需要对方为自己做什么	需要自己为对方做什么
对方非自愿	对方自愿
整合过来难度较大	整合过来较为容易

一般人只关心自己想要的，不关心别人想要的，更不愿意给别人想要的，他们只想把别人的变成自己的。所以，一般思维和整合思维最大的区别就是：一个人在明确自己想要的资源以后，会以对方为中心，研究对方想要什么，然后为对方提供他想要的资源，获得对方的信任和认可后，对方再自愿提供你想要的资源。

创业者首先要明确自己想要的资源，再了解别人想要的资源，最后通过资源交换获得自己需要的资源，这就是整合思维。

3．整合即互补

资源整合在一定意义上就是资源互补。人之所以需要与人交往，很多时候是想通过交往对象来满足自己的某些需求，这种需求既有精神上的，也有物质上的。

无论是生活中还是工作中，我们总会主动与一些人交好、合作，通过这样的方法来弥补我们自身存在的某些不足，从而达到互利共赢的目的。

比尔·盖茨在说服IBM公司与微软公司合作时，信誓旦旦地说："你们的硬件再厉害，如果没有我的软件，终究是废铁一个，一文不值。"但实际上在IBM公司答应暂时与微软公司合作时，微软公司还什么都没有。

而比尔·盖茨说的这个软件，是他花5万美元从一个程序员手中买来的，这个程序员花费了4个月的时间编写出了86-DOS操作系统。比尔·盖茨买下DOS操作系统后，只进行了简单的修改就发布了，然后开始卖专利使用权，IBM公司、苹果公司等各大企业都在用这个操作系统，微软公司在1年时间内就赚了1000多万美元的专利费。

为什么这个程序员没有想到自己编写出来的操作系统可以这么卖？因为信息不对称，这个程序员没有发现隐形的财富资源。在我们的实际工作中，类似这种资源有很多，能不能整合到这些资源，在于创业者能不能发现这些资源。

17.3 资源整合的4个阶段与6个步骤

要想实现最高效的整合，达到最好的整合状态，创业者首先要了解资源整合的4个阶段与6个步骤。

资源整合的4个阶段的具体内容是什么？如图17-2所示。

第 17 章 资源整合：快速打通上下游产业链

初级阶段	1 + 1 = 2
中级阶段	1 + 1 > 2
高级阶段	1 + 1 = 11
顶级阶段	1 + 1 = 王

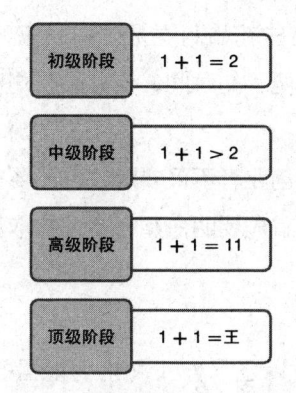

图 17-2 资源整合的 4 个阶段

1．初级阶段：1+1=2

在这一阶段，创业者要做的是寻找一个合作伙伴，两个人合作，利用双方的资源来发展企业，实现盈利。

如果资源整合后无法发挥"1+1=2"的效果，那么综合效益就会很低。由此，我们可以总结出"1+1"是一种整合，如果它能发挥"1+1=2"的效果，那么就进入了资源整合的初级阶段。

2．中级阶段：1+1>2

在这一阶段，创业者利用双方的资源实现企业盈利，双方需要相互交换方法和策略。

一家主营物业管理的民营企业曾与另一家物业服务企业合作过一些小项目，双方有一定的合作基础。由于双方都属于没有开发商或其他背景做依托的市场化物业服务企业，而且，2018 年两家企业的发展情况都不好，为了在竞争激烈的市场中获得更好的生存和发展空间，两家企业经过多方讨论，最终决定由主营物业管理的民营企业并购这家物业服务企业，双方坚持融合发展的策略，彼此借鉴对方的优点，整合彼此的资源，相互协作，共同进步。

在 2018 年中国物业管理协会开展的行业综合实力百强企业评选中，这家主营物业管理的民营企业在行业内名列前茅。这就是真正实现"1+1 > 2"之后的整合效果。

3．高级阶段：1+1=11

有一家礼品公司新签约运营了一个知名品牌，而后该礼品公司大胆地进行了组织变革，拿出全部产品，与区域内优质礼品商一起成立新的营销公司，重新组建团队。这一举措使十几家主流的礼品商一次性地加入这个新公司，实现了

"1+1=11"的整合效果。这些礼品商既是公司股东，也是产品代理商，他们互相监督，相互比拼，仅用了两年的时间，该礼品公司就在省内市场占据了绝对的优势。

经过这一阶段的整合，创业者不仅要赚钱，还要整合更深层次的资源。要实现这一阶段的整合，创业者首先要明白整合不是榨取原有的资源价值，而是让资源再生。

4. 顶级阶段：1+1= 王

为什么这一阶段是"1+1= 王"？正如格力电器的两任董事长朱江洪与董明珠。朱江洪在当时是格力的掌舵人，董明珠加入格力后，从一个销售员做起，而后由于公司下调业务人员的业绩提成，致使公司的业务骨干集体请辞，但董明珠并没有离开。朱江洪将经营部部长一职交给董明珠，随后朱江洪又推荐董明珠担任销售部副总经理的职位。在朱江洪成为格力电器的董事长后，他又力荐董明珠接任总经理一职。

朱江洪在技术和管理上具有优势，为人低调，董明珠精通销售与市场，为人高调，他们互补互辅，将格力电器推向了行业龙头的宝座，这就是"1+1= 王"。

在这一阶段，创业者除了要学习方法，要赚钱，获得各方资源，得到认可，还要找到更有能力的人一起做事，把企业、部门、员工、资金、品牌等重新整合，以求达到最好的组合效果。

在明确了资源整合的4个阶段后，我们一起来看一下资源整合的6个步骤，如图17-3所示。

A 制定明确的目标

B 必须具备的资源

C 现有的资源

D 缺少的资源

E 缺少的资源在哪里

F 将缺少的资源整合过来

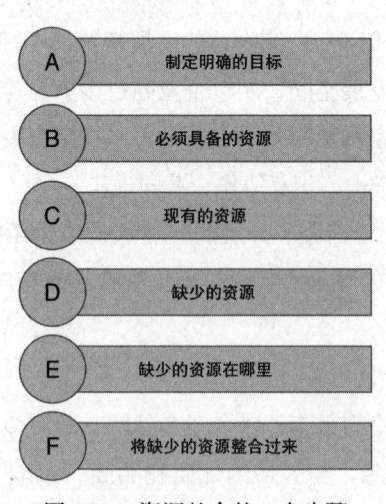

图17-3 资源整合的6个步骤

创业者要想整合资源，一切行动必须从制定清晰明确的目标开始，以结果为导向。没有清晰明确的目标，资源整合也就无从谈起。

当然只有目标是远远不够的，创业者必须分析要实现这个结果需要具备什么资源，从而分析自己已经具备了什么资源，还缺少什么资源，进一步分析自己所缺少的资源在哪里，这样才能采取相应的办法，把自己需要的资源整合过来。

了解了资源整合的 4 个阶段与 6 个步骤后，你就要付诸行动了。

17.4　你来我往，相互成就

资源整合不是说我们从别人那里拿来资源直接就用这么简单，我们在前文中提到过资源整合是一个互补的过程，即整合资源一定要先付出，不愿意帮助别人的人，他也一定不会得到别人的帮助。

那么，如何实现你来我往，相互成就呢？可以参考以下 3 种方法：

1. 让自己有价值

如果一个人待人冷漠，高高在上，既不愿信息共享，也不愿情感沟通，还不愿相互帮助，但每次他遇到困难就去找你，那么你愿意和这个人交往吗？很多人都是不愿意的。资源共享也是同样的道理，你不愿意与别人共享，那么相应地，别人也不愿意与你共享。

在我们想要获得别人的资源时，我们唯一的优势就是我们手中的资源，先把我们的资源与别人共享，然后别人的优势才能为我所用。

你的 + 我的 = 大家的。不管别人的资源有什么价值，你先弄清楚自己的资源有什么价值。让自己有价值才是王道，才能吸引别人。

2. 联合研发产品

现在产品技术呈现出分散化的特点，没有任何一家企业能一直拥有生产某种产品的最新技术。为此，大多数企业都会通过借助外部资源，来实现内部资源的增长。研发新产品的过程非常复杂，从创意到问世需要花费企业大量的时间及资金，但又因市场环境千变万化，致使新产品研发上市的成功率很低。

所以，很多企业会选择共同研发新产品，这样做有两个好处：一是企业可以利用共同资源，进行技术交流，共同攻克技术难题，减少人力资源闲置，分散高风险；二是企业可以利用新技术改造各自的现有产品，不断更新产品或创新卖点，从而提高市场竞争力。

3. 联合营销

在资源共享的基础上，两个或两个以上的企业向彼此开放营销资源，共同营销，通过优势互补，各取所需、各得其所。联合营销的本质是借助外部资源实现企业本身营销效益的最大化。联合营销可以消除或缓解企业自身的销售压力，使联合体内各企业都能以最小的成本取得最大的营销效果。

最常见的联合营销手段是跨行业联合营销，这是因为不同行业之间不仅不存在直接竞争，而且还能实现优势互补。

在举办德国世界杯之前，"久久丫"已经是一个在全国拥有600多家连锁店的熟食企业，但在广州等南方地区，它一直无法打开市场。正逢德国世界杯举办期间，"久久丫"决定借助世界杯这个机会，从球迷身上找到突破口。

一直以来，很多球迷都喜欢在看足球时喝啤酒，"久久丫"认为如果能在喝啤酒时吃着鸭脖，就更能满足球迷的需求了。基于这样的设想，"久久丫"主动找到"青岛啤酒"，提出了联合营销方案。

当时"青岛啤酒"赞助了央视的世界杯栏目，"久久丫"如果能与其联手，无论是品牌形象，还是做市场推广，对"久久丫"来说都有非常大的正面影响，而且不需要付出额外的费用。"久久丫"数百家分店的销售网络对于"青岛啤酒"来说，也是一个非常大的诱惑。基于市场双赢的考虑，"青岛啤酒"接受了"久久丫"抛来的橄榄枝。

从2006年6月5日起的一周内，"青岛啤酒"与"久久丫"联合营销的新闻发布会陆续在上海、北京、广州、深圳4地召开，正式展开世界杯营销攻势。世界杯第一天，双方联合推出"网上购买久久丫鸭脖子，送青岛啤酒助威世界杯组合套餐"活动，双方联合喊出"看世界杯，喝青岛啤酒，啃久久丫"的口号，在全国范围内刮起了一股鸭脖销售风。

世界杯首日"久久丫"的全国销量增长了70%～80%。"久久丫"1个月卖掉了200多万只鸭脖子，全国营业额达到1800万元，而"久久丫"投入的资金只有150万元左右。

从这个案例中我们能明显感受到资源整合的魅力及威力，可见，只有你来我往，才能实现共赢、互相成就，发挥资源整合的最大效力。

第 18 章 品牌塑造：品牌是产品溢价的开始

品牌所代表的不仅仅是产品，更多的是产品溢价，比如信用溢价等，为什么很多外国品牌的产品，明明是 Made in China，但从外国买回来其价格却翻了十几倍，甚至几十倍？这就是品牌所带来的产品溢价的价值。

品牌意味着高质量、高信誉、高效益、低成本，既是企业的无形资产，又代表着企业的形象。用户在选择一种没有用过的产品时，经常会因为这个产品的品牌而选择该产品，这足以看出品牌对用户、产品、企业的影响之深。

18.1 官方网站：信任 + 专业 + 保障

由于地域等因素的限制，客户如果想要更多地了解一个企业或品牌，他的第一选择一定是在互联网上搜索相关信息，但又因为互联网信息的海量性特点，客户最先选择的了解途径就是企业的官方网站（简称官网），客户会先浏览官网上的信息。

基于客户的这个心理，很多企业在成立之初，就会想尽办法通过网络包装自己，打造自己的网络品牌。但实际上，这些企业大部分都是互联网企业或者知识型企业，现在依旧有很多传统企业没有这方面的意识，或者无从下手。

那么创业者该如何打造企业的官网？方法虽各有不同，但核心要点只有3个，如图 18-1 所示。

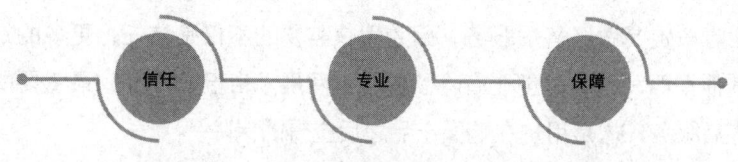

图 18-1 打造企业官网的 3 个核心要点

1. 信任

创业者可以在官网中上传一些良好的用户体验或实际案例，当用户看到这些案例之后，也会觉得企业比较可靠、可信。

除此之外，创业者还可以在官网上详细介绍企业信息，比如，完善企业发展历程、主营业务、远景使命以及相应的企业新闻动态等，这有助于提高用户对企业的信任度。

网站信任度的基础就是企业在市场监督管理局有过备案，创业者可以在官网上添加一些有名的合作商名称、图标；还可以申请百度官网、360官网等平台认证，申请成功后，认证标志会在搜索结果的突出位置显示。用户点击该图标，就能查看具体的企业认证信息，这对用户而言可信度更高。

2．专业

创业者可以在官网上展示企业的证书和荣誉，体现企业的专业实力，如图18-2所示。用户还是比较信任资质较全的企业的。

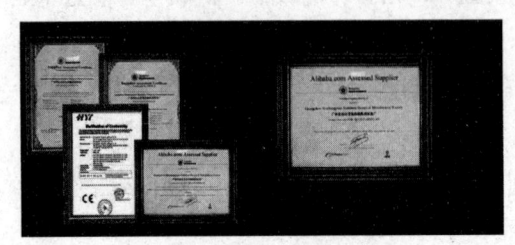

图18-2 企业的证书和荣誉

除此之外，创业者还可以在官网上介绍企业的实力及产品的优势，凸显自身的专业性，这样做一方面能加强客户对你的信任，另一方面能扩大品牌的影响力。

在打造官网时，创业者要从企业的核心优势出发，当我们开始着手做一个项目时，总有一些力量将我们拉向不同的方向，包括我们能做的、想做的以及必须做的事情。这个时候，我们应该从必须做的事情下手，即从核心出发，把所有的精力都集中在这个核心上。

3．保障

创业者一定要做好售后服务，因为用户需要的不仅是信任，更多的是与产品相关的其他东西，因此，创业者除了要在官网展示自己的产品，最重要的一点就是做好售后服务，这是用户在购买产品之后应得的保障。

创业者可以在官网上设立留言表板块，创建表单，表单的形式有很多种，比如调查类、投票类等，通过这个板块，创业者可以处理用户遇到的问题以及意见反馈。

周清是深圳市一家金融科技公司的创始人。该公司创建于2015年，主要的服务区域是二、三线城市，最初的主要业务是贷款服务。2016年公司发展有些艰难，

2017年发展相对平稳,规模以 2～3 倍的速度增长,2018 年实现了 4～5 倍的增长速度,虽然比不了其他金融科技公司动辄 10 倍、20 倍的增长速度,但也能稳步发展,有所盈利。那么周清是如何获得用户的信任,实现业绩增长的?

周清一开始就意识到,很多人都不相信贷款服务,为了解决这一问题,他邀请专业团队为自己的公司打造官网。他不仅在官网上详细介绍了公司目前的经营状况,还在官网上展示了公司的大事记,比如参加的峰会、获得的奖项等。除此之外,他还在官网上安排了人工客服,及时为有需求的用户提供咨询服务。

周清凭借着官方网站,平稳地度过了第一年的困难期,而后,他组建属于自己的官网建设团队,用于维护和运营官网,做 SEO 优化,实现了每年的业绩增长。

官方网站是一个企业的门户,是品牌的支撑力量,因此,创业者一定要注重企业官网的打造,抓住核心重点来实现品牌塑造。

18.2　让媒体为品牌背书:权威性 + 多元化

现如今,媒体逐渐成为树立企业形象、打造产品品牌的重要资源,将与品牌相关的内容发布在主流平台上,让更多的人看到。

创业者若想打造自己的品牌,更有效的方法之一就是让优质媒体为自己的品牌背书。借助媒体的光环效应,成就自己的品牌。为什么要借助媒体为自己的品牌背书?因为媒体有 2 个优势,如图 18-3 所示。

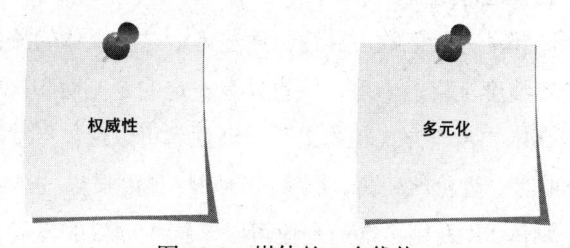

图 18-3　媒体的 2 个优势

媒体的第一个优势是权威性,它的影响力来源于媒体的放大功能。比如中央电视台,它第一媒体的地位在中国消费者意识中已经根深蒂固了。在某种意义上它所代表的就是真实,让消费者产生一种"能在中央电视台上播广告,那一定很可靠"的想法。如果企业能在央视上播放广告,可想而知能带来什么样的品牌效果。

这就是借助央视媒体的力量，来为自己的品牌背书。除央视外，同样具有背书效应的还有各大地方电视台，如湖南卫视、江苏卫视、浙江卫视等拥有优秀栏目支撑的卫视频道，它们给予了消费者无限的信赖感，同样拥有强大的影响力。

从企业的角度来看，这些电视台已经脱离了纯粹媒体的角色，具有双层角色和功能：一是更大范围地发布准确、有效的信息；二是提供了强大的背景支持力量。企业就是希望借助这些强有力的光环，给自己的品牌"背书"，以得到巨大的背景支持力量。

在个性化凸显的时代，背书效应不仅有"光环"，还有"标签"。越来越挑剔的消费者更加相信符合其自身个性，即"对脾气"的媒体。

媒体的第二个优势是多元化，这里的多元化既是指渠道的多元化，又是指内容的多元化。我们主要以渠道的多元化为例来讲解。

在选择媒体时，我们需要考虑投入产出比的问题，小媒体费用少但效果一般，大媒体费用高但效果好，具体选择哪一种，需要创业者仔细权衡后再做决定。就影响力与权威性而言，小媒体传播很多次也比不上大媒体上的一次深度报道。

不同行业所选的媒体不同，就互联网行业而言，科技类媒体才是创业者关注的重点。科技类媒体的影响力与权威性可以分为3类：

第一类包括36氪、钛媒体、虎嗅，这三家媒体是科技类媒体的巨头，影响力非常大，具有强推力。但一般情况下这三家媒体为了保证平台的专业性，不会在内容方面与创业者进行商业合作。

第二类包括亿邦动力、亿欧、品途、速途等，这些媒体的流量不低于第一类媒体，只是在内容纯度上略逊一筹，但也具有一定的专业性和权威性，相对于第一类媒体，这些媒体的合作方式较为灵活，创业者可以选择年度打包合作，这些媒体会提供专项服务，性价比较高，服务的针对性也更强。

第三类则是媒体PR发稿，这是企业可以掌握主动权的发稿，企业自己和软文平台等都可以发布。

互联网企业或科技型企业在选择媒体渠道时，要综合考虑这3类媒体：第一类媒体的影响力较大、权威性较高，可以作为重点去投放。第二类媒体受众面广，可以当作传播助推，配合第一类媒体，扩大传播面。第三类媒体可以多角度深度解读企业，在企业获得关注后，用户可以通过搜索更详尽的信息来了解企业。

18.3　找行业大咖为品牌背书：增强可信度

为什么要找行业大咖为品牌背书？因为行业大咖具有一种普通人没有的权威性和专业能力，这种权威性和专业能力可以增强品牌的可信度，让人自愿信服。

创业者寻找行业大咖，利用其专业形象给自己的品牌背书，可以赢得消费者的信任。但大咖也分不同级别及类别，企业按自己品牌的实际情况去邀请即可。

找行业大咖为品牌背书，可以增强品牌的可信度与说服力，提升品牌购买力，但创业者还应注意一些风险因素，要明确以下 4 点内容：

1. 行业大咖依靠其专业性取胜，并非吸引力或其他因素，因此，行业大咖的说辞必须具有专业性。
2. 搭配理性的诉求方式，符合行业大咖严谨、内行的符号特征。
3. 借助多个行业大咖为自己的品牌背书，共同形成行业大咖背书效应。
4. 行业大咖要与品牌特性相匹配。

我们经常在电梯间看到一个品牌：瑞幸咖啡。这个由汤唯、张震代言的咖啡品牌一出生就含着金钥匙，在一次又一次的视觉冲击中被路过的人记住，而且被不断地分享。这个 2017 年年底才成立的咖啡公司一上线就迅速占领了中国十几个城市、300 家咖啡馆，开店数量直逼中国第二大咖啡品牌 COSTA。

为什么瑞幸咖啡能这么快占据一定的市场份额，广受消费者信赖？其中一个重要原因就是有咖啡大师为瑞幸咖啡背书。

通过权威的行业大咖背书，瑞幸咖啡不仅获得了外在美，也赢得了内在的专业和品质，使用户对这个咖啡品牌充满信任。

所以企业选择的行业大咖最好是具备品牌相关知识的专业人士，是某一方面的行家，比如瑞幸咖啡请的是咖啡大师。这样的行业大咖既具有真实特征，又具有"意见领袖"地位。

行业大咖的权威性与媒体不相上下，只是两者的表现形式不同，企业在选择行业大咖时同样要谨慎，以免选到不合适的人，带来不好的效果。

18.4　创始人站台：提高品牌辨识度

无论是传播品牌，还是宣传产品，都是一个庞大的纵深体系。创业者需要花费很多的时间和精力，构建一个全新的体系和风格，用于和目标群体沟通。那些看似有"温度"的品牌，实际上只是一个抽象的符号，无法形成一个有血有肉的画像。而品牌或多或少都会打上创始人的烙印，包括他的思想、性格、作风等。

同类的产品有很多，但创始人却是唯一的，唯一性是增加品牌辨识度最好的方法。创始人、品牌、公众这三方互动总能掀起舆论的高潮。很多人说，离了品牌的传播都是空谈，但是如果没有创始人，恐怕连品牌都不会存在。

为什么创始人站台对宣传企业品牌如此重要？我们可以从以下 2 个方面展开讨论：

1. 创始人是企业品牌的缔造者和传播者

在世界 100 强企业中，有不少是以创始人的个人品牌起家的，比如福特、迪士尼、松下电器等，这些品牌既是创始人的姓氏，又是它们的产品，还是各自企业的 IP 标识。

无论是谷歌、苹果还是阿里巴巴、华为，它们的创始人都是商界的创业明星，拥有超高人气的关注度。他们借助粉丝效应构建个人影响力，传播自己的个人品牌与商业认知，转而为自己的企业和产品加持，以塑造品牌。

2. 创始人的形象为企业品牌贡献"温度"

一般情况下，与打造产品品牌相比，打造创始人个人品牌更容易一些，因为个人品牌更加感性、更加形象、更加立体。一个产品品牌无论通过何种方式构建品牌形象，都不如让一个活生生的人站在用户面前显得更加真实。所以，从构建品牌形象这个维度来说，创始人站台能够使品牌更具有辨识度。

说到国产手机，人们都会想到小米，想到"为发烧而生"，想到雷军。这不仅因为他是互联网思维的开创者、国产手机革命的先锋人物，还因为外界对他个人精神的认可，同时，贴在雷军身上的重要标签还有"创新""勤奋"等。雷军身上带有的"标签"使得小米这个品牌自带光环，富有强烈的个人主义色彩。

雷军本身就是一个手机发烧友，他曾在微博上公布他玩过的手机有上百款之多。小米公司成立后，雷军仅 2016 年就使用了 14 款小米手机，亲自担起了小米公司内部第一测试员的职务。在小米公司创立之初，雷军就给自己贴上"发烧友"的兴趣标签，以此与这一群体站队，宣告小米这个品牌就是要提供极具性价比的产品。因此，现在消费者一提到性价比高的手机，第一个想到的一定是小米。

雷军将"让用户尖叫"作为衡量产品的第一准则，如果手机配置不能让用户尖叫，那么价格就一定要让用户尖叫。红米手机在发布前，其配置参数就被提前曝光，市场预期价格是 999 元，最终发布的价格为 799 元，结果就是红米手机长期处于供不应求的状态。

在让创始人为品牌站台时，创业者注意尽量不要采用硬广告的方式推出品牌。即使企业的创始人非常有名，他在推荐企业产品品牌时，也要尽可能采用软广告植入的方式。生硬地推荐自己的企业品牌，只会引起消费者的反感。

第 19 章　现金流：生存线与死亡线

企业就像一个人，人能生存的前提条件是血液循环要顺畅，对企业来说，现金就是企业的血液，现金流就是企业的血液循环。企业要想生存，正常开展生产经营活动，就必须保证现金流要顺畅。

那么，什么是现金？狭义的现金是指企业的库存现金。广义的现金是指企业的全部货币资金，包括库存现金和银行存款。

企业的一切经营活动都是从资金投入开始的，没有投入就没有产出，投入企业的资金需要不断周转，因此现金流就是企业的生命线。

19.1　180 天生存线

现在，越来越多的企业陷入经营危机，其中大多数都是因为现金流出现了问题，现金流一旦出现断裂，若不能尽快解决，企业就只能倒闭。

企业的运作必然离不开资金，负债、产品、支出、人工等都需要资金，资金的流动支撑着企业的发展。买原材料需要资金，给员工发工资需要资金，营销活动也需要资金。不管是日结、周结还是月结，都属于应付账款。企业需要的资金大部分都是月结，甚至以季度为单位进行结算，这就引出了一个概念，企业的 180 天生存线。

什么是企业的 180 天生存线？简单来说，就是企业现有的能使用的现金流量能满足企业不少于 180 天的运营，这 180 天不是上限，而是底线。这条线就是一道用于提醒创业者的黄线，一旦触碰到这条线，创业者就要提高警惕。

2019 年 1 月，四川一家纸业公司倒闭，资金链断裂，公司拖欠员工 3 个月的工资，导致工人罢工堵门讨要工资，供应商也堵到公司门口。据供应商反映，这家纸业公司倒闭是因为公司欠了 1.9 亿元的外债，法人挪用资金投资了某高速公路的建设，才导致公司现金流断裂。

无独有偶，依旧是 2019 年 1 月，杭州一家包装制品公司的老板"失联"，工厂陷入停产状态。据知情人士透露，该厂前段时间就出现过主要原材料缺货的情况。工厂停产、老板"失联",是由于老板前期投资房地产行业,建了一栋9层楼房,结果资金未能在预期时间内回流,从而导致公司现金流断裂。

这家纸业公司是将公司正常运作的资金挪为他用;而那家包装制品公司是老板多元化经营,投资房地产,导致资金链断裂。这两个案例告诉我们,不管什么时候,也不管创业者有什么样的野心,创业者一定要为自己的企业保留180天的现金流,这是企业的生存线。

有了这180天的缓冲期,即使企业面临资金危机,也有时间去寻求融资或合作伙伴,这样就有机会把企业救活,而不是在面对危机时毫无招架之力。

企业持续经营需要现金流来保持顺畅运行,现金流是保证企业生存的前提条件。

当企业面临180天生存线的时候,建议企业最直接的做法是开源节流,减少支出,无论是裁员还是寻找合伙人,都要以保证企业能活下来为主。

19.2 90天死亡线

现金流危机犹如企业内部的毒瘤,会使企业陷入绝境。前文中提到的案例就很好地证明了企业缺乏现金流的危害。除了那条180天生存线,还有一条90天死亡线,这是一条不可触碰的红线,一旦企业的现金流量只能支撑企业90天的运营,就代表着企业踏入了死亡倒计时,这个时候创业者要利用一切办法解决导致企业出现这种情况的问题。

企业为什么会出现现金流危机?有以下3个原因:

1. 只注重机遇而忽视现金流

在企业管理方面,创业者一定要保持冷静,理性对待。虽说抓住机遇可以很快地将公司做大做强,但并不是所有的机遇都能实现盈利。

2. 市场突变,陷入资金危机

很多时候,企业的现金流出现问题都是因为市场发生变化,可能是政策调整,也可能是新技术替代旧技术,还可能是产品的生命周期从成熟期走向衰退期。

3. 投资不善,陷入资金困境

对于企业而言,多元化发展是指创业者把"鸡蛋"放在多个"篮子"里,一旦企业在某一个经营领域出现问题,还可以依赖其他领域的发展来规避经营风险。但多元化也存在缺陷，容易导致组织机构臃肿，管理难度加大，一旦投资不善，可能会使企业在多个领域都失去竞争优势，在外界发生剧变时，企业要承受来自各个方面的压力。

创业者如果一直"不务正业"，一旦多元化战略不当，不仅对新事业产生影响，还可能影响原有事业的发展，甚至影响整个企业的发展。

当企业真的遇到90天死亡线的时候，创业者该怎么办？四个字：开源节流。在不影响企业运营、合法合规的基础上减少员工支出，为企业赢得一息生存时间，能节省多少成本就节省多少成本，同时还要加快速度找到合适的合伙人或者投资人，为企业注入新的资金。

如果企业遇到了现金流方面的问题，那么创业者最好的做法就是大刀阔斧地砍掉拖垮企业现金流的项目，收紧财务支出，保留主营业务，在内发展自己，以求重获生机。

19.3 每天都与自己算账

那些成功的创业者提供的最有用的建议之一就是：现金为王。不管从事什么行业，不管盈利如何，一旦你的现金用完了，企业就很难生存下去。一个成功的企业需要正向的现金流，每个月的银行账户里的收入至少要和支出相当。这是企业成长的每个阶段都需要监控的事情。因此，白手起家的创业者每天都要计算自己的现金流量，制作现金流量表以及现金流量预测表，以明确收支，提前规避风险。

刘毅是一家互联网公司的总经理，2019年1月，公司接到了一笔10万元的订单，为此，公司需要先支付8万元的成本。在收到客户支付的这10万元之前，刘毅需要先支出8万元。然而，对于这笔开支，刘毅既没有明确的现金流向，也没有进行现金流量预测，在支出这8万元后，客户突然要求调整方案，但此时刘毅的现金流已经不足，导致后续的工作也难以开展。

由此可以看出，对于公司运营来说，现金流向与现金流量预测有多么重要，所以创业者在管理财务时，一定要注意这两个项目。

现金流向可以通过现金流量表进行管理。现金流量表可以客观地回答2个核心问题：一是现金流量的增减，公司的现金与上期相比是增加了还是减少了；二是现金的用途（流向），是用于经营、投资还是融资。

现金流量表较为简单，是用来让创业者明确资金都用在什么地方，并从中分析哪些地方不该用这么多资金，哪些地方需要补充资金，从而节省开支，减轻企业现金流压力。

为什么现金流量预测必不可少？现金流量预测是一种简单的工具，它能让创业者在现金流出现问题之前就发现潜在的危机，以便及时采取相应措施来规避风险，为创业者争取时间寻找解决方案，比如向银行贷款、寻找合伙人等，以此来缓解现金流压力。

制作现金流量预测表所花费的时间并不多，只需每天花几分钟更新数据即可。重要的是创业者要明白，这个工具的力量在于它的预测能力。

要制作现金流量预测表，需要一些基本信息，包括企业的业务资金进出情况，每个月的定期支出，比如房租、工资等固定成本。创业者需要记录公司支出的每一分钱，必要的时候要核对最近的银行账单。

在填表之前，创业者需要将所有的账单进行分类组合，比如差旅费等，把它输入到电子表格的支出部分。如果每个月的支出成本都一样，就可以把这个数字复制到剩下的每个月的支出成本一栏中，用于进行一整年的现金流量预测。如果每个月的支出成本都不一样，就输入预估的成本数据。

除此之外，创业者还要估算每个月的收入数据。创业者要先把可以归于一类的数据放在一起，这有助于保持现金流量表的简洁、直观。创业者还要注意，这个数据不能脱离实际，要在现有的业务基础上进行预测，并且这只是一个预估数据，所以可能会和未来一两个月从银行取出的实际资金数额不一样。

创业者列完支出和收入后，就可以得到本月的现金存款余额，这个数字应该使银行报表与财务计划相匹配，通过对比创业者就能发现账户上的错误。现金流量预测表为创业者计算每个月是否有现金流量，以及它对创业者的银行账户有什么影响提供了依据。

创业者需要做的就是每天记录每一笔支出和收入，每周更新现金流量预测表，定期进行总结。如果现金流量预测表显示你可能会在180天内透支，那么创业者现在至少还有足够的时间去寻找解决现金流问题的方法。

除了可以用于预测现金流，创业者还可以利用现金流量预测表预测不同的业务对现金流的影响。比如，主要客户2个月没有付款了，那么企业的现金流会受到什么影响？主要供应商要求提前付款，该怎么办？企业是否有足够的资金用于支付？现金流量预测表还能直观地展现企业的未来营收，让创业者可以全面地检测企业的运营状况。

另外,创业者还要注意一点,即利润不等于现金,所以创业者每天应该多看现金流量表,再看利润表。利润低不代表企业一定会死,但只要是现金流出了问题,企业的死亡概率就会大大增加。

19.4 加强企业的现金流管理

在明确了现金流的重要性后,创业者除了要重视现金流,还要加强企业的现金流管理。那么,创业者具体应该怎么做呢?

1. 编制现金预算,加强资金调控

现金预算是现金流管理的主要内容。通过现金预算,掌握现金流入、流出的情况,及时补足现金余额,创业者要按收入提取一定比例的准备金,以便预防经营风险,避免企业出现现金流断裂危机。

2. 建立并健全现金流财务管理制度

创业者要严格管理每一笔应付款及预付款,并进行严格的预算、核算,用制度来保证资金的收支平衡。

3. 加强对现金流的管理

加强对现金流和流速的管理,在不同时期,企业的现金需求量会出现较大的且难以预知的变化。为了更好地利用现金,创业者可以按照经验和企业的实际发展情况,制定企业的现金额度,从理论上接近上限。

4. 现金流财务管理信息化

电子信息和大数据等技术的发展为企业现金流管理提供了更为便利的条件,为了实现企业的长足发展,创业者要及时更新财务管理方式,利用现代化数据信息,节约企业财务管理成本,提高企业管理效率。

数据信息化流量管理不仅可以提高现金流信息的传递效率,还可以增强现金流数据的收集分析能力。

5. 融资渠道多元化

多元化的融资渠道为企业提供了多种获得充足现金流的渠道,减少了企业现金流出现断裂的可能。

6. 提高企业管理人员现金流管理意识

现金流是否合理流动,最终取决于管理人员,因此,要及时培训和更新企业的管理人员或现金流的管理者的财务知识，提高现金流管理意识。

上海有一家发展势头非常好的商业公司，却在账面利润率达到20%的情况下倒闭了。原因是这家公司的现金流出现了问题，没有资金去偿还供应商。因为这家公司到期不能偿还债务，最终在债权人的请求下，该公司进行了破产清算。

直到现金流断裂，这家公司竟然没有人察觉到现金流出现了问题。由此可以看出，这家公司的管理层并没有现金流管理意识。

相比较而言，广东一家科技公司就非常重视现金流的管理，该公司规模较大，每天用于技术与设备的现金支出非常多，但这家公司的现金流非常充足，原因在于它大量利用了现金流时间差。每天在银行下班之前，公司财务部会将所有的资金都转到公司的总账户上。

第二天早晨，公司的财务部就能根据这笔资金总额，对资金进行合理的分配，比如说今天要去采购设备，要花多少钱，财务部凭借已批复的申请单直接划拨出去，哪个部门需要出差，财务部就直接划过去，用不完的钱直接回流到总账户。

这样既做到了控制现金总量，又把控了整个资源，同时这家公司每周还会公布一次现金流量表，对现金流入和流出明细进行汇总。

从这两个案例中我们可以看到，对企业而言，现金流管理的重要性甚于企业的日常管理。

第 20 章　利润率：寻找成功之道

利润率是指剩余价值与全部预付资本的比率，是剩余价值率的转化形式。利润率反映了企业在一定时期内的利润水平，它既可以检验企业利润计划的完成情况，又可以对各企业之间和企业自身不同时期的经营管理水平进行比较，以找到存在的问题，提高经济效益。因此，通过提高利润率，白手起家的创业者同样可以找到成功之道。

20.1　创业新手也可实现高利润率

有的创业者常说："我从事的行业是'夕阳'行业，3%的利润率已经是行业平均水平了。"这样的说法本身就有问题，创业者在管理公司时若实行平均主义，只会让企业的发展倒退。在企业的利润率问题上，也是同样的道理。

其实每个行业都有利润高的企业。我们以互联网平台为例，阿里巴巴的利润率为47%，腾讯为35%，百度为27%，但如果我们求平均值，就会发现这个行业的平均利润率非常低，因为这个行业中除了高利润的企业，还有像京东这样多年负盈利的企业。

很多传统行业的创业者认为传统行业的利润率最多只能达到5%，但实际上依旧有一些企业的利润率高达35%，甚至45%。

面对自己眼前的利润表和很多同行的抱怨，很多创业者很难想象在自己的行业里居然有人能创造高利润率。但如果我们能跳出来站在全局的高度看，就会发现任何行业都有高利润率的企业。

北京有一家属于低端制造行业的耗材公司，主营各类打印耗材，包括硒鼓、墨盒、碳粉等。它的经营方式是通过批发商、代理商和自营店面进行销售，年销售额约300万元，但利润率很低，只有3%。

随着行业竞争的日渐激烈，这家公司面临着转型困境。目前，我国有很多这样的传统企业，它们的发展远远落后于现在的智能化、网络化大趋势。而这家耗材公司面对的困境是除惠普原装硒鼓外，硒鼓市场极少有其他公认的品牌。

曾经有同行试图通过新的营销策略推广自己的品牌，但效果甚微。普通消费者对硒鼓的需求量小，而大量需要硒鼓的企业或机构大多是通过招标采购的。因此，广告投入对提高销量的作用不大。

这家耗材公司尝试了很多转型的方法，比如取消中间商，改为直营或电商渠道，延长服务链条，开辟打印机维护维修业务等。但最终都因行业特点、自身资源和能力有限等因素失败。走了一圈弯路后，这家耗材公司痛定思痛，沉下心来进行分析，最后从用户需求的角度挖掘创新空间。

通过研究用户构成，该公司发现占硒鼓使用量70%的客户是那些打印量大的单位，例如银行、保险公司等，而这类公司负责物资采购的通常是行政部门。而真正的使用部门从产生需求到实际拿到硒鼓，至少要经过一周的时间。而且，行政部门和使用部门还要腾出专门的空间来存放这些硒鼓，产生了一定的库存费用。

这家耗材公司根据这一现状改变了销售方式，改由独立经销商推测时间点主动上门给客户补货。这样一来，客户就不需要库存，也不用建立出入库程序，可以节约不少时间和资源。

这家耗材公司还设计了一个产品箱，在箱子内装上一个月用量的硒鼓，同时在每一个硒鼓上贴有条形码，客户第一次使用硒鼓之前需要扫一次码，这家耗材公司就能收到使用消息，每隔一周上门服务一次，及时补货，将坏了的硒鼓回收，没用完的检修。

紧接着，这家耗材公司又与第三方公司开展推广合作，在箱子内配上第三方公司的宣传单、优惠卡券、试用装等，从中收取配送服务费，使这个产品箱变成了一个销售渠道。这些赠品既为这家耗材公司带来了额外收入，又为客户带来了惊喜。这家耗材公司有了这些额外收入，就可以下调硒鼓的价格，在采购招标时获得竞争优势。

通过对用户的分析，结合实际需求，不断创新，这家耗材公司最终实现了转型，找到了自己的解决方案与新的价值空间。很快，它的利润率就超过了10%，走出了困境。

从这个案例中我们可以看出，利润率不是由行业决定的，而是由企业的能力决定的。企业就像滑雪道上的人，技能越高，竞争就越少，盈利水平也会越高。因此，即使我们是一个白手起家的创业者，没有很多资源和渠道，但只要我们放宽眼界，敢于创新，新手也能实现高利润率。

20.2 将成本分解,并砍掉 30% 的成本

一个企业要想实现高利润,可以采取两种方法:一是增加收入;二是降低成本。对于企业而言,成本每降低 10%,利润就翻一番,而且降低成本也是在降低风险。

那么,创业者具体应该怎么做才能将成本分解,并砍掉 30% 的成本?如图 20-1 所示。

砍掉预算　砍掉机构　砍掉人手　砍掉库存　砍掉采购成本　砍掉固定资产

图 20-1　企业如何砍掉成本

1．砍掉预算

首先,创业者要制定预算制度,同时要保证预算制度有法律效力,预算出来之后,利润也会随之而出。

2．砍掉机构

创业者在砍掉机构时要快刀斩乱麻,同时还要引导全体员工参加进来,引入"利润导向、客户导向"的理念,组织全体员工进行学习和研讨。创业者要重组产品研发、销售、订单交付这三大流程,将机构设置扁平化,不设副职,明确职责。同时还要减少组织机构层次,对每个岗位进行量化,把每个部门变成利润中心。

3．砍掉人手

创业者要给企业的每个员工设定明确的目标,将工作任务量化,进行明确的考核,减少人力的浪费。

4．砍掉库存

创业者要设定最低的库存标准,尽量做到零库存;循环取货,与供应商保持通畅的沟通;与供应商建立良好关系,确保优先送货等。

5．砍掉采购成本

创业者要关注三个核心:业务、产品及客户,在不影响企业正向发展的前提下,适度地砍掉采购成本,有利于减轻企业的负担。

6. 砍掉固定资产

砍掉固定资产时要干净利索，固定资产的增加会占用企业大量的资金，不管使用与否，它每天都会有大量的折旧与磨损，而且随着技术的升级，固定资产也会产生更多的维护费、修理费。

虽然现在的沃尔玛是世界500强企业之一，但很少有人注意到，沃尔玛作为一个企业，其实和中国本土的企业有很多共性：劳动密集型企业，没有高科技的外衣，追求低成本等。通过对沃尔玛低成本运作的研究，可否为我们的企业提供一些经验呢？沃尔玛是如何砍掉成本的？主要有4个方面的经验可以借鉴：

1．从上到下的节约观念

沃尔玛没有华而不实的办公场地、办公设备，始终坚持"合适的才是最好的"。每到销售的旺季或者节假日，沃尔玛的经理们都会穿着西装在销售一线直接为顾客服务，而不是像其他公司那样增加员工或者招聘临时工。节约是沃尔玛自创立以来一直保持的一种观念和传统。

2．直接采购

沃尔玛绕开中间商，直接从工厂进货，大大减少了进货的中间环节，为降低采购价格提供了更大的空间，因为每经过一个中间商，价格至少要高几个百分点，甚至十几个百分点，而避开中间商就能把这些支出从成本中挤出来，从而使沃尔玛在进货方面比其他竞争对手更有优势。

3．统一配送

沃尔玛实行统一订货、统一分配、统一运送。为此，沃尔玛建立了配送中心，每家分店只是一个纯粹的卖场。供货商将货物送到配送中心之后，在48小时以内将装箱的商品从一个卸货处运到另一个卸货处，不会在库房里消耗时间，这种类似网络零售商"零库存"的做法使沃尔玛每年可以节省数百万美元的仓储费用。

4．运用高新技术，有效协调货物配送

沃尔玛投入4亿美元，发射了一颗商用卫星，实现全球联网，以先进的信息技术保证高效的配送。通过全球联网，沃尔玛总部可以在一小时内全部清点一遍全球4000多家分店的每种商品的库存量、上架量以及销售量，公司总部迅速掌握销售情况，及时补充库存，降低存货，减少资金成本以及库存费用。

从沃尔玛的案例中我们可以看到节约成本对企业而言到底有多大的效用。创业者要把多余的成本当成毒瘤砍掉，不断向员工灌输降低成本的重要性，全员

参与并树立节约意识，将降低成本与企业发展密切联系在一起，最终实现高利润率。

20.3　跨界融合性学习，寻找成本压缩点

产业的跨界融合发展是新一轮技术革命最显著的特点之一。跨界融合发展表明现有的产业不断突破原有的产业边界，使突破性技术被广泛应用，并渗透到大多数传统产业，和传统产业产生各类新组合、新突破，彻底变革和颠覆商业模式。

跨界融合是一种资源的重新整合与配置，它可以把不同企业之间、不同行业之间的优势资源拿出来共享，这是跨界产生的物质基础，也是融合发展的一种必然趋势。

放眼产业前沿，每个创业者都必须牢牢把握新一轮技术革命这一机遇，升级发展理念，重组产业结构，转变发展模式，加快推进产业跨界融合发展，以便成功找到成本压缩点，实现高利润。

那么，该如何进行跨界融合，降低成本呢？我们以传统制造业为例来讲解一下，如图20-2所示。

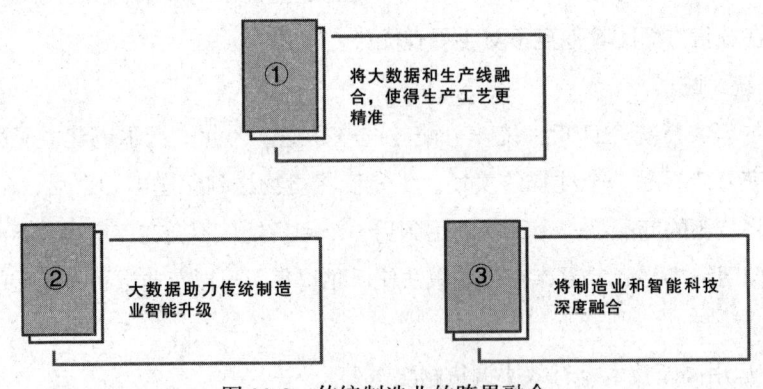

图 20-2　传统制造业的跨界融合

1. 将大数据和生产线融合，使得生产工艺更精准

在浙江一个橡胶集团炼胶分厂的中央控制室里，控制器上显示着各项参数，实时显示炼胶设备的运行情况，这些数据实时上传到阿里云"ET工业大脑"，"ET工业大脑"经过运算，将生产线上的各个数据整合成直观的分析图，图上的每一条曲线分别代表每一个批次的产品，通过调取曲线上70多项生产数据，

管理员可以准确找到优化工艺的解决方案。

通过筛选最符合生产需要的参数，然后把工业参数转换成工艺步骤，按照最优的工业参数制定生产流程，这样既能提高生产效率，也能使品质更加稳定。"ET 工业大脑"还能在短时间内通过条形码分析每一块橡胶的来源，为之匹配最优的合成方案。

凭借"大数据+"改进生产工艺，该橡胶集团一年内可以增加 1000 万元的利润。

2．大数据助力传统制造业智能升级

随着"互联网+""大数据""人工智能""标准化+"等技术，逐渐向研发、生产、销售等制造业全流程渗透，传统制造业正在经历智能升级、全新变革。

3．将制造业和智能科技深度融合

新时期的制造业发展遇到了要素制约的问题，所以只有引入新技术，进行跨界融合，才能实现制造业要素的转型升级。"互联网+""大数据""人工智能""标准化+"等技术是企业要素转变最核心的路径。

跨界融合发展实现的不仅仅是技术创新，更多的是通过技术不断提高企业的生产效率，降低生产成本、销售成本等各个环节产生的成本，以实现企业的高利润增长。创业者要立足于这一点，通过不断地跨界融合学习，压缩成本，实现高利润。

20.4 延伸产业链上下游，挖掘利润蓝海

创业者要想发现利润区，必须以利润为中心进行企业战略规划，同时要具备区分无利润区与利润区的能力，这也就要求创业者延伸自己的产业链上下游，挖掘利润蓝海。在发现利润区后，创业者要调整商业模式，以便寻找新的利润区，获得持续增长的动力，实现"弯道超车"。

罗辉是深圳一家自动化企业的 CEO，2018 年以来，他明显感觉到机器人产业的降温。前两年，工业机器人产业狂飙突进式发展，现在机器人产业的发展开始减速，进入平稳发展轨道，与之前相比，机器人表面看似已经降温，实际上是创业者和资本正变得更加理性，开始从长远的角度考虑行业的发展前景。

而像罗辉所在的掌握了机器人核心技术的自动化企业，在市场重新洗牌之后，

成为真正的受益者。这家自动化企业主要致力于机器人核心部件编码器的研发和生产,以此为切入口,2018年其业绩突破2000万元。

在机器人产业进入平稳发展期后,这家企业开始积极寻求新的发展路径。围绕核心技术向机器人产业链上下游延伸,挖掘行业的利润蓝海。

伴随着业绩的高速增长,这家企业也在调整自身的经营战略。调整之前,这家企业的业务只有编码器的研发和生产,而现在,它围绕编码器,向产业链上下游扩展。

就在2018年下半年,这家自动化企业成功研发了一款编码器专用芯片。在这之前,该企业研发的产品搭载的都是国外的芯片,而现在搭载他们自主研发的芯片的编码器产品已经问世,这样不仅降低了产品成本,而且增强了市场竞争力,实现了利润高增长。

除了自主研发专用芯片,这家自动化企业还开始往产业链下游延伸。2019年1月,这家企业推出了面向五金行业的机床,这款机床所使用的就是该企业自主研发的编码器。

今后,这家自动化企业将直接面对其他终端机器人应用企业,它的优势也更加明显。罗辉说:"机床的核心部件就是编码器,我们自己研制出编码器后,安装在机床上,不仅质量更有保证,而且不用从市场上购买,这意味着我们的市场价是其他厂商的成本价,所以价格优势更加明显。"

通过延伸产业链上下游,这家自动化企业成功地找到了行业的利润蓝海,在同行业的其他企业还在发展机器人产业时,它已先人一步,占据了主动权。

在中国的商业环境中,企业要想走出来,不仅需要依赖更多的要素,既包括产品、技术、销售、服务、管理能力,也包括财务水平等,还需要在组织机能上具有更强的扩张性。如果一家企业在每一个方面上都人才济济,那么其整体就会拥有较多优势,就能不断降低成本,实现高利润率。

第 21 章　进化：每一位优秀的创业者都需要进化

市场活力来源于企业，来源于创业者，而创业者的活力不在于今天怎样渡过难关，更不在于今天的利润有多少，而在于明天企业能不能在国际市场竞争中继续走在前面。要想做到这一点，就需要创业者不断进化、升级，不断为企业带来新的活力。

21.1　拥有大格局，看得见未来

面对来自四面八方的挑战，创业者能否紧跟国际发展趋势，抓住机遇，关系到一个企业的生死存亡与发展远景。

创业者需要放眼国际，不仅要了解国内市场，还要打造更加强大的品牌和影响力；创业者需要放宽眼界，不仅要深入了解本行业、本领域的信息，还要全面地认识相关产业、国际经济发展态势。

注重细节的人，格局一般都不太大，但对创业者而言，注重细节与兼具格局是将企业做好的关键。或许细节可以成就一个人或一家企业，但如果没有大的格局，细节将不再具备正向推动力。这就是为什么创业者要有大格局，有大格局的创业者具有以下 3 个特点，如图 21-1 所示。

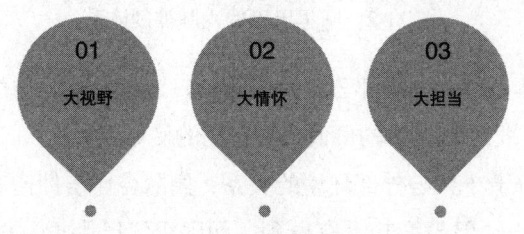

图 21-1　有大格局的创业者的 3 个特点

1．大视野

创业者能看到经济、行业和技术的变化以及发展趋势。企业能走多远，取决于创业者能看多远，能看到未来会发生怎样的变化。

2．大情怀

无论是哪种类型的企业，如果没有情怀，都走不远。因为企业是没有办法脱离社会群体而存在的。从根本上而言，企业是为社会、为人民、为利益相关方、为环境而存在的，创业者如果拥有情怀，就能克制自己，担起自己应负的责任。

3．大担当

创业者要不断创新，继往开来，走新型发展道路。

时代需要大格局，而大格局则需要创业者拥有大智慧。创业者需要不断蜕变，适应不断出现的新事物，通过"转型升级，创新颠覆"不断发展壮大自己的企业，让企业走向世界。

我们以阿里巴巴的六脉神剑体系为例，讲述一下阿里巴巴的价值观与格局，如图 21-2 所示。

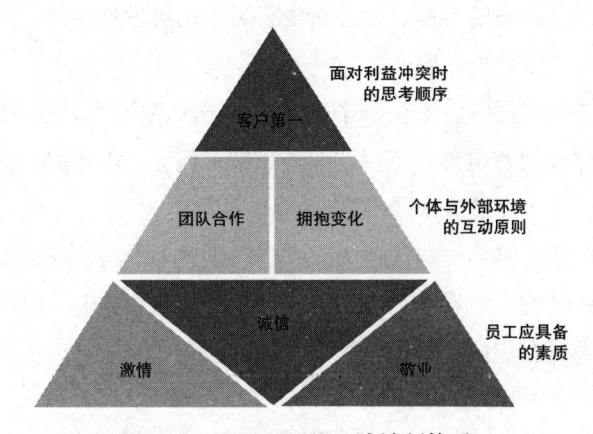

图 21-2　阿里巴巴的六脉神剑体系

在六脉神剑体系中，顶层部分是客户第一，这是最核心的部分，阿里巴巴始终以客户为中心，把实现客户的价值当作自己的使命。

中间部分则强调个体与外部环境的关系：团队合作与拥抱变化。虽然很多公司都很重视这一点，但最终却没有做到，而阿里巴巴则说到做到，强调共享共担，合作共赢。阿里巴巴的团队合作是员工彼此之间随时随地的一种团队协作，最终实现了员工不断增值，企业也不断增值。

基层部分则强调激情、诚信、敬业。阿里巴巴的员工只要报假账，就会立即被开除，阿里巴巴对于损害公司利益的员工是零容忍的态度。

阿里巴巴的六脉神剑体系反映的不仅是阿里巴巴的价值观与格局，更是创业者马云的价值观与格局，不拘泥于一针一线的得失，将眼光放长远，立足于发展远景。正是因为马云拥有这样的大格局，他才能打造一个世界瞩目的企业。

"格"是人格，"局"是胸怀，谋大事者必定要有大格局。刚付出就想立刻得到回报的人，适合做钟点工；希望能按月获得薪酬的人，适合做打工族；有耐心按年度获得收入的人，适合做职业经理人；能耐心等三到五年的人，适合做投资家；用一生的眼光去权衡前景的人，才能成为创业者。

总之，创业者要有大格局，注重细节，精心布局，企业才能有未来，才能不断突破发展的瓶颈。

21.2 回归商业本质，用产品制胜

商业的本质是什么？是我们所看到的所谓新零售？还是再抽象一点，像马云说的帮助万千中小卖家，让天下没有难做的生意？这些都是商业百年来的衍生品和工具，是建立在商业本质之上的应用。实际上，商业的本质是交换。我们把人与人的物物交换发展为规模化生产，创业者通过揣摩消费者交换的欲望来设计和生产产品。

这就要求创业者回归商业本质，以工匠精神做匠心产品，从用户的角度持续给用户提供价值，打造自己的不可替代性，用产品制胜。

华为创始人任正非总有一种新鲜而又普通的力量，促使他不断自我超越，进行自我升级。我们可以从4个层面来解读任正非的力量：

第一，他对目标的锁定能力和各种可能性的假设能力。从最终的用户需求点出发的极致思维使他具有非同一般的"从结论思考"的假设能力。

第二，大局观。只有从大局上明确公司的经营战略，创业者才能义无反顾地冲在研发、销售和客户服务的第一线。

第三，还原本真，在复杂现象中进行抽象思维。

第四，做自己真正喜欢做的事。

华为能够走到今天，得益于华为所坚持的用户至上的理念，得益于任正非坚守自己的理想，始终坚持真心诚意为用户服务，为用户创造价值。

不把华为文化复杂化，做企业要回归商业本质，不要有太多的方法论。"以客户为中心"本来就是商业活动的本质，你为客户创造了价值，让客户满意，公司才能生存。这就是华为走向成功的原因。

在今天这个万物互联的智能化时代，没有人能一直用经验面对未来，只能依靠知识和创新面对未来。为应对所面临的挑战，创业者必须具备一种最重要的能力，那就是管理的不确定性。

任正非把所有的资源都集中在一个战略点上，不断提升一线团队的能力。要实现未来华为产品占领世界大数据流量的制高点的目标，除了要创新产品，还要不断满足用户的需求，只有在此基础上，才能回到本质，聚集能量，实现大视野、大战略。

回归商业本质，用产品制胜，则要求创业者要有工匠精神，把用户需求弄透、做好，打造专属 IP。商业的本质归根到底还是人，用产品制胜还需要创业者把自己的产品做成一个品牌。

有一家专门为"90 后"女性做内衣的公司，其创始人在一次谈话中表示他们研发产品的第一步是研究"90 后"女性需要什么，然后再去做产品。该公司 2018 年 7 月推出了一款新产品：没有钢圈、没有海绵垫的女式内衣。当时很多人都不认可这款产品，认为它肯定没销量。但事实上，这款产品一上市，深受"90 后"女性的喜爱。这就是抓住了用户的需求点。

产品最终是用来满足用户需求的，而用户需求又随着时间的变化而不断变化，由此可以得出，创业者要不断更新自己、更新产品，才能真正回归商业本质，实现以产品制胜。

21.3　不断学习，升级思维

创业者是企业的天花板，创业者的思维层次决定了企业的发展水平。很多时候，创业者遇到的所谓的困难并不是真正的困难，只是因为自己的认知不够，而非其他。因此，创业者要想克服这些困难，首先要改变自己的认知，升级思维。

如今在市场上，企业之间的竞争更加激烈，形式也更加多样化，企业间的竞争不仅限于外化的品牌、广告、公关、服务等方面，也不仅限于深层次的资本等方面的竞争，而是上升到了创业者的思维层面，这是一个企业的指挥管理中枢，对企业的成败起决定性作用。

升级思维，具体来说就是改变思维节点。创业者的思维来源较广，要想升级自己的思维，就需要创业者兼收并蓄，吸收各方面的优秀智慧并总结、提炼。对于创业新手而言，更加需要不断学习、积累、总结自己的思维，主要有以下 4 种做法：

1．关注企业战略布局

创业者可以分析总结已有的商业资料，归纳形成自己的战略思维。

2．与优秀的创业者沟通、交流

在创业者的发展过程中，需要坚持与各行业的创业者进行沟通、交流，以了解这些企业的经营模式、发展战略、商业模式等，借鉴并学习它们的长处，不断拓宽自己的眼界，升级思维。

3．通过网络进行学习、分析和总结

随着移动互联网的发展，创业者获取信息不再是一件难事，但如何应用、如何吸收、如何借鉴这些海量信息，对于创业者而言十分重要。

4．防患于未然，具有风险意识

创业者要善于分析和识别风险，时刻关注市场、技术、法律等可能带来外部风险的各类因素，高度关注企业的战略、运营和财务等可能带来内部风险的各类因素，创业者要对企业面临的潜在风险保持高度警觉，做到心中有数。

管理咨询界的龙头企业麦肯锡咨询公司能让刚入职的员工为世界500强企业提供咨询服务，因为麦肯锡咨询公司有一整套逻辑思维和高效解决问题的能力。

它在日本的分公司负责人大前研一就是一个典型的思维能力高手，大前研一认为思维决定竞争力。他成名后一直在为提高日本人的思维能力而努力，出版了几十本书籍来阐述思维能力的重要性和提高思维能力的方法。

大前研一在学生时代就有强烈的好奇心。他在进入麦肯锡公司之前，接受过严格的科学研究训练，因为他是原子能工程博士。在麦肯锡公司，他与他的搭档每天都进行逻辑思考讨论。

大前研一每天都会进行大量的自我思维训练。在每天的上班乘车过程中，他都会问自己一个问题："如果我是某公司董事长，我该如何提高公司业绩，如何考虑公司的发展？"

一开始，大前研一需要用很长时间才能得出答案，到了后来，他能够在几分钟之内判定一个新公司的经营发展策略。

大前研一不断地学习、升级自己的思维，对创业者来说也是同样的道理，不论任何时候，不断学习、升级自己的思维都是十分重要的。

商业竞争向来都是高手过招，思维决定一切。创业者的思维直接影响企业的发展和未来，在信息日益发达的今天，构建创业者思维越来越重要。创业者要想实现思维升级,就需要不断地与优秀的创业者沟通,不断地超越自我,总结积累经验,最终实现思维升级。

21.4 战略进化,善于做减法

有的创业者野心很大,一开始就既想横向发展,又想纵向发展,而这个时候就会面临很多非常棘手的问题,比如人手不够、现金流不够、没有高端人才等,如果我们把战略进化一下,减掉一些不适当的野心,这些问题自然迎刃而解。

创业者在公司刚起步的时候一定要专一,不要做太多的事情,适当做减法,找到自己的长处,聚焦并努力把长处变成优势。聚焦战略告诉我们,该在哪些地方集中精力,应该放弃哪些地方。企业的资源是有限的,只有将资源集中在某一点,才能攻下最坚固的堡垒,才能让企业活得更长久。

有一家火锅店刚进入某地市场时,就一心想打败当地最有名的火锅店海底捞,辛苦经营了3年,却依旧未能如愿。

该火锅店的负责人很不服气,他认为自己无论是努力程度还是味道,都不比海底捞的差,为什么它在客户心中还是比不上海底捞?该火锅店对到店用餐的客人进行了多次调研,以期解开疑团。顾客们给出的回答都很相似:"你们家的服务根本比不上海底捞,我们之所以来这儿吃,只是因为你们家的毛肚和菌汤很好吃。"

听完这些话,这家火锅店转变了发展战略,对自己的品牌做了一次减法,既然顾客喜欢我们的毛肚和菌汤,那就把这两种菜品做到极致。于是,这家火锅店打出了"服务不是我们的特色,毛肚和菌汤才是"的口号,在食材和口味上精益求精,最终获得了顾客的一致好评。

这家火锅店的创始人将自己的管理之道总结为一句话:"业绩上的加法,往往取决于操作上的减法。"他说:"如果我们坚持与海底捞拼服务,就是在以己之短,攻彼之长,能不能成功姑且不论,首先在气势上就矮人一截,即使能侥幸取胜,也无法形成自己的特色。"所以他反其道而行之,只做自己最擅长的部分,并把它做到极致。

作为一个创业者,下要接地气,洞悉客户需求;上要通战略,善于聚焦,那么这两者之间如何连接呢?靠的就是自我能力的不断完善,核心价值观的不断升级。

如果战略是一种选择，那么它的核心就在于懂得舍弃。对创业者来说，在众多机会面前，最难管住的是自己的欲望。比如，做房地产一把就能赚十几亿元，这个盈利摆在眼前，你是选择去赚这笔钱，还是将眼光放长远，放弃这个机会，把心思聚焦在自己的战略目标上。创业者如果能控制住自己，知道什么时候应该做什么，什么东西应该舍弃，不断进行战略进化，为自己、为企业做减法，这样的创业者必然会大有作为。

21.5 在人工智能时代顺势而为

1950 年，艾伦·图灵发表了一篇著名的论文《机器能思考吗？》，第一次提出"机器思维"的概念，即计算机是否有人的智慧。在不接触对方的情况下，一个人通过一种特殊的方式，和对方进行一系列问答，如果在一定的时间内，这个人无法根据这些问题判断对方是人还是计算机，那么就可以认为这个计算机具有与人相当的智力，即这台计算机具有思维能力，如图 21-3 所示。

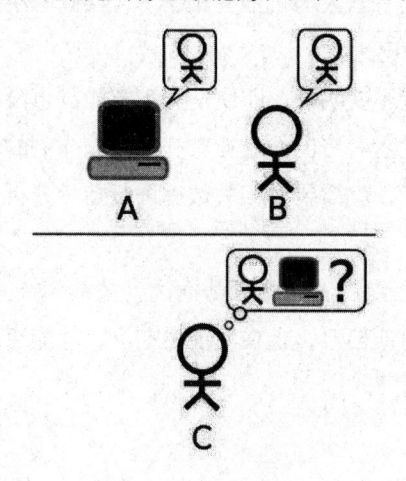

图 21-3 图灵测试

那时，人工智能也进入了实践阶段，无数人开始研究这个领域，如今，计算机技术已经发展成熟，而在未来，人工智能将无处不在。

人工智能是比互联网大 1000 倍的领域，人工智能的应用不断向各行业渗透，如今已有人工智能客服。在未来 10～15 年，人工智能和自动化将具备取代 50%～60% 岗位的技术能力，主要包括以下工作和任务场景：重复性劳动，尤其是一些动作相同或高度相似的工作，如缝纫等；内容固定的互动工作，如电话营销等。

这样的时代对我们每个人都提出了更高的要求，即我们每个人都应该具有战略性思维，不断提高自己的创造力，致力于终身学习，更新技能。对创业者而言也是如此，人工智能技术对企业的冲击力同样也很大。因此，创业者需要在人工智能时代顺势而为。

创业者要想坦然拥抱人工智能时代，应该做到以下3点：

1．创业者要想创业成功，首先要找到用户的痛点、行业的切入点以及引爆点，找到最薄弱的地方，以及隐藏的商机，然后针对痛点提出解决方案。

2．在人工智能、无人机等概念被炒得火热时，创业者更应该冷静思考。我们目前正在从弱人工智能向强人工智能发展，创业者要有足够的耐心，只有找到切入点，深度钻研什么样的解决方案可以击中用户的核心痛点，才能从中挖掘到蓝海。

3．创业者还要改变自己的思维及心态，从封闭到开放，敢于接受人工智能，勇于使用人工智能，只有当人与机器互相学习、共同解决问题时，人与人工智能的作用才能被完全发挥出来。

除此之外，创业者还要明确，即使是人工智能，也没有直接适合所有企业的解决方案，这需要创业者对自己的企业有一个全面深刻的认识。人工智能是一个过程，创业者要想成功，就需要对相关数据进行持续分析，时刻关注所在行业的细微差别。

在人工智能时代，创业者只有顺势而为，才能不断增强企业的活力与竞争力；创业者只有不断更新自己，走在发展最前沿，才能更好地把握行业的发展趋势，带领企业走向成功。